판타지는
어떻게
현실을 바꾸는가

FANTASY: HOW IT WORKS (FIRST EDITION)
ⓒ Brian Attebery 2022

Fantasy:How It Works was originally published in English in 2022.
This translation is published by arrangement with Oxford University Press.
Prunsoop Publishing Co.,Ltd is solely responsible for this translation from the original work and Oxford University Press shall have no liability for any errors, omissions or inaccuracies or ambiguities in such translation or for any losses caused by reliance thereon.

Korean translation copyright ⓒ 2025 by Prunsoop Publishing Co.,Ltd.
Korean translation rights arranged with Oxford University Press through EYA Co.,Ltd.

이 책의 한국어판 저작권은 EYA(에릭양 에이전시)를 통해 Oxford University Press와 독점 계약한 (주)도서출판 푸른숲에 있습니다. 저작권법에 의해 한국 내에서 보호를 받는 저작물이므로 무단 전재 및 복제를 금합니다.

FANTASY
How It Works

✳

판타지는
어떻게
현실을 바꾸는가

✳

진실을 말하는 거짓말

브라이언 애터버리 지음
신솔잎 옮김

푸른숲

일러두기

- 외래어 표기는 국립국어원 규정을 따랐으나, 용례가 굳어진 경우에는 통용되는 표기를 따랐다.
- 인명, 전문 용어, 개념어 등은 한글과 함께 원어를 병기했다.
- 국내에 번역되지 않은 작품의 제목은 원서명을 번역해 달거나 외래어로 표기했으며 영문을 병기했다. 국내에 출간됐으나 절판된 작품은 출간 당시의 제목을 따랐다.
- 단행본은 《 》로, 시리즈/잡지/단편 작품/영화/노래/연극/미술 작품/게임은 〈 〉로, 강연은 " "로 묶었다.
- 〔 〕에 기재된 인명, 연도, 페이지는 참고 문헌 목록에 포함된 해당 원문의 정보를 의미한다.

서문
판타지에 관한 가장 핵심적인 질문

판타지 문학의 본질은 계속해서 변한다. 새로운 목소리가 출현하고, 새로운 전통이 등장하며, 다른 장르와 혼합되며 혁신하고, 다루는 사회적·철학적 주제들이 달라진다. 10~20년 전에 이뤄진 연구 전반은 어떤 부분은 다루고 어떤 부분은 다루지 않아 마치 군데군데 구멍 나고 낡아빠진 담요 같다. 조지 맥도널드George MacDonald, 윌리엄 모리스William Morris, 좀 더 최근의 인물로는 다이애나 윈 존스Diana Wynne Jones, 테리 프래쳇Terry Pratchett의 시대에 맞춰 개발된 판타지 이론들은 말런 제임스Marlon James, 켄 리우Ken Liu, 알리에트 드 보다르드Aliette de Bodard, 은네디 오코라포르Nnedi Okorafor에게 발맞춰 새롭게 정립돼야 한다. 새로운 작가들은 선배 작가들과 영향을 주고받는다. 판타지에서 변화와 연속성은 공존한다. 이 책은 현재를 포착하는 스냅숏이지만 과거에서 현재를, 현재에서 과거를 읽어내려는 시도이기도 하다.

시대를 불문하고 판타지는 몇 가지 동일한 과제를 안고 있다. 현실이라는 기존 관념을 탈피해야 하고, 상식적인 사고를 벗어나는 대상들의 연결성을 밝혀내야 하며, 사실 같은 거짓말을 해야 한다. 답이 계속해서 달라지더라도 판타지에 대한 질문들은 거의 한결같다. 그 모든 질문의 중심에는 결국 두 가지 질문이 자리한다. 첫째, 판타지가 어떻게 의미 있을 수 있는가? 물리 법칙을 비틀고 과거 사실을 부정하는 스토리텔링의 한 형태가 어떻게 인간의 본성과 세계가 작동하는 방식을 파고드는 통찰의 원천이 될 수 있을까? 둘째, 판타지의 역할은 무엇인가? 판타지는 소설 속 캐릭터의 세계가 아니라 이 세계에, 독자들의 세계에 사회적, 정치적, 문화적, 지적으로 어떤 역할을 하는가?

아홉 가지 관점으로 보는 판타지 문학

각 장은 판타지적인 세계 구축과 스토리텔링의 여러 측면을 설명하며 이 질문들에 답한다. 세계 구축과 스토리텔링을 분리할 수가 없는 이유는 판타지가 '스토리 세계'를 창작하기 때문이다. 인과 관계와 캐릭터, 결과가 매우 밀접하게 얽힌 서사의 공간 말이다. 내러티브와 가능성이 함께하는 이 세계의 개념은 미하일 바흐친Mikhail Bakhtin이 말한 '크로노토프chronotope', 즉 시공간과 매우 유사하다.

스토리 세계는 사실주의 소설 속 설정과는 다르지만 그렇다고 대단히 다르지도 않다. 현실 세계의 설정과 플롯은 우리가 느끼는 것보다 항상 좀 더 관습적이고 장르 중심적이다. 비非판타지적 스토리의 설정은 우리가 아는 실제 역사적, 지리적, 사회적 지식에 한해 동화되고 확장될 뿐이다. 찰스 디킨스Charles Dickens의 런던은 역사가들이 재건한 빅토리아 시대의 런던과 동일하지는 않아도 유사하다. 판타지의 관점에서 사실주의를 바라보면, 어떤 선택들이 스토리가 현실을 충분히 대표하거나 재현했다고 착각하게 하는지 더욱 잘 인식할 수 있다. 사실주의는 상황의 구성과 플롯의 메커니즘을 감추기 위해 많은 노력을 기울인다. 이런 의도적인 숨김의 좋은 예가 바로 아동 문학의 하위 장르인 가족 스토리다. 가족 스토리는 또한 현실주의와 판타지를 동시에 충족할 수 없다는 관념을 시험해 보는 장이기도 하다. 따라서 이 책의 처음 두 장은 서로를 비추는 거울과 같다. 1장에서는 판타지가 어떻게 사실이 될 수 있는지를, 2장에서는 다양한 사실주의의 근간을 이루는 인공적인 설정을 살펴볼 예정이다.

3장에서 다룰 판타지의 신화적 근원은 책으로 썼던 주제이기도 하다. 여기서는 현대 판타지가 신화적 체계 간의 충돌을 어떻게 해소하는지 살펴볼 예정이다. 과거 고립된 채 살았기에 신화로 전해져 내려온 세계관이 심각하게 도전받지 않았던 집단이 현대에는 특히나 도시라는 환경에서 문화적 내러티브가 근본적으로 다른 이들과 가까이 살며 서로 상호 작용을 한다. 판타지가 환상 동화에서 이어받은 통합적 구조는 대립하는 스토리와 이 스토리를 바탕으로 세상을 이해하는 사람들 간에 화해의 가능성을 제시한다. 한 예로 헐린 웨커 Helene Wecker의 《골렘과 지니 The Golem and the Jinni》(2013)는 20세기 초 뉴욕의 다양한 이민자 집단을 그린 작품으로, 이들이 식문화와 가족 구조만이 아니라 그들 문화의 초자연적인 존재까지 뉴욕으로 데려온 상황을 상상한 이야기다. 한 동네에 유대인의 호문쿨루스 homunculus(인조인간 또는 인간과 유사한 존재-옮긴이)와 아랍의 불의 정령이 함께 지낼 수 있다면 그 상호 작용은 상점과 길모퉁이에서 플라톤의 이상과 신의 영역으로까지 확장될 것이다. 인사를 나누고 서로의 우주가 충돌하면서 어쩌면 화합 비슷한 것이 이뤄질지도 모른다. 판타지는 '서로 다른' 내러티브가 '교대'로 등장한다는 의미에서 교차하는 내러티브 구조로, 상충하는 신념들을 배치하는 방법을 보여준다.

4장은 내러티브에 힘을 싣고 독자들을 몰입하게 하는 메커니즘에 초점을 맞춘다. 내러티브의 동력은 보통 갈등 형태로 제시되지만, 갈등은 사실 캐릭터가 자신의 욕망에 저항하는 한 형태이자 이들과 해피 엔딩 사이에 놓인 걸림돌일 뿐이다. 또한 갈등이라는 단어는 은유적으로 사용될 때가 많다. 예컨대 인간과 자연 간의 갈등은 완전히 다른 이야기다.

판타지가 우리를 몰입시키고, 긴장감을 유지하고, 우리의 불안을 보상하는 방법은 다양하다. 판타지는 상호 작용의 다른 각본들을, 갈등을 유발하기보다는 우회하는 방식들을 보여준다. 대표적인 사례로 퍼트리샤 매킬립$^{Patricia\ McKillip}$의 《본 평원의 음유 시인들$^{The\ Bards\ of\ Bone\ Plain}$》(2010)을 들 수 있는데, 과도한 갈등을 기대한다면 아쉬울 수 있지만 다양한 형태의 착각과 오해에 관한 깊이 있는 이야기로 아쉬움을 충분히 보상한다.

5장에서는 문학의 상호 연계성을 바라보는 방식을 제안한다. 출처와 영향력에 관한 연구들, 상호 텍스트성과 메타픽션(등장인물과 독자에게 허구임을 드러내는 설정-옮긴이)의 이론들, 그리고 장르라는 개념 모두 문학 작품들이 서로 소통하는 방식을 설명하려는 시도다. 인간과 마찬가지로 문학 작품 또한 다른 작품들의 주관성과 다른 목소리들의 반향이 조금씩 더해져 완성된다. 이 장에서는 SF 소설이라는 판타지의 한 분야에 초점을 맞추고 두 가지 메타포를 예시로 들며 의견을 제시할 예정이다. 첫 번째로 문학은 북 클럽이라는 메타포인데, 여기서 '북 클럽'이란 공동의 경험과 통찰을 나누는 사회 조직을 의미한다. 두 번째로는 다른 유기체에서 에너지를 공급받아 신진대사를 원활히 하는 세포, 미토콘드리아라는 메타포로 텍스트를 설명한다. 두 번째 메타포는 너무 멀리 나아간 것일 수도 있다. 또한 당연하게도 과학에 대한 내 부족한 이해를 기반으로 한다. 하지만 불완전한 이해에 의존해 대단히 멋진 일을 해내는 SF 소설을 설명하기에 이보다 더 적절한 비유가 있을까?

6장은 판타지의 기호학에서부터 판타지의 사회적 기능까지 아우른다. 판타지에는 세상이 지금과 같을 필요는 없다는 사실을 알려주는 문화적 기능도 있다. 세상이 더 나아질 수는 없다 해도, 적어도 다른 원칙으로 운영될 수는 있다. 보통은 판타지의 이런 기능을 별도 장르의 역할로 보는데, 바로 유토피아라는 장르다. 여기에는 사악한 쌍둥이 격인 디스토피아가 함께 존재한다. 다만 유토피아적 충동은 아르카디아^{arcadia}(목가적 이상향-

옮긴이) 로맨스부터 SF 소설까지 다양한 형태의 판타지를 관통한다. 이 장에서는 영 어덜트(12세에서 18세를 대상으로 한 소설 장르이나 성인 독자들에게도 널리 사랑받는다. 정서적 공감을 바탕으로 개인의 성장과 변화를 탐구하는 스토리가 주를 이룬다-옮긴이) 디스토피아에 대해서도 다루는데, 이 장르는 대단한 인기를 끈 수잔 콜린스$^{Suzanne\ Collins}$의 〈헝거게임〉 3부작을 시작으로 21세기 초 출판계에 큰 유행을 불러일으켰다. 톰 모일런$^{Tom\ Moylan}$이 말하는 '비판적 유토피아$^{critical\ utopia}$' 부터 어슐러 K. 르 귄$^{Ursula\ K.\ Le\ Guin}$의 음과 양의 유토피아를 들어 지극히 어두운 디스토피아에서도 희망을 찾을 것이다. 또한 내 친구 마이클 레비$^{Michael\ Levy}$의 말처럼 디스토피아에 살기 때문에 디스토피아를 좋아하는 10대들에게도 긍정적인 사회적 비전을 제시하는 스토리들을 살펴볼 예정이다.

7장은 환상 동화에 대해 이야기하는데, 특히나 남성 작가가 재창작한 스토리를 다룬다. 소녀와 여성에게 환상 동화가 미치는 영향력은 문화 비평가, 민속학자, 다양한 연구자와 문학하는 사람들에 의해 광범위하게 보고됐고 집중적으로 연구됐다. 중요한 사례로 케이 F. 스톤$^{Kay\ F.\ Stone}$이 1975년에 발표한 에세이 〈월트 디즈니가 우리에게 절대로 말하지 않는 사실들$^{Things\ Walt}$

Disney Never Told Us》, 잭 자이프스Jack Zipes의《세상으로의 첫 여행을 떠날 때 읽는 동화》, 앤절라 카터Angela Carter의《피로 물든 방》을 들 수 있다. 홀린스대학교에서 젠더와 판타지에 관해 수업하던 당시 한 학생에게서 학대당하는 소년들을 위한 환상 동화는 없는지 질문을 받았던 일을 계기로 나는 남성성 모델을 탐구하고 개선하는 데 판타지가 활용되지 않았다는 사실을 깨달았다. 이 장에서는 닐 게이먼Neil Gaiman, 마이클 커닝햄Michael Cunningham, 한스 크리스티안 안데르센Hans Christian Andersen을 포함해 남성적 행동의 해로운 패턴을 밝히고 좀 더 유토피아적인 젠더 모델을 구축하려 한 여러 남성 작가의 스토리를 살펴본다.

8장에서는 판타지라는 형식 자체가 정치적으로 어떤 의미인지 이야기한다. 많은 이가(특히나 판타지를 SF와 비교하는 사람들이) 주장하듯이 판타지는 본질적으로 반동적인 장르인가, 아니면 세계를 파괴하고 개선하면서 정치적으로 진보적이거나 심지어 급진적이라 할 수 있는 무언가를 제시하는 장르인가? 이는 20년 전 "판타지의 정치(라는 것이 만약 있다면)"라는 제목의 연설에서 다뤘던 주제다. 그 이후로 정치 상황과 판타지라는 장르는 모두 달라졌다. 암묵적으로는 해당 연설을 바탕으로 하지만, 불필요한 내용을 걷어내고 판타지가 지닌 특정한 어포던스^{affordance}, 즉 활용에 적절한지에 대한 경향성에 근거해 사례와 프레임워크를 다수 들어 새로운 분석을 더했다. 판타지가 하나의 도구라면, 정치적 분석과 정치적 운동에서 어떤 효과를 내고 그 이유는 무엇일까?

9장은 판타지가 두려움을 처리하는 데 어떤 도움을 줄 수 있는지 다룬다. 이 장의 동기 또한 정치적이다. 정치인과 미디어 대기업이 지지자와 구독자를 사로잡고 동조를 이끌어내기 위해 공포와 의심을 불러일으키는 일이 점점 더 많아지고 있다. 낯선 이들을 적으로, 적을 괴물로 보게 할 수 있다면, 어떤 형태의 학대도 정당화할 수 있으며 사람들이 탄압을 행하고 그에 대한 책임도 지게 할 수 있다. 두려움은 이성적인 사고를 마비시키고 인식을 변화시킨다. 두려움은 짜릿하고 심지어 중독적인 경험이 될 수도 있다. 이런 감정적 버튼을 누르는 데 의지하는 판타지 작품도 있지만 판타지라는 장르는 무분별한 두려움을 다른 무언가로 전환하는 방법들도 제공한다. J. R. R. 톨킨^{Tolkien}이나 르 귄 또는 이들 동료의 작품을 거쳐온 사람이라면, 아니 받아들인 사람이라면 이들의 판타지로 크고 작은 공포는 물론 '티모르 모르티스timor mortis', 즉 죽음에 대한 두려움에 대처할 새로운 방법들을 찾을 수 있을 것이다.

내가 평소에 연구를 하는 방식이 이 책에 그대로 반영돼 있다. 나는 문학이라는 직물에서 풀려 나온 실 한 가닥을 발견하고 잡아당겨 어느 이음매에서 올이 풀렸는지 확인하며 원래의 옷을 파악해 나가는 방식을 택할 것이다. 운이 좋다면 그 과정에서 어떤 논거가 탄생할 수도 있지만 결코 무언가를 증명하기 위해서는 물론이고 어떤 이론을 입증할 마음으로 시작하지는 않았다. 이 같은 방식으로 다른 곳에 두루 적용할 수 있는 핵심 개념들을 찾기란 쉽지 않다. 때문에 내가 발견한 내용을 가능한 한 명료하고도 논리적으로 정리한 짧은 분량의 '요점'을 부록에 더하며 비트겐슈타인Wittgenstein의 《논리 철학 논고》를 부족하게나마 흉내 냈다. 앞의 장을 모두 거르고 요점만 읽는 것은 추천하지 않는다. 재미는 무언가를 밝혀나가는 과정에서 탄생한다.

이 책에 나온 아이디어들을 청중에게 들려준 바 있기에 책의 내용에 동의하지 않는 사람도 있을 수 있다는 사실을 안다. 각 장은 존 클루트John Clute가 말한 '판타스티카fantastika'라는 개념을, 즉 환상 동화에서 유토피아적 SF 소설까지 확장된 너른 판타지의 영역을 주제로 공개 강연에서 연설한 내용을 바탕으로 한다. 나는 운이 좋게도 비현실의 문학에 대해 대중 앞에서 공개적으로 말할 기회가 많았다. 다시 말해 재미와 지루함, 놀라움과 혼란, 깨달음이 뒤섞인 다양한 반응을 지켜봤다는 뜻이다. 같은 주제로 다시 한 번 초대받는 강연 자리는 내게 새로운 형식을 선보이고, 누가 봐도 한심한 이야기를 내뱉으며, 새로운 자료들을 언급할 기회를 줬다. 내가 하는 이야기들을 내 귀로 계속해서 들어야 했다는 뜻이기도 하다. 누구보다 자기 자신이 가장 지겨워지는 만큼 강연을 더욱 간명하고, 구체적이고, 재밌게 꾸려야 한다는 동기가 있었다. 내 강연과 생각 습관을 의식하게 됐을 뿐 아니라 나도 모르게 쫓고 있던 질문을 깨닫게 됐다. 이 책은 다음의 두 가지 질문에 대한 답을 찾아가는 여정이다. 판타지는 어떻게 의미를 지니는가. 그리고 어떤 역할을 하는가.

판타지는 어떻게 의미를 지니는가?

첫 번째 질문은 존 치아디^{John Ciardi}의 저서 《시는 어떻게 의미를 지니는가?^{How Does a Poem Mean?}》(1959)의 제목을 떠올리게 한

다. I. A. 리처즈Richards와 비슷한 실천적 비평가였던 치아디는 마땅하게도 '시가 무엇을 의미하는가'에서 '시가 어떻게 의미를 지니는가'로 초점을 옮겼는데, 낭독할 가치가 있는 시라면 너무 많은 것을 의미하는 동시에 시 그 자체는 아무런 의미도 지니지 않기 때문이다. 우리가 일반적으로 시에 부여하는 '의미'는 해석, 즉 시를 설명적이거나 덜 강렬한 언어로 번역하는 것이다. '번역은 반역'이라는 이탈리아의 유명한 말이 있지만 어떤 해석은 반역적이라기보다는 중세 시대의 서적에 채색을 입히듯 시를 더욱 아름답게 음미할 수 있도록 빛내준다. 판타지의 경우, 문제는 해석보다는 적용이다. 자신의 진실성을 부정하는 데서 출발한 양식은 그 어떤 진실도 분명하게 밝히기 어렵다. 비현실적인 세계가 실제 경험을 어떻게 대변할 수 있을까? 요정과 용 들이 달걀의 가격이나 우정의 가치와 무슨 상관이 있을까?

문제는 또한 기회이기도 한 만큼, 나는 판타지에서 부인되는 인용, 관련성, 현실성을 수평적, 상징적, 구조적으로 생각해 보려고 한다. 이제부터 다룰 내용은 판타지 작가 J. R. R. 톨킨과 조지 맥도널드, 어슐러 K. 르 귄은 물론 판타지 독자들과 학자들이 보여준 통찰력 덕분에 나올 수 있었다. 나는 학자의 삶 대부분을 판타지에 대해 이야기하고 들으며 보냈다. 따라서 각 장의 내용은 모두 강의실이나 학회 같은 자리에서 시작된 대화를 확장한 것이다.

판타지는 어떤 역할을 하는가?

첫 번째 질문이 치아디의 영향을 받았다면 두 번째 질문은 노골적으로 제인 톰킨스Jane Tompkins의 아이디어를 차용한 것이나 다름없다. 《도발적인 구성들: 1790-1850년 미국 소설의 문화적 작용 Sensational Designs: The Cultural Work of American Fiction, 1790-1850》(1986) 덕분에 나는 문학이 그저 고상하게 존재하는 것 이상으로 실제로 무언가를 할 수 있을지도 모른다고 생각하게 됐다. '작용'이라는 단어 때문에 문학이 진지하고 따분하게 느껴질지 모르겠다. 하지만 소설을 선행을 베푸는 자비로운 빅토리아 시대 사람으로 보지 않고, 우리를 변화시키고 우리에게 도전하며 세상을 새롭게 만들어 갈 수 있게 하는 역할로 본다면 톰킨스가 말하는 '문화적 작용'은 문학을 통해 권력과 가식, 불의와 무지를 탐구하는 강력한 도구가 된다.

톰킨스가 저서에서 핵심 사례로 든 《톰 아저씨의 오두막

집》이 노예 제도가 사악하지 않다는 주장을 무의미하게 만들었던 것만큼 명백한 방식은 아닐지라도 판타지 또한 세상에 작용한다. 간접적으로, 완곡하게 말이다. 판타지는 유희성에 초점이 맞춰져 있다. 판타지를 세심하고도 진지하게 읽는다는 것은 즐거움과 재미를 전달하는 장르의 능력을 소중하게 여길 줄 안다는 의미다. 판타지는 주로 우리가 사랑이나 권력, 신에게 접근할 때 품는 엄숙함의 무게를 덜어주는 식으로 작용을, 다시 말해 효과를 미친다.

나는 여러 자리에서 판타지가 이런 저런 역할을 한다고 설명해 왔다. 내 이야기를 듣고, 질문하고, 반응했던 몇몇 사람에게는 판타지가 실로 그런 역할을 했다고 확실하게 말할 수 있다. 그들의 고갯짓과 찡그림, 웃음이 이 책의 기틀을 잡았다. "비평은 대화다." 케네스 버크Kenneth Burke가 비평적인 글쓰기 방법을 이야기하며 든 비유다. 비평을 시작하는 사람은 한참 활발한 논의가 이뤄지는 공간에 들어와 우선 이야기를 듣고, 서서히 한두 마디를 조심스럽게 건네고, 공간의 어조와 분위기에 맞춰가야 한다. 일부 문학에 관한 주제의 경우, 비평이라는 대화는 소수 전문가들의 전유물이며 그들만의 언어로 점철돼 있어서 제법 난해하다. 하지만 판타지는 교실과 커피숍, 〈던전 앤 드래곤〉이라는 박진감 넘치는 게임이 오랜 세월 계속되고 있는 지하실까지 대화의 장이 폭넓게 형성돼 있다. 사람들은 즐거움을 위해 판타지를 읽고 이에 관해 온라인과 실생활에서 대화를 나눈다. 이는 학문적 비평가인 내게는 도전이자 축복이다. 판타지에 대해 글을 쓴다는 것은 많은 사람이 관심을 갖고 해박한 지식을 갖추고 있는 주제에 대해 많은 청중을 대상으로 주장을 펼치는 것임을 잘 알고 있다. 이 사람들이 중요하다면 판타지 또한 중요하다.

비단 내 연구만이 아니라 판타지에 관한 초기 연구는 변증법적인 경향이 있었다. 톨킨과 C. S. 루이스[Lewis] 시대로만 거슬러 올라가도 판타지 분야의 평론가들은 문학계에서 판타지에 대한 반응이 회의적이었음을 짐작할 수 있다. 따라서 현대 판타지의 혈통을 확립할 필요가 있었다. 판타지는 호메로스가 노래하고 셰익스피어의 배우들이 연기하던 장르다. 현대 판타지는 중세 시대의 로맨스와 초현실주의, 현대의 마술적 사실주의의 진정한 계승자로 마땅히 존중받아야 한다! 이는 여전한 사실이지만 더 이상 크게 외칠 필요는 없어졌다. 고상한 척해대는 몇몇 잡지와 노년의 교수들이 누레진 노트를 들고 수업하는 강의실을 제외하고 우리의 투쟁은 모든 곳에서 승리를 거뒀다. 판타지는 출판문화뿐만 아니라 현대 문화 전반에 퍼졌다. 이제는 스토리 연구를 정당화하기 위해 더욱 시급한 방어 전략이 필요한 때인 것 같다. 한때 존경받았던 영문학 전공을 포함해 인문학이 정치인과 커리어 상담사, 통계에 의존하는 행정인 들에게 공격을 받고 있다. 역사와 철학, 언어와 문학을 전공하는 것이 커리어와 비즈니스에 도움이 된다고 말하는 연구가 아무리 많대도 소용없다. 이런 공격의 배후에는 정치적인 동기가 있을 수 있다. 글을 잘, 깊이 있게 읽는 사람들은 속이기가 더욱 어렵다. 이들은 스스로 판단하고 또 면밀한 계획하에 희생양이 된 타인에게 공감할 확률이 높다.

그렇다면 판타지는 이 새로운 전투에 어떻게 적응해야 할까? 이제는 엘리트 문화의 배척 대상이 아닌 판타지는 인문학의 새로운 챔피언이라고 볼 수 있겠다. 판타지가 문화 전반에 만연해 있는 현상은 스토리를 만들고 연구하는 일의 가치를 입증하는 가장 강력한 근거가 될 수 있다. 르 귄의 단편 작품 〈에테르 또는 어딘가Ether, OR〉(1995년 작품으로 산에서 사막으로, 또 해안으로 떠도는 오리건주의 작은 마을에 관한 이야기다)는 "서사적인 미국인들에게" 바쳐진 작품이다. 우리는 모두 서사적인 미국인, 아프리카인, 호주인이다. 피나 유전자를 공유하든 안 하든 스토리텔링을 했던 선조의 후손이다. 우리 자신과 우리가 지닌 문화적 DNA를 마땅히 알아야 한다. DNA의 가장 오래된 가닥 중 하나는 예지적인 스토리텔링, 즉 판타지다. 판타지에 대해 이야기하며 우리는 이를 전승하고, 그 과정에서 판타지에 더욱 활력을 불어넣을 수 있을지도 모른다.

차례

서문 판타지에 관한 가장 핵심적인 질문 ∗ 5

1 거짓말로 진실을 말하기 ∗ 25
신화, 메타포, 구조

2 마법이 현실 세계로 뻗어 나간다면 ∗ 65
판타지와 사실주의

3 화합을 추구하는 결말 ∗ 113
신화를 전승하는 판타지

4 갈등보다 건설적인 각본 ∗ 159
흥미를 더하는 메타포들

5 여성을 억압하는 북 클럽에 저항하기 ∗ 201
문학의 사회적 기능

6   더 나은 세계가 있다는 생각 ∗ 241

유토피아 문학

7   환상 동화 속 소년 찾기 ∗ 285

남성성 모델

8   익숙한 과거를 재구성하는 공간 ∗ 325

판타지의 정치성

9   두려움 너머의 진실을 보기 ∗ 373

판타지와 호러

요점 ∗ 413

참고 문헌 ∗ 437

1
거짓말로 진실을 말하기
신화, 메타포, 구조

✱

"균형과 조화를 갖췄다면 생명력이 있다는 것이고
생명력은 곧 진실을 의미한다.
아름다움이 진실보다 더욱 명확하게 드러나겠지만
진실이 없다면 아름다움도 존재할 수 없고
환상 동화는 아무런 즐거움도 주지 못한다."
조지 맥도널드,《환상적인 상상력*The Fantastic Imagination*》

판타지는 진실을 전달하는 거짓말이다. 판타지에서 거짓을 짚어내기는 쉽다. 용, 주문, 존재한 적 없는 공간이 거짓이다. 반면에 '판타지가 어떻게 진실을 전달하는가' 하는 문제는 좀 더 복잡하고 훨씬 흥미롭다. 지금부터 판타지가 어떻게 진실이 될 수 있는지 세 가지 방법을 제안하고자 한다.

판타지는 어떻게 진실이 될 수 있는가

첫째, 신화 차원에서 진실이 될 수 있다

판타지는 사람들이 세계와 자기 자신을 이해하기 위해 오래전부터 의지한 전통적 신념과 내러티브를 바탕으로 한다. 신화는 우주를 설명할 뿐 아니라 집단, 계층, 젠더의 역할, 의례와 종교적 의무까지 보여준다. 우리의 믿음과 관계없이 대단히 중요하지만 현재나 미래보다는 과거의 형태로 제시될 때가 많다.

또한 춤과 의례극, 샌드 페인팅이나 머드 페인팅, 노인들이 들려주는 이야기처럼 살아있는 퍼포먼스가 아니라 각주와 먼지로 뒤덮인 책 속에 자리한다. 나는 《스토리에 관한 스토리 Stories about Stories》(2014)에서 판타지는 전통적인 신화와 우리의 관계를 재창조하는 방법 중 하나라고 말했다. 예컨대 문화 비평가이자 소설가인 레이먼드 윌리엄스 Raymond Williams의 말을 빌리자면, 판타지는 잔여 문화 residual culture에 있던 신화적 아이디어를 지배 dominant 또는 부상 emergent 문화로 이동시키는 것이다.[1977, p.22]

둘째, 메타포 차원에서 진실이 될 수 있다

용은 진짜 용이 아니라 독재자를, 동물과 의사소통하고 싶은 우리의 욕구를, 해일이나 화산 폭발같이 통제할 수 없는 자연의 힘을 의미할 수도 있다. 하나의 텍스트는 하나 이상의 유추적 해석이 가능한 만큼 어쩌면 이 모두를 의미할 수도 있다. 이런 해석이 가능하다는 점에서 판타지를 우화라고 여길 수도 있지만 톨킨은 판타지와 우화를 동일시해서는 안 된다고 경고했다. 우화는 가령 역사적 사건과 환상의 퀘스트가 일대일로 대응하고 본질적으로 폐쇄계 closed system다. 하지만 조지 레이코프 George Lakoff 와 마크 존슨 Mark Johnson이 저술한 《삶으로서의 은유》에 따르면,

사랑을 전쟁터에 비교하듯 메타포는 어떤 경험의 모든 영역을 이용해 또 다른 경험을 헤아리는 방법이다. 메타포는 한계가 없다. 레이코프와 존슨이 '근원 영역source domain'(이미 잘 알고 있는 익숙하고 친숙한 영역-옮긴이)이라 부르는 개념을 바탕으로 '목표 영역target domain'(아직 잘 모르고 익숙하지 않은 영역-옮긴이)을 얼마나 상상해 낼 수 있을지의 능력에만 제한이 있을 뿐이다.

무엇보다 중요한 점은, 메타포는 우리가 아는 대상과 미지의 대상의 간극을 건널 수 있게 해준다. 메타포는 사고 과정이자 새로운 경험을 과거 경험의 관점으로 이해하는 방식인데, 이때 둘 사이에 유사성은 자리하지 않는다. 물론 메타포의 전형적인 언어 형식이 유사성을 기술하는 방식이기는 하지만 말이다. '내가 사랑하는 사람은 장미고, 당신의 상사는 돼지고, 그날은 불타고 있다'라는 글을 생각해 보자. 이 모든 메타포는 비교 대상의 적합성뿐만 아니라 해당 등식의 불완전성에 의지한다. '무엇은 무엇이다'라는 글은 실제로는 그렇지 않다는 함의로 그 힘을 발휘한다. 내가 실제로 꽃 한 송이와 사랑에 빠졌거나 당신이 실제로 농장에 사는 동물을 상사로 뒀다면 깨달음을 얻으며 충격받는 일은 벌어지지 않을 것이다.

판타지에서는 여러 핵심 기능, 즉 마법을 발휘하는 장치들을 문자화된 메타포로 표현할 수 있다. 이 사실을 잘 이해한 인물로 조지 맥도널드를 꼽을 수 있다. 그의 작품 중 문자화된 메타포가 가장 잘 드러나는 것은 《가벼운 공주》(1864)다. 주인공은 문자 그대로, 그리고 비유적으로 무게가 없는 인물이다. 아기였던 공주가 침대에 고정되지 못하고 둥둥 떠다니다가 창문 밖으로 나가는 도입부터 사랑과 슬픔이 마침내 공주를 이 땅에 묶어둔다는 결론까지 유려한 메타포가 이어진다. 가벼움과 무게감, 경솔함과 중력, 제한과 자유라는 주제가 이야기를 관통하는 가운데 맥도널드는 이런 개념들의 연결 고리가 우리의 언어에 이미 존재하지만 우리가 구체적으로 상상하는 법을 잊었다는 점을 상기시킨다. 그는 우리에게 살아있는 메타포를 다시 깨닫게 하는 한편, '사랑은 중력이다'라는 주장이 사실인 동시에 사실이 아니라는 점을 환상 이야기의 설정으로 보여준다. 메타포를 문자로 표현한다는 것은 동어 반복에 매몰된다는 것과 다른 이야기다.

많은 메타포는, 특히나 맥도널드의 작품 같은 이야기에 등장하는 메타포는 신화가 그렇듯 민속 전통에서 유래했다. 전통적인 수수께끼riddle(고대 영시이자 민속 문학의 한 장르-옮긴이)는 예상치 못한 은유적 연결성을 바탕으로 한다. '달걀은 황금빛 비밀이 담긴 상자', '침묵은 그 이름만 불러도 깨질 수 있는 무언가'처럼 말이다. 현대 문화에는 이런 수수께끼가 드문 탓에 우리는 조상들만큼 은유적으로 사고하는 데 능숙하지 않다. 민속학자 배리 토울컨Barre Toelken은 〈5월의 어느 아침One Morning in May〉 같은 전통적인 발라드ballad(설화시의 일종으로 일정한 시형이 있다-옮긴이)를 이야기하며 수준 높은 은유적 인식의 사례를 강렬하게 보여줬다. 전통 발라드를 하는 이들과 청중은 학자의 설명이 없어도 바이올린과 활이 신체를 의미할 수 있다는 사실이나, 건초를 만들거나 체리를 딴다는 말로 섹스를 표현할 수 있다는 사실을 이해했다. 토울컨은 발라드를 연주자가 바지에 숨겨 이탈리아에서 몰래 밀수해 온 바이올린에 비유해 설명했다.

> 바지의 덮개에 가려져 있지만 그 아래에 무엇이 숨겨져 있는지는 누가 봐도 훤히 알 수 있다. 무언가 숨겨졌다는 그 자체는 비밀도, 완곡어법도 아니다. 무엇인지 모두가 알고 있는 대상을 문화적으로 의미 있는 방식으로 재밌게 표현한 것이다. [1995, p.19]

평면적으로, 그리고 프로이트식으로 전통 노래와 이야기를 해석한다면 무언가를 밝히는 동시에 밝히지 않는 데서 오는,

그것이 아니지만 그러한 역설에서 오는 유희성이 사라진다.

이런 유희적인 모호성은 전통적 내러티브에서부터 이를 문학적으로 각색하고 모방하는 장르까지, 즉 신화를 기반으로 한 현대의 판타지까지 이어졌다. 수수께끼와 환상 동화는 신화가 아니지만 의미를 다양하고 복잡한 시각으로 바라본다는 점에서 신화와 공통점이 있다. 이런 구전 형태에서는 평범한 대상이 예상치 못한 가치를 지니기도 한다. 스토리를 통해 어떤 대상에서 문자 그대로의 의미를 넘어서는 의미가 창출되기 시작하는데, 그것은 마법으로 암호화된 채로 제시될 때가 많다. 비둘기와 화염, 핏방울 등 어떤 이미지는 근간이 되는 신화적 아바타와 분리할 수 없다. 은유적 힘을 지니지 않은 이미지도 적절한 내러티브 프레임 안에서 신탁을 속삭이고 신비한 힘의 존재를 암시할 수 있다. 페르세포네 이야기 속 한 줌의 석류 씨와 북미 토착민 나바호족의 창조 신화 속 거미줄이 이에 해당한다.

이런 관점에서 모든 신화는 수수께끼이기도 하며 그것의 답은 (구하는 자의 질문에 따라) 신, 영혼, 우주, 운명, 우리 자신이 된다. 수수께끼는 일종의 게임이지만, 한순간에 불길해질 수 있는 게임이다. 전통적인 수수께끼와 수수께끼 같은 발라드를 포함한 판타지가 많다. 그 예로는 빌보와 골룸이 수수께끼 내기를 하는 《호빗》이 있다. 또한 엘런 쿠슈너Ellen Kushner의 《시인 토머스Thomas the Rhymer》(1990)도 들 수 있다. 이 작품에서 주인공은 자신의 경험에 빗댄 것 같은 발라드 〈하인이 된 꽃The Famous Flower of Servingmen〉과 〈소란스러운 무덤The Unquiet Grave〉에 담긴 수수께끼를 해결해야 한다. 다이애나 윈 존스의 《불과 독미나리Fire and Hemlock》(1984)는 여자 주인공의 삶이 발라드 〈탐 린Tam Lin〉, 〈시인 토머스〉(앞서 등장한 소설 《시인 토머스》와는 다른 발라드-옮긴이)와 은유적으로 어떤 관련이 있는지를 독자로 하여금 추리하게 한다. 에드워드 펜턴Edward Fenton의 아동 판타지 《아홉 가지 질문The Nine Questions》(1959)은 프랜시스 제임스 차일드Francis James Child가 정리한 권위 있는 모음집의 초반 두 발라드, 〈현명하게 풀어낸 수수께끼Riddles Wisely Expounded〉 와 〈요정 기사The Elfin Knight〉에서 상황과 구조를 따왔다. 아름답지만 안타깝게도 잊힌 이 작품은 내가 판타지가 진실이 되는 방법이라고 설명한 신화와 메타포와도 밀접한 관련이 있을 뿐 아니라, 세 번째 방법인 '구조'를 보여주는 사례다. 펜턴의 작품은 각 장의 구절마다 수수께끼가 등장하고 마지막 수수께끼를 풀면 동시에 모든 의미가 밝혀지는 발라드의 시형을 모델로 한다.

셋째, 구조 차원에서 진실이 될 수 있다

세 번째는 좀 더 깊이 있게 설명하고자 한다. 판타지는 구조적으로 진실이 될 수 있다. 판타지의 구조는 세상의 형태를, 특히 변화의 형태를 반영한다. 상태의 변화는 주로 변화의 시작과 끝을 명시하는 제목으로 드러난다. 《빙하가 다가온다 $^{The\ Ice\ Is\ Coming}$》(퍼트리샤 라이트슨 $^{Patricia\ Wrightson}$, 1977), 《어둠이 떠오른다》(수잔 쿠퍼 $^{Susan\ Cooper}$, 1973), 《구름의 끝 $^{Cloud's\ End}$》(션 스튜어트 $^{Sean\ Stewart}$, 1996), 《게임의 끝 $^{The\ End\ of\ the\ Game}$》(셰리 테퍼 $^{Sheri\ S.\ Tepper}$, 1986), 《시작의 공간 $^{The\ Beginning\ Place}$》(어슐러 K. 르 귄, 1980)처럼 말이다. 르 귄의 제목은 또한 시간에 따른 변화가 공간적으로 표현될 수 있다는 점을 보여준다. 판타지 소설 책장은(적어도 내 책장에는) 문, 게이트, 길, 도로, 숲과 같이 리미널 스페이스 $^{liminal\ space}$(경계의 공간을 뜻하며 물리적, 정서적, 비유적인 의미를 지닌다—옮긴이)를 뜻하는 제목으로 가득하다. 제목에 우주적 변화나 회전축의 이동 또는 이에 상응하는 공간적 개념의 전환을 가리키는 단어가 없다면 플롯은 필연적으로 정권 교체를 촉발하는 예언이나 선전 구호, 파괴와 재건을 그린 장면들을 축으로 진행될 수밖에 없다. 너무 당연하게 들릴지도 모른다. 어떤 스토리든 변화는 당연히 있어야 한다. 하지만 판타지에 등장하는 변화는 사실주의 소설 속 환경의 변화와 다르다.

후자는 세상이 완전히 달라지는 근본적인 개조가 아니라 캐릭터의 외적 환경이나 내면의 상태가 변화하는 경우일 때가 많다.

다시 말하지만 판타지에서 변화는 공간의 변형으로 그려지고, 이는 시간의 변화와 더불어 나타날 때도 있다. 이를 보여주는 좋은 사례로 로드 던세이니^{Lord Dunsany}의 《엘플랜드 왕의 딸^{The King of Elfland's Daughter}》(1924)이 있다. 다음은 엘플랜드에서 시작된 마법의 힘이 평범한 왕국 얼을 휩쓰는 후반부의 한 대목이다.

> 한쪽에는 우리가 아는 땅이자 익숙한 것들로 가득 찬 땅이 보였고, 그녀가 높은 곳에서 내려다본 다른 한쪽에는 무수한 색의 경계 너머로 짙은 녹색의 작고 여린 나뭇잎들과 엘플랜드의 마법 꽃들, 망상도 상상도 아님에도 지상의 것이 아닌 존재들이 보였다. 엘플랜드의 아름다운 생명체들이 뛰어나왔고, 집으로 돌아가는 리라젤 공주의 살짝 뻗은 양손에서 황혼이 펼쳐지자 그녀가 지나는 우리의 땅은 엘플랜드로 물들었다. [p. 237]

이 장면의 힘은 회복과 상실이 동시에 발생한다는 데서 생긴다. 시간을 영원과 맞바꿨고, 이는 전적으로 좋다고 볼 수만은 없는 거래였다. 과장이 있었지만 거짓은 아니었던 예언대로

버넘 숲이 던시네인으로 왔듯(셰익스피어의 《맥베스》에서 마녀는 맥베스에게 버넘 숲이 던시네인 언덕으로 오지 않는 한 안전할 것이라고 예언했다-옮긴이), 엘플랜드가 얼 왕국에 이르렀다. 던세이니가 시간의 흐름을 상징하는 표현들로 변화를 묘사한 것은 우연이 아니다. "모든 추억, 오래된 음악과 잃어버린 목소리, 시간이 지상에서 몰아낸 것들이 다시 우리의 옛 땅으로 밀려들어 왔다." [p. 236] 노쇠와 상실을 의미하는 것은 무엇이든 영원으로, 제철이 아님에도 피어나는 꽃으로 대체됐고 그 결과는 위안이 아닌 오싹함뿐이었다. 마법의 물결이 갈라놓은 필사의 땅, 남아있는 그 한 자락의 땅 위에 수도원이 있었고 이 장면은 엘플랜드에서 사라진 것들이 무엇인지 보여준다.

> 그의 종소리가 주변을 감싸고 있던 주술과 황혼을 물리쳤다. 그곳에서 그는 행복하고 만족스럽게 살아갔고, 혼자가 아니었다. 그 성스러운 땅에서는 마법의 물결에 휩쓸리지 못한 몇몇 성스러운 것들이 그를 섬겼다. 그는 보통 사람보다 오래 살았지만 마법의 나이만큼은 살지 못했다. [p. 241]

톨킨 또한 필사의 운명을 타고나 불사를 바라는 인간과

불사에서 벗어나기를 꿈꾸는 요정의 대조적인 스토리를 언급한 적이 있다. 하지만 톨킨에게도 던세이니에게도 이는 단순한 주제가 아니라 플롯, 설정, 시퀀스, 이 모든 것을 구조화하는 장치였다. 이것이 바로 바흐친이 말한 '크로노토프'다. 공간이 되기도 하는 시간, 공간을 차지하는 캐릭터, 시간을 차지하는 사건을 의미하는 개념이다. 바흐친의 크로노토프는 장르별 특징을 반영한다. 변화의 구조를 묘사하는 데는 판타지의 크로노토프가 가장 뛰어나다.

다만 이것이 무엇을 의미할까? 마법의 힘에 점령당하는 이야기를 어떻게 우리 삶의 진실로 받아들일 수 있을까? 우리는 엘프가 아니다. 우리는 생에 지친 불사의 존재가 탐하는 유혹이 아니라 필사의 존재가 탐하는 유혹을 지녔다.

신화에서 세상이 재창조되는 이야기를 다시 살펴보자. 창세기 속 홍수, 진리의 시대인 황금기에서 갈등의 시대인 칼리 유가로 주기가 반복되는 힌두교 신화, 북유럽 신들의 황혼을 의미하는 라그나로크의 도래가 있다. 이 모든 변화는 문자 그대로 고대 과거의 상징이나 종말의 예언이라고 볼 수도 있지만 시간과 우주에서 우리 자신을 발견하는 방식으로도 이해할 수 있다. 변화란 세상에서만 벌어지지 않고 자기 자신에게서도 벌어진다.

판타지는 성을 건설하고 왕국이 멸망하는 것처럼 눈에 보이는 변화뿐만 아니라 성장과 욕망 같은 개인 내면의 변화가 구조화되는 과정을 묘사한다.

판타지는 형태보다 구조를 드러낸다

여기서 형태와 구조의 근본적인 차이점을 짚고 넘어가는 것이 중요하겠다. 형태는 육안으로 볼 수 있고 겉으로 명백히 드러난다. 예컨대 잠자리와 박쥐의 날개는 형태가 같아 보이지만 해부학적인 구조와 진화의 역사는 완전히 다르다. 또한 두 채의 집이 있다고 할 때 겉모습과 지면의 넓이가 같을 수 있고 심지어 같은 색의 페인트나 회반죽이 발렸을 수도 있지만 건축의 양식은 근본적으로 다를 수 있다. 사실주의는 사회와 자아의 형태를 묘사하는 데 탁월하다. 그러나 숨은 구조, 즉 근본적인 구성 요소와 그 요소들이 표현되는 방식을 탐험하는 데는 판타지가 더욱 뛰어나다.

조지 맥도널드의 또 다른 환상 동화 《공주와 고블린》(1872)을 보면 아이린 공주는 변화가 끊임없이 일어나는, "산기

슭과 산꼭대기 중턱에 자리한 절반은 성, 절반은 농가로 이뤄진 대저택"에서 산다. 주요 층들만 오가며 자란 공주는 어느 날 길을 잃어 우연히 비밀스러운 계단을 발견했고 탑에 사는, 나이 들었지만 아름다운 고조할머니를 만나게 된다. 하인 중 아무도 아는 이가 없는 이 신비로운 할머니는 메신저 역할의 비둘기 떼를 길렀고, 불빛이 등대처럼 밝아 벽 너머까지 훤히 비추는 등도 갖고 있었으며, 실을 어찌나 가늘게 잣는지 실이 투명하게 보일 정도였다. 비둘기 떼와 등, 실은 공주와 공주의 친구이자 모험 동반자인 소년 광부 커디에게 길을 안내한다.

반면 집 아래 땅속에서 사는 고블린 무리는 공주를 납치해 고블린 왕자의 신부로 삼기 위해 굴을 파고 있었다. 고블린들은 거칠고 충동적이며 폭력도 불사했지만 우스울 정도로 허술했다. 이들이 뚫고 올라간 곳이 하필 와인 저장실이었고 집사는 와인을 제공해 고블린들의 정신을 쏙 빼놨다.

따라서 공주의 집은 계급에 따라 위층과 아래층으로 나뉘었다고 볼 수도 있지만, 비단 계급뿐만 아니라 미덕이나 지혜로 구분됐다고 볼 수도 있다. 꼭대기 층에는 현명하고 신비로운 고조할머니가 있었고, 하인들이 있는 부엌 아래에는 동물과도 같은 고블린이 지냈다. 그 중간에서 지내는 아이린은 고블린에게 위협을 당하기도 하지만 조상의 보호를 받으며 계급을 오갈 수 있는 인물이었다.

조금 시대착오적이기는 하지만 환상 동화의 전체적인 설정을 프로이트식으로 해석할 수도 있겠다. 아래 깊은 곳에는 이드가 있고, 가장 높은 곳에는 초자아가 있으며, 그 사이에는 원시적 욕구와 사회적 제약을 조율하는 자아, 아이린이 있다. 다만 이런 체계를 이해하는 데 프로이트까지는 필요하지 않다. 저자 맥도널드는 성직자가 되는 훈련을 받았지만 과학 교육도 받았고, 프로이트 이전에 이미 무의식에 대한 이론을 연구 중이던 에든버러대학교에서 의학 강의도 들었다. 그는 상징의 힘과 두뇌가 스스로 어떤 속임수를 발휘할 수 있는가를 잘 알고 있었다. 그의 작품 중에는 인간 정신에 대한 놀라운 상징성이 담긴 이야기가 많다. 이끼와 헝클이를 일생의 모험으로 이끄는 매개이자 환상 동화의 제목이기도 한 《황금 열쇠》(1867), 《공주와 고블린》의 후속작에서 커디가 악당의 손을 보고 동물의 발임을 알아차리는 장면, 특히나 《릴리스 Lilith》(1895)의 주인공이 자아를 성찰하는 공간인(본질적으로 감각 상실의 방인) 알 형태의 세계 모두 상징성을 띤다.

자아를 집에 대입해 생각한다면 외적인 측면을 그려내는

데는 판타지보다 다른 문학 장르가 더욱 뛰어나다. 사실주의는 일상의 수고와 감정적, 경제적, 사회적 교환을 제시하고, 우리가 스토리의 전부라고 여기는 것들을 눈앞에 보여준다. 하지만 판타지가 하는 일은 사뭇 다르다. 판타지는 저 높은 지붕 위에서, 땅 아래 깊은 곳에서, 벽 안쪽에서 영혼을 바라본다. 환상 이야기는 표면적인 정확도를 포기하는 방식으로 압력과 지지대의 기본 골조를 드러낼 수 있다. 주춧돌이 어떻게 자리하고 있는지를 보여줄 수 있다. 치명적인 균열이 어디서 생길지, 폐허에서 무엇이 나타날지를 확인할 수 있다. 이를 가장 잘 보여준 사례는 에드거 앨런 포Edgar Allan Poe의 《어셔가의 몰락》(1839)으로, '어셔가'라는 제목이 물리적인 건물, 그리고 집을 세우고 결국에는 그 집과 함께 무너질 가족 모두를 가리키는 중의적 문구인 것도 결코 우연이 아니다.

    포의 이야기에서 어셔 가족은 두 명만 남았다. 쌍둥이인 로더릭과 매들린은 애증 관계에 갇혀 결국 서로를 죽음으로 내몬다. 로더릭은 가사 상태에 빠진 매들린을 성급하게 매장하며, 매들린은 무덤에서 나와 로더릭의 숨을 끊는다. 결국 가문과 집은 파멸에 이른다. 본질적으로 남매와 집은 하나의 영혼을 공유한다. 이는 판타지가 복잡한 자아를 표현하는 한 가지 방식이다.

자아를 여러 개체로 나누고, 그것들이 전체를 이루는 하나의 기능임을 상징하는 것이다.

내면의 구조: 분산된 자아

이런 식으로 정신이 분리된 또 다른 사례로 C. S. 루이스의 《우리가 얼굴을 찾을 때까지》(1956)에 등장하는 여왕 오루알과 웅깃, 오루알의 여동생 프시케라는 세 캐릭터를 들 수 있다. 작품에는 세 인물이 곧 상대의 모습이자 더욱 큰 자아의 일부라는 암시로 가득하다. 오루알은 "내가 웅깃이다"라고 말하며[p. 276] "너는 또한 프시케이기도 하다"라는 신의 음성을 듣는다.[p. 308] 또한 오루알의 스승이 기억 또는 환영인 채로 이런 말을 남기기도 한다. "우리는 사지이자 일부로, 한 몸을 이루고 그리하여 서로가 된다. 인간과 신은 서로에게 들고나며 뒤섞인다."[p. 300-301]

이처럼 명백한 사례는 아니지만 르 귄은 〈SF와 브라운 부인〉이라는 에세이에서 분열된 자아에 대해 이야기하며 《반지의 제왕》 속 (몸을 공유하는) 골룸과 스메아골만이 아니라 프로도와 샘와이즈 또한 하나의 복잡한 캐릭터의 일부라고 설명했다. 또한 이런 기법이 전통적인 스토리텔링에서 비롯했다고 짚었다.

브라운 부인이 공주에서 두꺼비, 벌레, 마녀, 아이가 되듯, 전통적인 신화와 민간 설화에서 복잡한 의식을 지닌 낮의 인물이 무의식의 원형적인 밤의 개체들로 나뉘듯, 톨킨은 지혜롭게도 프로도를 네 개의 인격, 즉 프로도, 샘, 스메아골, 골룸으로 분열시켰다. [p. 103]

여기서 르 귄은 판타지적 스토리텔링과 최상의 사실주의를 비교했다. 버지니아 울프$^{Virginia\ Woolf}$는 브라운 부인이라는 캐릭터를 창조해 대단히 매력적이지 않은 인간에게도 있는 이면의 복잡성과 단순화할 수 없는 인간의 개성을 설명했다. 톨킨의 캐릭터들도 이와 같은 복잡성과 개성을 지녔지만 프리즘처럼 나뉘어졌다. 내가 《공주와 고블린》에서 집과 자아의 관계성을 설명하기 위해 프로이트를 인용했듯, 르 귄은 융의 용어를 빌려 자아의 여러 일부를 '원형'이라 칭했다. 그러나 이렇듯 분열된 자아라는 개념은 오래전부터 존재했고 너무 흔해서 하나의 특정한 심리학 또는 정신 분석학 이론의 영향을 받았다고 보기는 어렵다. 이런 스토리텔링 방식은 정신 분석가보다는 스토리텔러의 역할이 크다고 봐야 하고 제대로 된 명칭이 있어야 하는 바, 나는 '분산된 자아$^{distributive\ selfhood}$'라는 용어를 제안한다. 여기에 속하는 사례는 다음과 같다.

- 머빈 피크Mervyn Peake의 〈고멘가스트Gormenghast〉 3부작에 등장하는 동명의 저택과 거주자들.
- 《마법에 걸린 삶Charmed Life》(1977)을 시작으로 한 다이애나 윈 존스의 〈크레스터맨시Chrestomanci〉 시리즈 속 다중 우주에서 살아가는 여러 버전의 개인들.
- 조애나 러스Joanna Russ의 유토피아이자 디스토피아적인 소설 《여자남성The Female Man》(1975) 속 같은 유전자를 타고났지만 서로 다른 사회에서 성장한 'J' 캐릭터들.
- 킴 스탠리 로빈슨Kim Stanley Robinson의 《쌀과 소금의 시대》(2002) 속 광대한 역사의 태피스트리를 넘나들며 환생을 거듭하는 세 캐릭터.
- 엘리노어 아너슨Eleanor Arnason의 단편 소설 〈방랑자의 시Knapsack Poems〉(2002) 속 다중의 신체와 성을 지닌 외계인들.
- 분산된 자아를 특히나 생생하게 표현한 필립 풀먼Philip Pullman의 〈황금나침반〉 시리즈에 등장하는 다중 우주 속 데몬들.

데몬들은 풀먼의 《황금나침반》(1995) 도입부에 등장한다. 반려동물처럼 보이지만 사실 인간의 자아와 연결된 인공 기관 같은 역할을 한다. 인간의 영혼이 동물의 형태로 분리된 것이다.

주인공 라이라는 자신의 데몬인 판탈라이몬을 동반자이자 공모자로 여긴다. 라이라가 성장기인 터라 그녀의 데몬 또한 어떤 때는 나방으로, 어떤 때는 새나 치타로 변신을 거듭한다. 무서운 콜터 부인은 자신의 데몬인 황금 원숭이를 이용해 사람들을 유혹하고 감시한다. 아스리엘 경의 데몬은 눈 표범으로, 타인에게 위압감을 주고 존경받고 싶어 하는 그의 성향이 데몬으로 인해 더욱 강해진다. 풀먼은 아스리엘 경을 묘사하며 맹수의 형상을 그대로 차용한다.

> 그의 움직임은 야생 동물처럼 크고 균형감이 완벽했으며, 그가 이런 곳에 자리할 때면 너무 작은 우리에 갇힌 야수처럼 보였다.[P. 13]

풀먼이 만든 데몬이라는 모델은 정령이라는 신화적 전통에 셰이프 시프터shape-shifter(신화, SF, 판타지 등에서 변신하는 능력을 가진 사람 또는 존재-옮긴이)가 더해진 것이다. 풀먼은 우아하게 시선을 좌측으로 둔 여성이 담긴 레오나르도 다 빈치의 〈담비를 안고 있는 여인〉처럼 동물을 소품으로 넣어 자화상을 그리던 르네상스 풍습에도 영향을 받았다고 밝혔다[버틀러Butler, 2007]. 데몬은 인간 내면의 진실을 표현한다. 가령 하인의 데몬은 모두 개다. 또한 인간 캐릭터들은 거짓말도 하고 꾸며내기도 하지만 이들의 데몬은 언제나 내면의 진실을 말한다. 데몬과 그 주인을 분리시켜 인간을 불구이자 멍한 껍데기로 만드는 내용이 주된 플롯으로 등장한다. 이 내러티브 장치 하나로 풀먼은 캐릭터를 대단히 깊이 있게 그려냈다. 캐릭터가 너무도 방대하고 다양한 특징이 있는 탓에 단 하나의 몸으로는 표현할 수 없다는 듯이 말이다. 이런 내러티브 장치는 설정부터 주제까지 모든 것에 영향을 미치고, 덜 매력적이고 보조적인 다른 여러 플롯에서도 독자의 집중력을 유지한다. 또한 인간 본성에 대한 진실을 말한다. 자아는 한 사람의 피부 너머로 뻗어 나가 다른 생명체를 침범할 수 있다는 진실 말이다.

내면의 구조: 한 개인 안의 다수

앞서 말한 진리의 정반대 개념을 월트 휘트먼Walt Whitman의 표현을 빌려 말하자면, 한 개인 안에 '다수가 자리한' 상황이다. 판타지 문학은 여러 내면의 목소리 또는 페르소나를 설정할 수 있는 근거를 여럿 갖고 있다. 픽사의 영화 〈인사이드 아웃〉(2015)은 이런 개념을 잘 보여주는 사례이자 깊이 있게 살펴보는 계기를 마련한다. 대중 심리학에 관한 메타픽션인 셈이다. 영화는 별

다른 설명 없이 주인공과 그녀의 가족, (고양이와 개를 포함해) 그녀가 만나는 모든 이의 머릿속에서 벌어지는 감정과 동기를 모두 다른 캐릭터로(각각 다른 연기자의 목소리로) 보여준다. 판타지와 달리 SF 소설에서는 일종의 과학 기술이나 (유사 과학적 전제가 허용되는 만큼) 텔레파시 또는 종족적 기억, 빙의 등으로 다중 자아를 설명하는 경우가 많다.

상당히 엄격한 과학적 설정을 보여주는 작품으로 그렉 이건Greg Egan의 역설적인 제목의 소설 〈내가 행복한 이유〉(1997)가 있다. 주인공 마크는 뇌종양을 앓고 있다. 건강한 조직을 공격해 인공 두뇌 조직을 이식하는 극단적인 개입이 필요한 상황이다. 그는 "주변 뉴런의 축삭 돌기와 수상 돌기를 끌어당기는 (…) 정교하게 조정된 폴리머 발포체"[p. 203]로 기능을 상실 중인 영역을 대체하지만 새로운 인공 두뇌 물질은 텅 비어있었다. 그가 기억과 성격을 되찾을 수 있도록 과학자들은 "데이터베이스에서 추출한 4,000명의 기록"을 이용해 신경 패턴이 장착된 조직을 프로그래밍 했고, 주인공은 그 데이터베이스에서 새로운 자아를 선택해야만 했다.

이야기가 결말을 맞이하며 마크는 깨닫는다. 그의 자아는 낯선 이들의 습관과 욕망이 무작위로 선택돼 결합된 구성체일 수도 있지만 그것은 누구에게나 해당하는 이야기였다. 자신의 아버지를 바라보며 그는 이렇게 생각한다.

> 아버지는 내 머릿속에 있었고, 어머니도, 그리고 상상할 수 없을 정도로 먼 천만 명의 조상, 인간, 최초의 인류 들 또한 내 머릿속에 자리하고 있다. 여기에 4,000명이 더해진다고 해서 뭐가 그리 큰일일까? 우리는 모두 똑같은 유산을 이어받아 거기서 자신의 삶을 만들어간다. 반은 보편적이고 반은 특별하며, 무자비한 자연 도태에 반쯤은 날카롭게 다듬어지고 우연이라는 자유에 반쯤은 부드럽게 깎인 삶 말이다. 다만 나는 이런 세세한 사실을 좀 더 냉혹하게 마주해야 했을 뿐이다. [p. 227]

소설에서 몇 안 되는 진정으로 '행복한 이유'가 등장한 이 결말에서 이건은 정신이란 복잡하고 모순적이며 우연적인 것이라는 과학적 근거를 제시한다.

로이스 맥마스터 부졸드Lois McMaster Bujold의 〈찰리온Chalion〉 시리즈 가운데 특히나 펜릭이라는 인물을 중심으로 한 중편 소설에서는 한 캐릭터의 머릿속에 자리한 둘 이상의 자아를 설명하기 위해 신성한 존재와 악한 존재에 빙의됐다는 설정을 사용한다. 이 시리즈의 세계에서는 파더, 마더, 선, 도터, 트릭스터trickster(신화와 민담에 등장하는 존재로 도덕을 무시하고 질서를 어지럽힌다-옮긴이)인 배스터드까지 다섯의 신이 사람들의 몸에 잠시 깃들며 인간사에 개입한다. 빙의된 인간은 성인^{聖人}으로 여겨지고 다른 사람의 진정한 자아를 보는 능력 등 여러 놀라운 힘을 갖게 된다. 우리의 이해를 넘어서는 계획을 따르는 이 신들은 인간의 관점에서 딱히 자애롭다고 할 수 없고, 악령들 또한 혼돈과 무질서를 일으키는 힘이라고 해도 사악하다고 할 수는 없다. 《펜릭의 악령$_{Penric's Demon}$》에서 젊은 귀족 펜릭은 숙주가 죽은 악령을 우연히 자신의 몸으로 받아들인다. 악령에 익숙하지 않은 펜릭을 따라 독자들은 악령의 본성을 배운다.

> 악령들은 혼돈의 파국인 배스터드의 지옥에서 이 세상으로 빠져나오거나 새어나온, 형체도 정신도 없는 초자연적인 존재이자 파편들로 시작됐다. (…) 모든 악령의 언어 능력, 지식, 혹은 인격은 이전의 주인들에게서 얻은 것이었고, 복제했는지 빼앗았는지 펜은 알 수가 없었다.

펜 또는 펜릭은 악령의 상충하는 요구에 맞서, 다시 말해 악령이 이전에 거친 열두 명의 숙주에 맞서 자신의 정체성을 지킬 방법을 배워야만 했다. 이전의 숙주들은 암말, 암사자, 다양한 계층과 지역의 인간이었고 모두 여성이었다. 근래의 숙주들이 펜릭의 머릿속에서 가장 강력한 존재감을 주장했고 오래된 것들은 아득하게 희미해져 갔다.

펜릭은 머릿속에 새롭게 자리한 존재들, 그중에서도 특히나 악령에게 잠식될 위험에 처하지만 선한 본성으로 이겨낸다. 그의 첫 본능은 내면에서 싸움을 벌이기보다는 그들과 대화를 나누는 것이었고, 그는 자신이 태어나 처음 받은 선물인 이름을 주며 그 대가로 악령의 마음을 얻었다. 그들은 펜릭을 존중하기 시작했고 결국 펜릭은 방대하고도 다양한 지식에 접근할 수 있었다. 여러 언어를 말하고 읽을 수 있게 됐고, 의사와 여자 사제, 상류층을 상대하는 고급 매춘부의 기술을 사용할 수 있었다. 펜은 여성 열둘 혹은 열세 명의 의식을 지닌 남성으로서 (악령의 정체성이 이제는 데즈디모나라는 이름의 여성이 된 만큼) 매춘부라는 자아로 몇 가지 어려움을 겪기도 한다.

펜릭의 상황은 은유적으로 표현된다. 습득한 배움이나 공감 능력 또는 우유부단함이 "그녀는 이 문제에 서로 다른 생각을 갖고 있었다"라는 문장으로 드러난다. 또한 남성과 여성 모두의 특징을 지녔다는 점과 남성과 여성에게 매력을 느낀다는 점에서 양성을 상징할 수도 있다. 이 이야기는 신화적이기도 한데, 예전부터 구전된 텍스트에서 악령 빙의와 사기꾼의 등장은 물론이고 인물들이 급작스럽고도 극적으로 변하는 이야기가 흔한 소재라는 점에서 그렇다. 가령 북유럽 신화 속 장난의 신 로키는 때에 따라 성별을 바꾸고 출산도 했으며 그리스 예언자인 테이레시아스는 여성으로 7년을 살았다. 이 사례에서 변형은 물리적인 형태다. 다만 펜릭의 경우는 후에 여성의 기술을 능숙하게 발휘하는 변화를 보인다고는 해도 무엇보다 정신적인 변형에 중점이 맞춰진 사례다.

마리아 니콜라예바Maria Nikolajeva는 구전되는 이야기가 문학적 내러티브로 달라질 때 신화적 모티프에 어떤 일이 일어나는지 설명하는 용어를 창안했다.[1988] 과거 기호학적 용어로 만들어진 '신화소mythemes'를 니콜라예바가 '판타지소fantasemes'라는 개념으로 확장했는데 이는 판타지적 세계를 구축하는, 환원할 수 없지만 복제 가능한 구성체다. 니콜라예바는 "판타지소가 다른 학자들이 '모티프' 또는 '기능'이라고 부르는 개념과 일치할 때도 있다. 하지만 판타지소가 더욱 넓은 개념을 가리킬 때가 많다"라고 설명했다.[P.23] 그 사례는 마법에 걸린 사물이나 마녀가 부리는 정령 같은 판타지적인 생명체에서 마법의 원칙까지 다양하고, 르 귄의 〈어스시〉 시리즈 속 '진정한 이름'이라는 설정과 같은 마법의 원칙은 니콜라예바가 말한 "더욱 넓은 개념" 중 하나에 속한다고 할 수 있겠다.

대부분의 판타지소는 신화소에서 유래했는데, 다시 말해 어떤 마법 원칙이나 모티프든 스티스 톰프슨Stith Thompson의 《민속문학의 모티프 색인*Motif-Index of Folk-Literature*》(1955–1958)과 같은 도구들을 이용해 구전된 버전을 찾을 수 있다는 뜻이다. 이런 판타지소들은 소설 속 캐릭터 및 주제와 상호 작용하며 은유적인 해석을 유도한다.

하지만 펜릭의 표현처럼 "열두 명의 보이지 않는 누나들의 자문 위원회"가 생겨난 경우, 판타지소는 신화를 참고하거나 은유적 관련성이 있다는 것 이상이다. 이런 판타지소는 그의 본성을 새로이 설정하고 스토리의 유형을 전환한다. 분산된 자아처럼 여러 근원적 정체성이 뒤섞인 양상은 펜릭과 그의 세계에 대해 중대한 무언가를 의미한다. 다시 말해 상상으로 창조된 물리적 세계뿐만 아니라 펜릭의 스토리 세계를 보여주고, 가능한 상호 작용과 암시로 가득한 전체적인 상, 즉 바흐친이 말한 크로노토프를 보여주는 것이다. 펜릭이 보여주는 변화는 구조적이고, 그 구조는 인간이라는 것이 어떤 의미인가를 생각하는 계기를 마련한다는 점에서 의미 있다. 〈내가 행복한 이유〉 속 마크처럼 펜릭은 자신이 받은 유산으로 삶을 만들어나가야 하고, 이는 우리 모두에게 해당하는 이야기다. 풀먼의 데몬이 영혼이 분산되는 능력을 의미한다면, 펜릭의 악령은 영혼이 서로 합쳐지고 뒤섞이는 능력을 의미한다. 우리는 복합적인 존재이자 확장된 존재다.

판타지는 복합적인 자아를 다양한 형태로 제시하고, 복합적인 자아를 얻는 여러 방법을 보여준다. 펜릭이 자신도 모르게 데즈디모나를 받아들인 것처럼 내면을 공유할 존재들을 불러들이는 경우도 있다. 또 다른 경우로는 션 스튜어트의 《흉내지빠귀Mockingbird》(1998) 속 동명의 새처럼 혼이 불쑥 들어오기도 한다. 죽은 자의 혼이 영매에게 씌듯 영혼이 주인공의 몸에 침입한다. 또는 잠복한 스파이처럼 눈에 띄지 않다가 앨런 가너Alan Garner의 《부엉이The Owl Service》(1967)와 같이 트라우마나 의식 혹은 성적 자각으로 혼이 깨어나는 경우도 있다. 진 울프Gene Wolfe의 《새로운 태양의 서The Book of the New Sun》(1980-1983) 속 주인공 세베리안은 외계의 약물과 기적으로 성사된 식인 행위 의식으로 두 번째 자아와 새 삶의 궤적을 얻었다. 이 모든 상황에서 다중 자아는 새롭게 뒤섞여 탄생하는, 또는 변화무쌍하게 달라지는 정체성과 절충해야 한다. 이를 성공적으로 해낸다면 복합적 자아는 전보다 강해지고 적응력과 자아를 의식하는 수준 또한 높아진다.

분산적이고도 복합적인 정신만이 판타지가 보여줄 수 있는 자아의 구조는 아니다. 자아와 변신만이 판타지적 장치와 서사적 비유를 통해 구조적으로 표현할 수 있는 유일한 범주도 아니다. 구조가 있다면 무엇이든 마법의 형태로 구현될 수 있다. 사랑에는 구조가, 아니 구조들이 있고 이를 폭넓게 보여주는 작품이 오비디우스Ovidius의 《변신 이야기》다. 죽음에도 구조가 있는데, 조지 손더스George Saunders의 《바르도의 링컨》(2017)과 같이 묘지가 등장하는 판타지들은 구조를 공간적으로 표현하는 한편, 테리 프래쳇의 〈디스크월드Discworld〉 시리즈 속 죽음(그리고 거기서 좀 더 세분화된 쥐의 죽음까지)처럼 의인화 방식은 죽음이라는 구조를 인간의 형상을 한 적 또는 안내자로 표현한다. 젠더와 욕망에도 구조가 있다. 삶의 거대한 변화에도 모두 구조가 있다. 불의에도 구조가 있는데, 판타지가 불의를 강렬하게 묘사한 사례로는 대량 학살과 저항 운동을 그린 프랜시스 하딩Frances Hardinge의 《걸스트럭 섬Gullstruck Island》(2009)을 들 수 있다. 의미에도 구조가 있다. 판타지에서는 기호 과정semiosis, 즉 의미의 생성을 보여주는 방법이 다양한데, 마법의 구속력이나 〈어스시〉 시리즈의 '진정한 언어'와 같은 장치가 이에 해당한다.

소설 밖 세계에 통찰을 제공하는 방식

신화에서 파생됐든 메타포로 만들어졌든, 판타지소는 더욱 큰 시스템에서 작동한다. 판타지는 이런 구성 요소들의 집합체 이상이다. 판타지의 모티프는 서사의 패턴에서 의미를 얻는다. 판타지소는 판타지의 어휘고, 스토리는 개별적인 문장들이며, 이 두 요소 모두 그 질서와 의미를 얻기 위해서 스토리텔링의 통사적 및 의미적 암호에 대한 독자의 지식에 의존한다.

스토리가 제공하는 몇 가지 힌트를 바탕으로 우리는 단서들을 취합해 하나의 응집력 있는 세계를 만들어나간다. 장르와 스토리의 근원 설화를 잘 알수록 빠르게 공백을 메우고 스토리 세계의 구조를 직관할 수 있다. 해당 세계의 균형과 조화를 인식하고 나면, 이를 우리가 경험한 세계의 모델 또는 축소판으로 받아들일 수 있다. 우리가 아는 세계가 되는 것이다. 스토리를 읽어나가며 근원 설화를 떠올리고, 그렇게 우리는 그 안에서 살아가게 된다. 논리와 정서적 연계, 관련성 인식이라는 사고의 작동 방식으로 판타지는 소설 밖 세상에 대한 통찰력을 제공하기 시작한다. 실로 판타지는 메타포가 확장되는 새로운 근원 영역이 된다.

이는 소설이라는 장르에도 어느 정도 해당되는 사실이다. 윌리엄 포크너William Faulkner의 미시시피처럼 사실적인 구조물은 독자가 소설의 바깥 세계를 이해하는 기반이 된다. 찰스 디킨스의 스크루지나 제인 오스틴Jane Austen의 너무도 오만한 인물 다아시처럼 상징적인 캐릭터들은 모든 계층의 사람들을 대신한다. 소설에서 읽은 사회적 상호 작용들, 즉 로맨틱 코미디의 재밌는 오해나 비극적인 영웅의 파멸적인 선택이 우리 주변에서 벌어지기 시작한다.

마이클 살러Michael Saler는《애즈 이프: 현대 마법과 가상 현실의 문학적 초기 단계As If: Modern Enchantment and the Literary Prehistory of Virtual Reality》(2012)에서 이런 허구 세계 중 몇몇은 강렬하게 남아 다른 작가들이 다시 활용할 정도라고 말했다. 또한 그런 세계는 공용의 모래 놀이터이자 가상성이 디지털 세계와 접목하기 이전의 가상 현실이라고 설명했다. 중요한 점은 그가 언급한 사례들이 전부 판타지에 근접하거나 그 경계를 넘는다는 것이다. 시간 여행을 할 수 있다면 디킨스의 런던 같은 장소를 보게 되기를 기대하겠지만, 그보다 셜록 홈즈의 런던이 더욱 특이하고 환상적인 공간이 될 것이다. 또한 H. P 러브크래프트^{Lovecraft}의 뉴잉글랜드는 현실적인 지형이지만 불가능한 힘이 존재하고 외계 생명체들이 동굴과 다락에 잠복해 있는 곳이다. 셜록 홈즈의 런던보다 판타지의 세계로 한 걸음 더 나아갔다. 이런 스펙트럼의 가장 말단에는 톨킨의 가운데땅이 있다. 역사에서 완전히 동떨어져 상상력 외에는 그 어떤 수단으로도 닿을 방법이 없는 곳이다. 살러는 가상 공간의 예시로 L. 프랭크 바움$^{Frank\ Baum}$의 오즈를 언급하지 않았지만, 오즈야말로 판타지의 경계를 넘는 과정을 완벽하게 보여주는 사례이자, 러브크래프트의 미토스^{mythos}나 셜록키아나^{Sherlockiana}(셜록 홈즈 세계관에서 파생된 연구, 문학, 창작물 등 하나의 문화 일체를 가리키는 용어-옮긴이)처럼 다른 창작자들을 불러들이는 세계다. 이 모든 상상의 세계는 수많은 후속작과 각색, 혼성 모방 작품에 영감을 줬다. 이런 세계들이 가진 매력을 한 가지 꼽아보자면 경험에 기반한 원칙들로 세워졌지만 실제 사회에서는 찾아볼 수 없는 명확성과 일관성으로 운영된다는 점이다. 홈즈의 연역적 추리나 모리아티의 악의처럼 마법이 비밀스럽고도 은밀한 방식으로 제시된다 할지라도 마법의 세계임에는 틀림없다. 마법은 모든 것이 더욱 선명해지게 하고 의미의 구조가 더욱 명확해지게 한다.

현실이라는 지각판의 지도

판타지적 요소는 사실주의 스토리 세계에서도 그 매력을 발휘한다. 사람들이 살았던 장소가 후대 작가들에 의해 공공연한 판타지 공간으로 변한 사례가 많아졌다. 포크너의 미국 남부는 맨리 웨이드 웰먼Manly Wade Wellman과 테리 비슨Terry Bisson, 앤디 덩컨Andy Duncan의 이야기에서 마법 같은 공간으로 변신했다. 하나의 서브 장르인 리전시 판타지regency fantasy(영국의 섭정 시대를 배경으로 한 판타지-옮긴이)는 오스틴의 영국을 요정 왕국으로 바꿔놓는다. 이런 장르 전환은 일종의 도플러 적색 이동으로 볼 수 있다. 과거가 멀어질수록 상상력과 소원 성취로 채색되는 것이다. 역사는 스토리에 녹아들기 시작한다. 오스틴의 바스나 런던의 베이커 스트리트 같은 실제 장소는 일차적 세계와 이차적 세계의 지도에 모두, 동시에 존재하는 곳이 된다.

판타지는 지도를 잘 활용한다고 알려져 있다. 스테판 에

크만Stefan Ekman은《용이 있는 곳Here Be Dragons》(2013)에서 이제는 1장 앞에 의무적으로 지도를 싣지만 이런 관행은 톨킨이 대중화하기 전까지만 해도 그리 흔치 않았다고 짚었다. 지도를 싣는 이유 중 하나는 독자가 스토리의 한계를 넘어 상상력을 발휘할 여지를 주기 위해서다. 지도에 캐릭터들이 절대로 가지 않을 장소가 표시되고 용의 존재나 위험한 숲을 알리는 경고가 있을 때, 심지어 지도상의 텅 빈 공간조차도 가상 세계에 더욱 큰 깊이감과 신뢰성을 부여한다. 하지만 지도의 가장 중요한 기능은 탐험의 순서를 알리고 가장 좋아하는 장소를 다시 방문하는 데 있다. 지도를 만든다는 것은 탐험을 계획하는 것이다. 지도는 시간과 공간 내에서 경험을 배열하고, 이로써 우리는 의미의 체계를 세울 수 있다. 이런 기능을 명시적으로 사용한 예가 바로 르네상스 시대에 기억의 궁전을 짓는 행위였고, 이는 존 크롤리John Crowley의《리틀, 빅Little, Big》(1981)과 수많은 판타지 소설에 등장한 판타지소다.

찰스 샌더스 퍼스Charles Sanders Peirce의 기호론에서 지도는 도상icon으로, 지도가 보여주고자 하는 대상과 구조적으로 유사하고 그렇기에 유용한 정보의 출처가 된다. 시내 지도는 우리가 길을 직접 걸으며 파악하기 어려울 수 있는 도시의 정보를 알려준다. 청사진은 건물을 건설하는 바탕이 된다.《공주와 고블린》에서 아이린 공주가 사는 집의 청사진에는 '고블린이 땅을 뚫고 들어오는 곳이 여기입니다' 또는 '마법의 고조할머니가 머무는 다락방' 같은 표시가 없겠지만 이런 발견이 가능할 수 있도록 공간이 마련돼 있다. 청사진은 집의 도상이고, 집은 왕국, 성숙, 영혼 등 다른 개념들의 도상이 된다.

공주의 집이 인간의 마음을 모형화했다면 《리틀, 빅》의 에지우드라는 집은 판타지의 구조를 상징한다. 에지우드는 거대한 빅토리아풍의 장식용 건물로, 소설 속 드링크워터 가문의 창시자가 설계한 건축학적 속임수 같은 것이다. 존 스톰 드링크워터는 건축가이자 심령술사였고, 그가 지은 집은 그의 건축물을 보여주는 샘플이자 다른 현실로 향하는 문이었다. 집은 다섯 면으로 이뤄져 있었고, 각 면은 현관 지붕과 지붕창, 장식품으로 치장돼 빅토리아 시대의 서로 다른 스타일로 꾸며졌다. 오각의 형태라서 건물 안은 이상한 각도로 꺾이는 곳과 막다른 길로 이어지는 복도로 가득했다. 길을 잃을 수밖에 없는 구조다. 〈닥터 후〉의 타디스처럼 바깥에서 보는 것보다 내부가 훨씬 넓다. 이 집의 부지와 인접한 숲에는 평범한 야생 동물은 물론 초자연적인 생명체들이 서식한다. 리미널 스페이스에 자리한 리미널 건축물인 셈이다.

크롤리의 이야기는 에지우드라는 공간이 신화적이자 은유적이라는 점을 보여준다. 이 작품이 차용한 신화는 안식 중인 왕 프리드리히 바르바로사 $^{Frederick\ Barbarossa}$의 이야기부터 마더 구스$^{Mother\ Goose}$까지 다양하고, 루이스 캐럴$^{Lewis\ Carroll}$의 앨리스같이 좀 더 문학적인 인물 또는 판타지소도 포함한다. 메타포는 상당히 많다. 에지우드는 드링크워터 가문 그 자체일 뿐만 아니라 서구 문명과 가정생활, (고모할머니가 사용하는 타로 카드를 포함해) 예언, 기억, 역사, 예술을 의미한다. "자연은 유령이 깃든 집이고, 예술은 유령이 깃들기를 바라는 집이다"[1971]라는 에밀리 디킨슨$^{Emily\ Dickinson}$의 말은 에지우드의 집과 그 인근에 자리한 숲에 꼭 어울린다. 《리틀, 빅》은 노골적인 메타픽션인데, 작품이 전하고자 하는 메시지 중 하나는 결국 모든 판타지적 이야기는 메타픽션을 지향한다는 것이다. 판타지는 독자로 하여금 이야기의 허구성을, 이야기가 지닌 속임수를 인식하게 만들기 때문이다.

무엇보다 에지우드는 그 자체가 스토리텔링이자 우리가 읽는 스토리고, 따라서 모든 면에서 판타지의 지도가 되는 셈이다. 하지만 스토리텔링은 단순히 메타포라고 하기에는 너무도 방대하고 다양하다. 스토리텔링은 하나의 왕국이다. 그의 또 다른 소설 《카: 이머의 파멸 속 다 오클리$^{Ka:Dar\ Oakley\ in\ the\ Ruin\ of\ Ymr}$》

(2017)에서 크롤리가 말한 왕국의 의미와 상통한다. 에지우드는 "우리 자신의 모습이 될 때 우리가 존재하는 곳"[p. 76]이라는 카 왕국의 정의에 부합하는 장소다. 즉 우리가 스토리에서 자신의 모습을 깨달을 때 향하는 장소라고 볼 수 있다. 스토리의 왕국에서는 무한한 메타포를 끌어낼 수 있고, 근원 영역 속 모든 X는 어느 목표 영역에서든 그에 대입되는 Y를 찾아낼 수 있다. 따라서 우리는 사랑이나 폭력, 신비한 존재를 이해하기 위해 X가 Y라고 주장할 수 있다.

스토리의 필수적인 기능 중 하나는 바로 더 많은 메타포를 만들어내는 것이다. 판타지 스토리텔링에서 메타포는 특히나 유용한데, 그 이유는 메타포의 작위성이 적나라하게 드러나기 때문이다. 판타지는 현실이 아니라 거짓인 만큼 삶의 미스터리들, 숨겨진 것들, 이면의 구조들을 메타포로 대변할 수 있다. 《오독》(1961)에서 C. S. 루이스는 "내용의 사실성"과 "표현의 사실성"의 차이를 분명히 밝히며 판타지는 다른 어떤 유형의 소설과 마찬가지로 후자를 이룰 수 있다고 주장했다.[p. 57-59] 나는 여기서 더 나아가 내용의 사실성을 저버릴 때 판타지가 현실이라는 지각판의 지도를 만들 수 있다고 주장하고 싶다. 르 귄은 1974년 출간한 에세이 〈미국인은 왜 용을 두려워하는가?〉에서 "판타지는 물론 진실이다. 사실에 기반하지 않았을 뿐, 진실인 것은 맞다"라고 적었다. 판타지 작가들이 사실주의의 표상적 장치들을 채택하는 것을 막을 수는 없지만 좀 더 깊은 진실로 인도하는 문은 비현실적인 무언가만이 열 수 있다.

2

마법이 현실 세계로 뻗어 나간다면

판타지와 사실주의

✳

"네스빗의 세계는 누구나 아는
평범한 세계에, 생명이 살아갈 수 있는 세계에
딱 적당한 만큼의 마법이 더해진 곳이다.
때문에 그녀의 스토리를 다 읽고 나면
그 모든 일이 언제라도, 당장이라도
당신에게 일어날 수 있을 것 같은 기분이 든다."
에드워드 이거, 〈**일상 속 마법**Daily Magic〉

판타지의 관점에서 바라본 사실주의는 어떤 모습일까? 두 장르는 서로를 모르고 지냈던 친척처럼 놀라울 정도로 닮아있는지도 모른다. 사실주의 소설과 판타지 소설을 대조적인 한 쌍으로 생각하는 경향이 있지만 사실주의와 대응할 수 있는 대상은 판타지 외에도 많다.

사실주의는 판타지와 대조적인가

철학자이자 문학 이론가인 프레드릭 제임슨^{Fredric Jameson}은 그 대상을 몇 가지 제시했다.

사실주의 vs. 로맨스, 사실주의 vs. 서사시, 사실주의 vs. 멜로드라마, 사실주의 vs. 이상주의, 사실주의 vs. 자연주의, (부르주아 또는 비판적) 사실주의 vs. 사회주의적 사실주의, 사실주의 vs. 동양 설화.

물론 가장 자주 언급되는 사례는 사실주의 vs. 현대주의다.[P. 2]

마지막 대상을 생각해 보면 '무엇이 사실주의가 아닌가?'라는 질문의 답을 찾는 데 한 가지 문제가 생긴다. 판타지가 혼란스러운 개념이라면, 사실주의는 대단히 모순된 개념이다. 반대가 현대주의라면 사실주의는 역사적 시대로 정의해야 할 것이다. 한편 사실주의의 반대를 로맨스나 서사시라고 보는 것은 (소설에 대해 이야기한다는 가정하에) 포괄적인 구분에 따른 것이다. 이것들이 바로 제임슨이 사실주의의 이율배반이라고 말하는 근본적인 모순이다. 무엇보다도 사실주의에는 묘사이자 평가라는, 또는 제임슨의 말처럼 "미적 이상을 가장한 인식론적 주장"이라는 해결할 수 없는 역설이 존재한다.

서두에서 밝혔듯 판타지와 사실주의는 우리가 일반적으로 생각하는 것보다 더욱 밀접하게 관련돼 있을 수도 있다. 새뮤얼 R. 딜레이니Samuel R. Delany가 〈5,750 단어 정도About 5,750 Words〉라는 에세이에서 설명한 '가정성subjunctivity'이라는 개념이 도움 될 것이다. 순전한 진실에서 완벽한 날조까지를 하나의 스펙트럼으로 본다면 그 어떤 서브 장르의 소설도 스펙트럼의 극단에 자리하지 않는다. 오히려 어떤 소설이든 일정한 조건하에 경험에 충실하고, 진실에 어느 정도 기반하며, 몇몇 진실을 입증한다. 사실주의 작가 조지 엘리엇George Eliot에서 판타지 작가 조지 맥도널드에 이르기까지 먼 여정이 가로놓여 있지 않다. 그저 좀 더 큰 가정 혹은 상상력을 발휘한 가설로 몇 발짝만 내디디면 된다. 두 작가의 작품들은 허구임을 드러내는 '만약'이라는 가정으로 시작한다. 맥도널드의 환상 동화는 (그는 가정 소설도 집필했는데 생각보다 그의 판타지와 공통점이 많다) '만약'에서 '만약 이렇게 되면 어떨까?' 또는 '한번 상상해 보자'로 더욱 나아간다. 롤랑 바르트Roland Barthes의 유용한 표현 "현실 효과l'effet de réel"는 사실주의의 본질에 숨은 비밀을 드러낸다. 우리는 결코 현실을 보는 것이 아니라 그저 현실의 효과를, 현실에 가까운 것을, 목적에 부합할 정도로 현실적인 것을 본다는 점이다. 이런 효과는 눈속임이라는 의미의 트롱프뢰유trompe l'oeil 미술 기법처럼 세심하게 의도된 테크닉의 영역이다.

　따라서 나는 판타지 독자들의 관점뿐만 아니라 아동 문학의 맥락에서 사실주의를 살펴볼 예정이다. 8장에서 보겠지만 아동 문학은 보호된 영역으로, 아동 캐릭터들은 사실 아이들이 아니라 성인의 추억과 소망에 담긴 순수함을 구현하는 존재다. 이 영역이 지닌 피난처의 역할을 지키기 위해 예전부터 많은 주제가 배제됐다. 성과 폭력뿐만 아니라 경제, 정치, 문화적 및 인종적으로 소외된 사람들까지 말이다. 이런 주제들은 20세기 중반 이후부터 연령대가 높은 아동을 대상으로 한 사실주의 문학에 등장하기 시작했지만 판타지의 전신인 구전 설화에서는 늘 다루던 주제였다. 아동 문학은 더욱 사실적으로 다가가기 위해서 먼저 환상 동화에 가까워져야 했지만 환상 동화의 판타지적인 요소는 배제하는 것처럼 보여야 했다.

엘리자베스 엔라이트Elizabeth Enright는 가족 스토리로 알려진 아동서 장르에서 비평가의 극찬을 받는 작가다. 그녀는 멜렌디 가족이 등장하는 네 작품과 '곤 어웨이 레이크'라는 이름의 버려진 빅토리아풍 별장을 배경으로 한 두 작품, 이 외에도 소설 두 작품을 집필했는데 그중 《마법 골무가 가져온 여름 이야기》는 1939년 뉴베리상을 수상했다. 하지만 그녀의 작품은 이것이 다가 아니다. 그녀는 예리한 관찰력이 돋보이는 성인용 단편 소설 여러 편과 (〈뉴요커〉에 실렸고, 오 헨리상 수상 작품집에는 네 차례나 작품이 실렸다) 개인 및 비평 에세이, 판타지 작품 《지^{Zeee}》(1965)와 《마법의 선물》(1963)을 출간했다. 그녀의 판타지들은 꽤 수준 높고 매력적인 데다 톨킨 이후의 판타지 붐이 시작되기 전에 출간됐다는 점에서 이례적이었다. 하지만 그녀가 쓴 사실주의 소설

만큼 사랑받지는 못했다. 캐릭터들은 그리 인상적이지 않았고 플롯은 독창적이지 않았다. 판타지 세계관이 형성되는 과정에서 엉뚱함이 더해졌는데, 이는 그녀의 다른 스토리에서는 찾아볼 수 없는 면이었다. 내가 판단하기에 그녀의 환상 동화가 지닌 진짜 문제는 그녀가 이미 다채롭고도 진실된 판타지를 집필했다는 데서 발생하는 것 같다. 엔라이트 최고의 소설은 사실주의의 가면을 쓴 판타지고, 그녀의 작품들과 그녀가 자신의 작품을 평한 발언을 살펴보면 일반 소설과 판타지 소설이 알려진 것보다 상당히 가깝다는 사실을 알 수 있다. 동시대 작가인 에드워드 이거Edward Eager의 작품과 비교해 보면 엔라이트의 가족 스토리는 판타지와 유사하다는 점을, 판타지는 현실과 마법이 소설 속에서 어떻게 상호 작용할 수 있는지를 여실히 보여준다는 점을 확인할 수 있다.

장르는 서로 뒤섞인다

가족 스토리는 동물 우화, 학교 스토리, 미스터리, 환상 모험, 장차 예술가가 될 누군가의 성장기인 쿤스틀러로만

Künstlerroman 등 다양한 주제와 더불어 아동 문학의 주축을 이룬다 (또는 이뤘다). 이런 서브 장르들은 자유롭게 뒤섞이고 변형된다. 루이자 메이 올컷Louisa May Alcott의 《작은 아씨들》 같은 근본 텍스트는 마치네 가족 모두의 이야기와 신예 작가로 성장해 가는 조의 이야기를 함께 보여준다. 《피터 래빗》은 가족 스토리는 물론 동물 우화로도 읽을 수 있다. 에드워드 이거의 코믹 판타지 《반쪽 마법》(1954)은 네 남매와 엄마의 이야기인 동시에 그가 높이 평가한 에디스 네스빗Edith Nesbit의 〈배스터블 가족The Bastable Family〉 시리즈는 물론 네스빗의 작품 속 마법으로 벌어지는 여러 사건을 오마주한 작품이다. 보통 가족 스토리는 구성원이 많은 가족이나 대가족의 삶에서 벌어지는 재밌고 단편적인 사건을 보여준다. 아이들이 특정 시점에서 각각 주목을 받기도 하지만 진정한 주인공은 하나의 역동적인 전체를 보여주는 가족 전부가 된다. 전반적인 플롯은 대체로 가족이 하나가 돼 위기를 마주하고 가족의 핵심 가치를 다시 확인하면서 관계를 새롭게 정립하는 방향으로 흘러간다. 이런 형식을 발전시킨 중요한 인물로는 올컷, 네스빗, 아서 랜섬Arthur Ransome, 캐럴 라일리 브링크Carol Ryrie Brink(1935년 작품 《말괄량이 서부 소녀 캐디》에서 저자는 가족 스토리의 형식과 역사 소설을 결합했다), 엘리노어 아너슨, 그리고 가족 스토리

의 공식을 충실히 따른 시리즈물 〈박스카 가족Boxcar Family〉, 〈파이브 리틀 페퍼스Five Little Peppers〉, 〈페이머스 파이브Famous Five〉의 작가들인 거트루드 챈들러 워너Gertrude Chanlder Warner, 마거릿 시드니Margaret Sidney, 이니드 블라이튼Enid Blyton을 들 수 있다.

사실주의 소설과 판타지적인 소설을 평가할 때 가장 핵심적인 차이가 바로 공식이다. 공식은 판타지의 필수 요소로, 환상동화 같은 전통적인 형식에 그 뿌리를 둔다. 고대 및 현대 서사 시인들의 연구를 통해 미국의 고전학자 밀먼 패리Milman Parry와 비교 문학자 앨버트 로드Albert Lord가 입증했듯, 구전이라는 형식이 스토리에 공식을 부여했다. 구전 내러티브에 존재하는 공식은 결함이 아니라 특징이다. 반면 사실주의 작가들은 공식을 피해야 한다는 인식이 있는데 실제로는 공식을 위장해야 한다는 의미다. 이들의 스토리는 일반적인 패턴에 좌우되기보다 캐릭터의 결점과 욕망의 관찰로 유기적이고 자연스럽게 느껴져야 한다. 몇몇 창의적 글쓰기 프로그램에서 아직도 수강생에게 '문학' 소설만 써야 한다고 고집하는 이유가 여기 있다. 장르는 허용되지 않는다.

마케팅의 범주에서부터 비트겐슈타인의 "언어 게임language game"(언어는 고정된 본질이 있지 않고 사용되는 맥락이나 상황, 이를 주고받는 사람들의 의도에 따라 의미가 정해진다는 개념-옮긴이)에 이르기까지 장르를 정의하는 기준은 다양하지만, 어떤 정의를 선호하든 어느 텍스트는 어느 장르에 속하지 못한다는 식의 생각은 말이 되지 않는다. 장르는 해당 스토리가 무엇이고 이를 어떻게 읽어야 하는지에 관한 작가와 독자 사이의 암묵적인 합의다. 교수이자 작가인 존 리이더John Rieder가 SF 소설을 두고 말했듯, 장르는 "텍스트의 집합이 아니라 텍스트를 사용해 텍스트 간의 관계를 이끌어내는 방식"이다.[2010, p. 197] 어떤 텍스트든 작가와 독자 간에 해당 스토리에서 무엇이 중요하고, 무엇을 배제할 수 있으며, 무엇이 결말을 완성하고 또 무엇이 좋은 글이고 나쁜 글인지를 어떻게 가늠할지 암묵적인 조항이 있는 셈이다.

장르는 또한 메커니즘이 가능해지게 한다. 작가들에게 어떤 경험은 그것이 읽을 가치가 있다는 확신을 주고, 그것을 어떤 체계로 잡아나갈 것인지 일정한 방식을 활용하도록 한다. 그런 면에서 남부 소설(미국 남부를 배경으로 하거나 남부 출신 작가가 집필한 소설. 역사, 풍습, 가족 및 커뮤니티를 다루며 선명한 시각적 이미지와 특유의 장소감이 특징이다-옮긴이)은 탐정 소설처럼 하나의 장르로 볼 수 있다. 물론 남부 소설의 일반적인 제약이란 형사, 용의자, 피해자로 나뉜 캐릭터라기 보다는 고딕 감성과 집단적 죄책감,

생동감 있는 문체이기는 하지만 말이다. 앞 장에서 언급했듯, 남부 소설은 윌리엄 포크너와 로버트 펜 워런Robert Penn Warren, 유도라 웰티Eudora Welty로 당위성을 얻었다. 고전 미스터리가 에드거 앨런 포와 애거사 크리스티Agatha Christie에게서 당위성을 얻었듯 말이다. 이 작가들은 남부를 문학이 탄생할 수 있는 무대로 만들었다. 남부의 역사와 갈등을 스토리로 전환하는 법을 보여줬다. 브렛 하트Bret Harte와 오언 위스터Owen Wister도 서부를 배경으로 같은 역할을 했다. 성공한 작가들은 모두 유사하게도 자신의 형식에 당위를 부여하는 동시에 자신이 물려받은 장르를 새롭게 재탄생시켰다. 텍스트는 경험에 충실하면서 일반적인 기대치에 부합할 수 있다. 역사가이자 문학 비평가인 헤이든 화이트Hayden White가 내러티브 역사가 그 자체로 하나의 장르라고 말했던 것처럼[p. 83] 자서전마저도 장르가 된다.

사실적인 척하는 우월감

사실주의 소설이 전적으로 표상적이고 전통에서 자유롭다는 주장은 특이한 비평으로 이어지는데, 가족 스토리 형식이 특히나 흥미로운 사례가 된다. 캐럴 린치 브라운Carol Lynch Brown 과 칼 M. 톰린슨Carl M. Tomlinson의 《아동 문학의 본질Essentials of Children's Literature》(1993)에서는 가족 스토리와 사실주의를 동일시하며 현실성이 부족한 가족 스토리를 지적한다. 이들은 루이즈 피츠휴Louise Fitzhugh의 《탐정 해리엇Harriet the Spy》(1964)이 "더욱 생생하고 명백히 진실하게 삶을 묘사"[p. 135]하는 가능성을 열었다고 평하며 엔라이트, 에스테스Estes와 같은 작가들의 책은 이에 비해 흐릿하다고 설명했다. 이런 주장은 《탐정 해리엇》에 대한 찬사 때문이 아니라, 그저 좀 더 어둡고 풍자적일 뿐인 작품을 두고 '진실하게'라는 단어를 활용했다는 점과 사실주의는 반드시 생생해야 한다고 생각했다는 점에서 문제가 있다. 마찬가지로 앤 W. 엘리스Anne W. Ellis는 《1960년대 가족 스토리The Family Story in the 1960's》에서 행복한 가족보다 문제적인 가족을 그린 이야기들이 어쩐지 좀 더 사실적으로 느껴진다고 밝히며 "현실에 기반한 건전한 소재는 불가능한 모험이 더해지며 망가질 때가 있다"[p. 76]라며 안타까워했다.

미국의 문학자이자 저자인 필립 배리시Phillp Barrish는 《미국 문학의 사실주의와 비평 이론, 지적 인식 1880-1995American Literary Realism, Critical Theory, and Intellectual Prestige 1880-1995》에서 이런 평가를 가리켜

"'사실적인 척하는' 우월감"이라고 설명했다.[p. 4] 아동 문학 연구자 커린 허슈^{Corinne Hirsch}도 아동 문학 내의 상황을 비슷한 맥락으로 설명했다.

> 교과 과정과 교과서에서는 아동 및 영 어덜트 소설을 판타지와 사실주의로 나누고 판타지가 아닌 것은 모두 사실주의로 묶는다. 책은 사실적이라고 찬사를 받거나 비현실적이라고 비난을 받는다. 사실주의는 좋은 문학의 기준이 됐지만, 실로 그런 기준으로서 사실주의가 무엇인지에 관해서는 제대로 밝혀지지 않고 있다.[p. 9]

허슈의 지적처럼 소설에서든 삶에서든 독자들이 무엇이 사실적인지에 동의하지 않는다면 사실주의는 판단 기준이 될 수 없다.

이런 치명적인 오해에서 벗어나는 한 가지 방법은 사실주의와 판타지가 한 텍스트 안에 공존할 수 있고, 이런 식으로 혼합된 텍스트는 한 가지 유형으로만 구성된 이야기보다 본질적으로 우월하지도, 열등하지도 않다는 점을 인정하는 것이다. 루이스와 톨킨 모두 판타지 속 사실주의에 대한 질문에 답한 적이 있다. 루이스는 1961년에 출간한 《오독》에서 "내용의 사실성"에 의존하지 않는 "표현의 사실성"이라는 개념을 설명했다.[p. 57-59] 여기서 한 발 더 나아가 톨킨은 "환상 스토리에 관하여"라는 강의에서 "이미지들이 1차 세계(현실 세계-옮긴이)의 것들이 아니라는 사실은 결점이 아니라 장점이다. 이런 의미에서 판타지는 낮은 형태가 아니라 높은 형태의 예술이라고 생각한다"[p. 47]라고 주장했다.

우리는 지금 비교할 수 없는 두 대상에 대해 이야기하고 있다. 더 사실적이라고 해서 반드시 판타지적인 면이 부족한 것은 아니다. 그리고 이는 반대의 경우도 마찬가지다. 그뿐만 아니라 사실주의든 판타지든 잘 전개되거나 실패할 수 있으며, 하나의 텍스트가 사실주의와 판타지 모두를 멋지게 충족하거나 아쉽게 충족하지 못할 수도 있다. 다시 사례로 돌아가, 대체로 사실적인 프레임에 약간의 판타지가 더해진 가족 스토리와 사실적인 텍스트가 마법과 같은 사건으로 전환되는 스토리에 대해 말해 보겠다. 전자는 〈멜렌디 가족 Melendy Quartet〉 시리즈의 끝에서 두 번째 작품 《다섯 명이 됐다 Then There Were Five》(1944)고, 후자는 이거의 《시간 정원 The Time Garden》(1958)이다.

약간의 판타지가 가미된 사실주의 소설

일전에 나는 엔라이트를 예시로 논문을 쓰며 그녀의 소설에 다섯 가지 핵심 요소가 담겨있고, 이 요소들을 전부 담은 작품은 없을 수도 있지만 이것들을 서브 장르에서 일반적으로 찾아볼 수 있다고 설명한 바 있다. 이 요소들은 비트겐슈타인의 말을 빌려 가장 흔한 형태의 "가족 유사성 family resemblances"으로, 범주에 속한 모든 구성 요소가 하나의 정의적 특징을 공유하지는 않지만 사례들의 집단을 하나의 범주라고 볼 수 있는 표지다. 내가 제안한 특징은 다음과 같다.

1. 가족 스토리는 가족 코미디 형식이다.
2. 가족 스토리는 유사한 형태의 여러 빌둥스로만 Bildungsroman(성장소설-옮긴이)이 함께 진행된다.
3. 가족 스토리의 주인공은 가족 전체다.
4. 각각의 가족 스토리는 고유한 부족 문화의 문화 기술지다.
5. 가족 스토리는 판타지의 구조에 사실적인 외피가 더해진다.

[2009, p. 125]

내가 여기서 하려는 이야기는 2번과 관계있다. 5번은 추후 다시 이야기할 예정이며, 우선 지금 가장 중요한 특징은 2번, 다중의 빌둥스로만이다. 멜렌디가의 아이들 같은 경우 관찰과 공감과 자기표현에 대해 주로 교육받으며 적어도 세 명은 예술 분야에서 뛰어난 재능을 펼칠 준비가 돼 있던 만큼 쿤스틀러로만, 즉 예술가의 성장기를 다뤘다고 볼 수 있다. 첫째 모나는 배우를 꿈꾸던 아이였고 시리즈의 세 번째 책에서 배우가 된다. 장남 러시는 피아노 신동이다. 셋째 랜디는 춤과 그림 등 여러 예술 분야에 관심을 보인다. 저자 엔라이트는 "옛날에 가장 친하게 지냈던 두 친구의 모습과 댄서, 화가를 꿈꾸던 나의 모습을 랜디에게서 엿볼 수 있다"[1944, p. 8]라고 말하며 랜디가 자신의 대리인이자 앞으로 작가로 성장할 캐릭터라는 사실을 암묵적으로 드러냈다.

작중에는 숲으로 소풍을 다녀온 랜디가 막내 올리버와 재밌게 놀아주는 장면이 등장한다. 우물에 빠졌던 올리버를 달래주기 위해서였다. 올리버의 진로는 예술보다 과학을 향해있었을 것이다. 엔라이트의 아들 중 저명한 생물학자인 니컬러스 라이트 길럼Nicholas Wright Gillham을 모델로 한 캐릭터이기 때문이다. 《다섯 명이 됐다》에는 곤충의 생태에 관심을 보이는 어린 올리버에 대한 챕터 〈올리버의 다른 세계 Oliver's Other World〉가 있다. 이는 이후 엔라이트가 "유전학자가 된" 자신의 아들을 언급하며 논픽션 형태로 쓴 글 〈애벌레 여름 The Caterpillar Summer〉에서 다시 한 번 짧게 등장한다.[p. 74] 신예 창작자다운 기질이 없었던 올리버는 그 대신 랜디의 이야기를 열심히 들어주는 훌륭한 청중이 됐다. 올리버를 위해 랜디가 즉석에서 만든 이야기를 보자.

> 그녀조차 자신이 지어낸 이야기에 놀랄 정도였다. 실타래에서 풀려 나오는 실처럼 이야기는 끝도 없이 이어졌다. 북극 가까이에 있는 화산에 관한 멋진 이야기였다. 북극은 눈과 빙하의 잔해로 둘러싸여 있지만 무척이나 따뜻해 주변으로 숲이 무성했고 따뜻한 개울이 펼쳐져 있었다.[p. 205]

올리버의 반응에 힘입어 랜디는 이야기 속 캐릭터에게 이름과 직업도 줬다.

> "타타스판 왕비와 타가도르 왕이 있고, 여자 주인공 타친다는 (…) 훌륭한 아이스 스케이터이기도 해. (…) 북극해에서 순금으로 된 스케이트를 타고는 했지."

이때 올리버가 잠드는 바람에 갑자기 끝난 이야기는 약 20년 후 하나의 독자적인 소설이 돼 계속 이어진다. 여전히 타타스판, 타가도르, 타친다가 등장하지만 다른 캐릭터들도 합류한다. 타카탄 왕자, 예언자이자 마법사인 탄다난, '조르공'이라는 이름의 침략자이자 거인이 나온다. 거기서 주인공이 아이스 스케이트를 타는 모습은 볼 수 없다. 하지만 이를 제외하고는 거인의 관심을 자극해 플롯이 복잡해지는 계기가 되는 금광맥을 포함해 《마법의 선물》 속 모든 이야기는 랜디의 이야기에서 시작됐다.

엔라이트의 글이나 서신에 이 특이한 상호 텍스트성이 설명돼 있을지도 모른다. 그녀가 왜 이 에피소드를 본격적으로 전개하려고 했는지는 알 수 없다. 어쩌면 오래전 작품을, 자신이 어린 시절 창작했던 스토리를 다시 한 번 꺼내 쓰려고 했을 수도 있다. 아니면 끝마치지 못한 이야기에 마음이 끌려 이를 구체화하기로 결심했을지도 모른다. 앞서 언급했듯 《마법의 선물》은 엔라이트의 가족 스토리만큼 좋은 성과를 얻지 못했다. 이름의 패턴이 반복적이었고(판타지 세계와 현실 세계를 구분하기 위해 사람에게는 '타', 동물에게는 '티'로 시작하는 이름을 부여했다), 금과 같은 장식적인 요소를 강조했으며, 완벽한 여주인공을 포함해 캐릭터 묘사가 단조로웠다는 점 등 마치 열한 살 아이가 지어낸 듯한 요소들로 인해 노련한 성인 소설가가 쓴 작품치고는 만족도가 떨어진다. 그러나 엔라이트는 타친다가 다른 사람들과 달리 파란 눈에 새하얀 머리카락이 아닌 갈색 눈에 금색 머리카락을 타고난 탓에 소외당하는 등 랜디의 이야기에는 없었던 주제들을 추가했고, (《호빗》에도 등장하듯) 트롤이 햇빛에 약하다는 등의 전설 속 모티프로 침략에 관한 플롯을 깔끔하게 풀어냈다. 작중의 문장과 서술 방식을 보면 엔라이트의 솜씨를 확인할 수 있다. 조지 맥도널드의 《가벼운 공주》와 제임스 서버$^{James\ Thurber}$의 《흰 사슴$^{The\ White\ Deer}$》(1945)처럼 유희적인 문학적 환상 동화의 전통을 따른다. 하지만 이 책의 가장 흥미로운 점은 엔라이트의 다른 작품에도 관심을 갖게 된다는 것이다.

《다섯 명이 됐다》에는 남매가 품은 예술적 열정에 대한 이야기가 등장한다. 이전까지만 해도 다른 커리어를 꿈꿨던 랜디는 '나도 작가가 되는 게 나을지 모르겠어'라고 생각한다. 이 장면으로 랜디가 엔라이트의 대리인이라는 사실을 알 수 있다. 〈멜렌디 가족〉 시리즈의 조 마치(《작은 아씨들》의 캐릭터-옮긴이)인 셈이다. 우리가 읽는 스토리를 쓰게 될 신예 작가다.

그런데 여기서 루이자 메이 올컷의 작품은 우연히 언급되지 않았다. 《작은 아씨들》은 엔라이트의 가족 스토리가 탄생하는 데 근간이 된 텍스트다. 1967년에 발표한 에세이 〈아동 문학 속 사실주의Realism in Children's Literature〉에서 엔라이트는 좀 더 새롭고 자연주의적인 어린이 소설의 시작점으로 올컷을 꼽았다. "우리 할머니들 시대에 등장한 루이자 메이 올컷은 실용적인 혁명가였다. 고급 소재를 겹겹이 둘러 겉은 지나치게 화려하지만 문은 꽁꽁 잠겨있던 아동 문학이라는 집을 활짝 열어젖혔다. 덕분에 삶이라는 활기찬 공기가 집안으로 들어왔다."[p. 67] 올컷의 마치 가족처럼 엔라이트의 네 남매도 저마다의 뚜렷한 이야기를 갖고 있고, 각자의 이해관계가 가족의 운명을 결정짓는다. 서로 다투고 비난하지만 사랑은 언제나 변함없이 이들을 이어준다. 두 가족 모두 공연을 즐겼고 그들만의 공간이었던 다락방에서 연극을 연습했다. 멜렌디 가족에게 벌어지는 몇 가지 사건은《작은 아씨들》과 꼭 닮아있다. 소소한 허영심과 그에 마땅한 벌, 코믹한 오해와 대의를 위한 아이들의 희생이 그렇다(멜렌디 가족 이야기는 제2차 세계 대전을,《작은 아씨들》은 미국 남북 전쟁을 배경으로 한다). 올리버가 우물에 빠졌던 사건은 에이미 마치가 얼음 위에서 스케이트를 타다가 물에 빠진 사건을 떠올리게 한다. 랜디는 조 마치처럼 직접적인 책임감을 느끼지는 않았지만 두 사람 모두 비슷한 죄책감을 경험한다.

> 그녀는 위기 상황에 잘 대처하지 못하는 편이었고, 이제는 자신이 올리버에게 했던 온갖 못된 짓이 떠올랐다. "안 돼. 넌 너무 어려서 우리랑 같이 못 가"라고 말했던 때가 생각났다. 너무 어려서 아무것도 모를 거라는 생각에 올리버를 속이고, 장난치고, 뒤에서 비웃었던 일들이 떠올랐다. [p. 203]

《작은 아씨들》을 올컷의 성장 과정을 담은 단순한 기록물로 읽고자 하는 유혹이 일 것이다. 실제로 그렇게 읽을 수 있을 정도로 자전적 요소가 많이 담겨있다. 하지만 이 소설은 회고록이 아니고 스토리도 그리 단순하지 않다. 랜디 멜렌디의 스토리 또한 엔라이트의 어린 시절을 옮겨놓은 이야기가 아니다. 우선 그녀는 외동이었고, 자기만의 세계에 빠져있는 예술가였던 부모님은 결국 이혼했다. 허구의 가족을 만들기 위해 그녀는 학교 친구들과 사촌들을 본떠 네 남매를 상상했다. 멜렌디 가족 시리즈 처음 세 권의 서문에는 이렇게 적혀있다.

> 만지고, 이야기 나누고, 논쟁하고, 파티에 초대할 수 있는, 피와 살

로 이뤄진 가족은 실제로 존재하지 않는다. 하지만 다른 의미에서 (…) 적어도 부분적으로는 실재하는 사람들이다."[p.6]

학교 친구들은 대부분 예술가 부모를 뒀고 그녀의 친척 중에는 건축가이자 디자이너, 작가인 프랭크 로이드 라이트Frank Lloyd Wright가 있었다. 그만큼 그녀가 참고할 만한 인물 가운데 의지가 강하고 창의적인 사람이 많았다. 이를테면 러시 캐릭터는 화가 윌리엄 글래큰스William Glackens의 아들인 아이라 글래큰스Ira Glackens를 참고한 캐릭터였다. 〈뉴요커〉에 실린 짧은 글 〈슬러시 러시The Slush Rush〉(1966)에서 저자는 아이라를 "내가 선택한 남자 형제"[p.21]라고 언급한 적이 있다. 그의 도플갱어가 멜렌디 가족 중 누구인지는 한눈에 알아차릴 수 있다. 모나는 학교 친구들과 자신이 가장 좋아하는 사촌이 더해진 캐릭터라고 설명한 적이 있는데 그 사촌은 배우 앤 백스터Anne Baxter로 추측된다. 앞서 설명했듯 올리버는 그녀의 아들 중 한 명이 모델이고 이름은 다른 아들에게서 따왔다. 정리하자면 멜렌디 가족은 장르로서의 판타지가 아닌 판타지 그 자체로서, 엔라이트가 바랐을 가족의 모습이었다. 다만 그녀는 대체로 사실주의의 조건에 대단히 충실했다. 〈멜렌디 가족〉 시리즈와 이후 발표한 〈곤 어웨이 레이크

Gone-Away Lake〉 시리즈 속 모험의 구조를 자세히 보면 판타지와 사실주의 사이에서 좀 더 복잡한 타협이 있었다는 것을 엿볼 수 있다. 이 점을 다루려면 엔라이트와 문학적 혈통을 공유하는 또 다른 작가를 살펴봐야 한다.

약간의 사실주의가 가미된 판타지 소설

동시대 작가 에드워드 이거는 자신의 아동 문학에 어떤 작가들이 영향을 줬는지 숨기지 않았다. 그의 모든 작품에는 E. 네스빗의 판타지가 포함돼 있었고 프랭크 바움을 직접 언급하는 경우도 많았다. 독자에게 자신의 스승을 알리는 것이 의무라고 생각했기 때문이다. 《반쪽 마법》의 도입부에는 도서관에서 나온 아이들이 집으로 향하며 네스빗의 《마법의 성 The Enchanted Castle》(1907)을 소리 내 읽는 장면이 등장한다.[p. 7] 또한 《기사의 성 Knight's Castle》(1956)에서 아이들은 네스빗의 《마법의 도시 The Magic City》(1910)를 발견하고는 "문명을 발전시킨 최고의 걸작 중 하나"라고 설명한다.[p. 57] 이미 성공한 극작가이자 시인이었던 이거는 아동서 집필에 발을 들여놓기 전, 아들에게 책을 읽어주고 함께 독서하며 경험한 모험을 주제로 〈더 혼 북 매거진〉에 에세이를 실었다. 베아트릭스 포터^{Beatrix Potter}, 서버, 톨킨, 바움 모두에게 찬사를 보냈지만 누구보다 네스빗을 극찬했다. 1950년대 미국에서는 그녀의 책을 구하기 어려웠는데도 말이다. 그는 "뉴욕에 있는 중고 용품 가게와 헌책방을 별 소득 없이 뒤지며 찾고 있는 네스빗의 훌륭한 작품들"이라고 언급했다.[p. 163]

네스빗의 기발하고도 대담한 작품을 접한 덕분에 이거가 판타지적인 상상력을 펼칠 수 있었던 것만은 분명하다. 하지만 그녀에게서 배운 점은 이것이 다가 아니다. 이후 에세이 〈일상 속 마법^{Daily Magic}〉(1958)에서 이거는 네스빗의 사실적인 가족 스토리에 감사를 표했다.

네스빗의 작품을 나열하려면 배스터블가 아이들의 이야기를 다룬 멋진 제목의 《보물을 찾는 아이들》, 《착한 행동^{The Wouldbegoods}》, 《보물을 찾는 아이들의 또 다른 이야기^{The New Treasure Seekers}》를 먼저 언급해야 한다. 배스터블가의 아이들을, 그중에서도 특히나 고귀한 오즈월드를 어떻게 잊을 수 있을까? 누군가에게는 이들이 완두콩이 들어간 신발을 신고 가족의 재산을 지키기 위해 용감한 계획을 품고 나아가는(그러다 여정 중에 댐을 지어 개울을 막는데, 이는 재앙에 가까운 홍수를 초래한다), 열정이 넘치다 보니 지붕 홈통에 박혀있던 크리켓 공을 깜빡 잊기도 하는(이로 인해 이후 다른 종류의 홍수 사태가 발생한다) 영원한 순례자일 것이다. [p.3-4]

이 짧은 글에는 네스빗의 아이들이 부유하고 선한 사람이 되려고 노력하면서 겪는 재밌는 일들과 큰 혼란들이 잘 담겨있다. 배스터블가 아이들은 네스빗이 만든 최고의 캐릭터다. 한편 최고의 플롯은 그녀의 마법 스토리라고 할 수 있다. 이거는 자신의 작품에서 이 두 가지를 결합했다.

네스빗과 마찬가지로 이거의 플롯은 단편적인 사건들로 이뤄져 있다. 배스터블가 아이들이 가족의 재산을 지키려 했다는 그의 설명처럼 이거의 플롯도 해당 사건을 중심으로 한다. 다만 규모가 좀 더 커진 이야기가 펼쳐진다. 마법의 도구 혹은 존재들이 아이들의 소원을 들어준다. 이는 잘못된 결과로 이어지거나 심각한 재앙으로 번지지는 않고 그 과정에서 아이들은 약간의 지혜를 얻고 조력자를 만난다. 어떤 모험은 집 근처에서 벌어지고, 또 어떤 모험은 이국적이고 신비하지만 카멜롯과 아라비안나이트, 《아이반호》의 토퀼스톤 성, 도로시가 방문하기 전의 오즈처럼 아이들이 책에서 본 익숙한 곳에서 펼쳐진다. 이렇듯 책 속 세계로의 여행은 스토리에 메타픽션의 차원을 더하는데 이는 《7일간의 마법 Seven-Day Magic》에서 정점에 이른다. 여기 등장하는 책은 소원을 이뤄주는 마법의 도구일 뿐 아니라 독자가 읽고 있는 텍스트가 그대로 담긴 책 속의 책이다. 《7일간의 마법》의 결말에서 바나비는 다른 등장인물과 말다툼을 벌이고는 자신이 쓰고 있던 책 《방랑자 바나비》 속으로 여행을 떠난다. (역시 포스트모던 작품인) 영화 〈존 말코비치 되기〉(1999)를 연상시키는 이야기가 내내 펼쳐지다가 마지막에 이르러 나르키소스처럼 물웅덩이에 비친 자신을 들여다보던 바나비는 자신이 쓴 책의 제목마저 떠올리지 못하는 처지가 된다.

> "나는 방랑자 바나비야!" 그가 다시 한 번 외쳐보려 했다. 하지만 정확한 단어가 떠오르지 않았다. "나는 바나비 바나비야." 그러고는 "바나비, 바나비, 바나비"라는 말밖에 나오지 않았다. 누군가의 이름 같다는 생각이 들었지만 누구의 이름이었는지는 기억나지 않았다. [p. 179]

바나비가 협동심에 대한 깨달음을 얻는 이 장면에서 독자는 장르에 대한 가르침을 얻는다. 사실주의가 빠진 판타지는 유아론으로 변질된다. 시스템이 지나치게 매끄럽게 돌아가지 않도록 저항이, 즉 물질세계의 작은 걸림돌이 지속적으로 투입돼야 한다.

다른 작가들이 만든 판타지 세계로 입장하는 능력은 이거가 네스빗에게서 얻은 모티프 중 하나다. 가령 《부적 이야기The Story of the Amulet》(1906)에서 아이들은 미래로 가 친구 H. G. 웰스Wells가 상상한 유토피아에 방문한다. 다만 그는 네스빗보다 한 걸음 더 나아간다. 이거의 아이들은 다른 작가들이 만든 판타지 속 캐릭터들에게 중요한 정보를 제공하고 이로써 결과를 바꾼다. 또한 이거 자신의 판타지를 오가기도 한다. 《7일간의 마법》에서 아이들은 《반쪽 마법》의 주인공들이 떠난 직후에 불쑥 나타난다. 여기서 더욱 중요한 점은 이런 식의 상호 텍스트성에 소설화됐지만 실제로 존재하는 장소가 포함됐다는 점이다. 《7일간의 마법》에서는 작가 로라 잉걸스 와일더Laura Ingalls Wilder의 초원의 집과(아이들의 할머니는 자신도 모르는 새 마법의 책을 손에 넣었고 자신의 추억이 깃든 이곳에 방문했다) 여러 요소가 뒤섞인 디킨스의 런던에도 방문한다.

마이클 살러는 이런 문학적 영역을 "가상 세계virtual worlds"라고 지칭했고 이는 타당한 주장이었다. 디킨스의 런던과 함께 등장하는 셜록 홈즈의 런던은 물론이고 러브크래프트의 오싹한 뉴잉글랜드, 톨킨의 가운데땅을 언급하며 살러는 이런 가상 공간은 공동의 자산이자 누구에게나 열린 상상력의 놀이터가 된다고 설명했다. "현실 세계와는 독립적인 공간이자 명백한 가상 공간으로, 환상이 사라진 현대성에서 벗어나 경이라는 독자적 영역으로 향하는 탈출구를 제시한다. 다른 한편으로 이런 세계는 일상적인 삶, 인간관계와 불가분 관계에 있다." 이 다음의 말은 내 주장과 가장 상통하는 메시지를 전달한다. "가상 세계는 그 세계의 거주자들이 현실 세계를 개조가 가능한 상상의 구조물로 바라보게끔 부추긴다."[p. 7]

이거의 아이들은 디킨스의 런던과 와일더의 플럼 시냇가를 게임 디자이너들이 '샌드박스sandbox'라고 부르는 개념으로 변화시킨다. 이는 모두에게 공유되는 개방형 환경이자 게임 스토리에서 참가자가 따라야 하는 내러티브의 제약을 최소화한 환경을 말한다. 〈닥터 후〉나 〈스타 트렉〉 시리즈와 같이 다른 이가 구축한 가상 세계에 자신의 스토리를 배치하는 경우를 작가들은 샌드박스라고 칭한다. 이거의 판타지는 상상력이 풍부한 아이들이 독서를 할 때 항상 이와 비슷한 경험을 한다는 사실을 보여준다. 현실적인 동시에 판타지적이기도 한 네스빗의 스토리도 마찬가지다. 그녀의 캐릭터들은 자신이 읽은 책 속 인물의 행동뿐만 아니라 영웅적인 방식을 모방해 자신의 모험에 접근한다. 《작은 아씨들》의 마치 자매들조차 존 번연John Bunyan의 《천로역정》을 연기하는 만큼 마치 자매들은 (또는 이들의 창작자는) 자신들이 존재하는 가상의 삶이 또 다른 판타지 세계로 전환되는 데 항의할 수 없다.

  이거의 《시간 정원》에서는 마법의 허브가 가득한 정원을 통해 과거를 여행할 수 있는데, 이때 실제 과거만 해당되지는 않는다. 일반 백리향, 와일드 백리향, 올드 잉글리시 백리향 등 어떤 허브를 따는지에 따라 앤과 로저, 이들의 사촌 엘리자와 잭은 미국 독립 혁명 시대로 가서 지하 철길을 통해 노예들이 탈출할 수 있도록 도와주거나 어린 시절의 부모를 만나 마법 모험을 떠나기도 한다. 앤과 로저의 엄마는 《반쪽 마법》의 마사고, 엘리자와 잭은 캐서린의 후손이다. 보스턴에 간 아이들은 《작은 아씨들》의 메그, 조, 베스, 에이미가 있는 시대로 가보고 싶다고 생각한다. 물론 회의론자 잭이 "그 사람들이 있는 시간으로는 갈 수 없어. 실존하는 사람들이 아니잖아"라고 지적하지만 말이다.[p.73] 엘리자는 이렇게 대꾸한다. 역사책에 나오는 그 어떤 사람들보다 훨씬 더 진짜 같은 사람들이라고!" 아니나 다를까 이들은 황금빛 허브의 가지를 이용해 절반은 역사고 절반은 허구인 과거의 콩코드에 도착한다.

>겨울이었다. 눈이 내리고 있었다. (마치 가족을 떠올릴 때 눈싸움과 장갑, 얼어붙은 연못에서 타는 스케이트, 곧 다가올 크리스마스를 함께 떠올리지 않을 사람이 있을까?)

메그와 조, 로리를 만난 현대의 아이들은 (베스는 감기에 걸렸고 에이미는 마치 고모네 집에 갔던 터라 아이들은 죽음의 사자도, 가장 싫어하는 캐릭터도 마주칠 일이 없었다) 얼어붙은 연못에서 그들과 합류한다.

아이들의 모험은 역사와 허구를 오간다. 조와 로리는 과거에 실제로 존재했던 사람처럼 사실적이다. 앤은 조에게 가족 이야기를 글로 써보라고 조언한다. "그것으로 무슨 이야기가 되겠어." 조가 반대한다.

>"이야기가 될 수 있어." 조세핀 마치에게 하는 말인지 루이자 메이 올컷에게 하는 말인지 확실히 알 수는 없었지만 그리 중요하지는 않았다. 실제로 두 사람은 결국 같은 사람이었으니까. [p. 76]

두 사람은 스토리 세계에 진입했을 때만 하나의 인물이 될 수 있다. 저자인 이거는 현실이 이야기로 꾸며진 후에는 판타지 같아질 수 있다고 말한다. 다만 우리가 사실주의로 분류하는 몇몇 스토리에 가해진 일반적인 제약들로 인해 마법이 사실주의의 세계로 뻗어 나갈 수 없다. 마법과 스토리라는 두 개의 포털을 통과하지 않고는 역사에도 허구에도 접근할 수 없는 만큼 시간 여행을 하는 이거의 아이들에게 역사적 과거나 소설 속 과거나 다를 것이 없다.

이거의 캐릭터들은 시공과 허구성의 차원을 넘어 여행이 가능해지는 서사 논리를 잘 이해하고 있다. 규칙을 잘 따르기만 한다면 과감히 여행을 떠났다가 안전하게 돌아올 수 있다. 그 과정에서 조와 로리 같은 친구들을 사귀고 어쩔 수 없이 지혜를 얻기도 한다. 각 모험마다 분명한 구조가 짜여있는데 이거는 이를 네스빗에게 배웠고 네스빗은 이를 문학적인 환상 동화와 F. 앤스티Anstey의 코믹한 성인용 판타지 작품에서 차용했다. 일정한 패턴이 있다. 아이들은 마법의 힘을 지닌 무언가를 얻고, 재앙에 가까운 사건을 일으키며 소동을 벌이다 마법이 어떻게 발휘되는지 깨닫는다. 각자 떨어져 다니다가 이후 함께 모험을 헤쳐나가고, 위험하다 싶을 정도로 마법을 쓰는 바람에 순수함과는 거리가 먼 혼란의 세력을 닮아가기 시작한다. 그러다 마침내 협상을 통해 상징적인 '지니'를 해방시키고 아이들은 처음보다 좀 더 행복해진 채 결말에 다다른다.

사실주의 소설이 마법을 합리화하는 방법

엔라이트의 가족 스토리 또한 평범함이라는 외피로 위장했을 뿐 패턴이 같다. 즉, 마법이 합리화됐을 뿐이다. 이 점을 설명하기 위해 이거의 첫 번째 판타지 작품 《반쪽 마법》의 두 장과 〈멜렌디 가족〉 시리즈 첫 번째 책 《토요일에 벌어진 일 $^{The\ Saturdays}$》의 두 장을 하나씩 비교해 보려고 한다.

《토요일에 벌어진 일》
이 책에서 네스빗의 판타지 작품들과 가장 비슷한 점이 있다면 바로 마법이 벌어지는 과정이다. 짚어볼 대목은 비 오는 날 심심해진 멜렌디가의 아이들이 '더 오피스'라고 부르는 꼭대기 층 놀이방에 모여서 빈둥대는 어린 시절의 즐거움을 누리는 장면이다. 이때 랜디가 분위기를 전환할 아이디어를 떠올린다.

"(올리버를 제외하고) 다들 토요일마다 50센트씩 용돈을 받잖아. 들어봐. 넌 카네기 홀에서 음악을 듣고 싶고, 모나는 연극을 보고 싶고, 나는 아빠가 말했던 프랑스 그림을 보고 싶거든. 다 50센트보다 많은 돈이 필요한 일이지. 그래서 든 생각인데 올리버만 빼면 우리는 외출할 수 있는 나이야. 차에 치이지 않게 조심하고 사람들과 대화하지 않겠다고 약속만 한다면 말이야. 그러니까 일주일에 한 번씩 용돈을 전부 모아서 한 사람이 쓰면 어떨까?"[p. 14]

《반쪽 마법》

네 아이들은 일주일마다 가는 도서관에서 마침내 네스빗의 마지막 책을 구해 집으로 돌아왔다. 제인이 아이들에게 책을 읽어준 후 다음과 같은 장면이 펼쳐진다.

제인이 책을 덮자 만족스러운 침묵이 흘렀다. 그러나 얼마 후 불만이 터져 나오기 시작했다. 마사가 다른 아이들을 대표해 침묵을 깨뜨렸다.
"왜 우리한테는 이런 일이 일어나지 않는 걸까?"
"마법 같은 것은 이 세상에 없어."
이 사실을 확신하며 말할 수 있을 만큼 자란 마크가 말했다.

"어떻게 알아?"

마크와 나이 차이가 얼마 나지 않지만 어떤 것도 확실히 알지 못하는 캐서린이 물었다. [p. 8]

아이들은 동네를 탐험하러 나갔다. 제인이 인도에서 5센트짜리 동전처럼 생긴 무언가를 발견했다. 잠시 후 아이들은 너무도 심심해졌다.

자리에 앉은 아이들은 재밌는 일이 하나도 떠오르지 않았다. 그렇게 아무 일도 벌어지지 않자 제인은 지긋지긋한 나머지 어디 불이라도 나면 좋겠다고 말해버렸다. 너무나도 못된 말에 세 아이는 충격을 받았고, 잠시 후 귓가에 울린 소리에 더욱 놀란 표정을 지었다.
소방 사이렌이 울리는 소리였다! [p. 11-12]

환상 동화의 전통에 따라 제인은 소원을 이루지만 이로써 사건을 해결하기보다는 사고를 치는 일이 더 많다.

《토요일에 벌어진 일》: 랜디의 모험

용돈을 모으자고 아이디어를 낸 랜디가 토요일 모험의 첫 타자가 됐다. 1달러 60센트를 넣은 지갑을 챙겨 홀로 뉴욕에 온 랜디는 (1940년대 이후 도시의 물가와 문화가 얼마나 달라졌는지 확인할 수 있는 대목이다) 프랑스 그림들이 전시된 5번가의 갤러리로 향한다. 하지만 그녀의 모험은 문밖을 나서자마자 시작된다.

> 대도시에서 처음으로 온전히 혼자가 된다는 것은 내가 자전거를 탈 줄 안다거나 개헤엄을 칠 수 있다는 사실을 처음으로 깨닫는 순간과 비슷하다. 혼자서 무언가를 한다는 것은 짜릿하다. [p. 25]

미술품을 감상하던 랜디는 특히나 우울해 보이는 소녀가 그려진 정원 배경의 그림에 빠져들었다. 그때 가족의 지인이자 랜디가 보기에는 따분한 할머니인 올리펀트 부인이 그녀의 뒤로 다가왔다. 올리펀트 부인이 초상화를 보며 말했다. "내 기억만큼 아름답지는 않네. 하긴 60년 만에 보는 거니까. 열한 살 때 보고 처음이거든."[p. 29] 알고 보니 그림 속 소녀가 바로 올리펀트 부인이었다. 차와 아이스크림을 먹으며 부인은 그림이 탄생하게 된 놀라운 배경을 들려준다. 과잉보호를 받으며 외롭게 지내던 소녀는 처음 축제를 구경하기 위해 가출했다가 집시에게 납치를 당했는데 이때 자신을 구해준 어떤 화가의 도움으로 영국에 있는 한 기숙 학교에 들어갈 수 있었다. 초상화는 그때 그 화가가 그려준 작품이었다. 모피를 입고 장뇌 향을 풍기는 이 노인은 알고 보니 모험심이 넘칠 뿐 아니라 남은 시리즈 동안 멜렌디가 아이들의 요정이자 대모 같은 역할을 맡는다.

《반쪽 마법》: 마사에게 일어난 일

아이들은 돌아가면서 소원을 빌었다. 그 결과 하나같이 제인의 화재 사건만큼이나 골치 아프지만 무료할 틈은 없는 소동으로 이어졌다. 화재는 알고 보니 일반적인 집이 아닌 어떤 아이의 장난감 집에 난 것이라서 제인의 소원은 반만 이뤄졌다고 할 수 있었고, 이 사건으로 마법의 힘에는 청개구리 같은 면이 있다는 단서를 얻을 수 있었다. 아이들은 무심코 소원을 빌게 되는 일이 많아진다. 영화를 보러 갔을 때 역시 마찬가지였다. 막내 마사는 무료함을 이기지 못하고 자신이 아예 사라졌으면 좋겠다고 말한다. 소원이 반만 이뤄지는 마법 때문에 반투명해진 마사는 놀란 나머지 영화관에서 뛰쳐나간다. 유령 같은 그녀를 보고 놀란 이들이 집단 히스테리를 일으키는 모습은 제임스 서버의 〈댐

이 무너진 날〉(1933)이나 오슨 웰스Orson Welles의 1938년도 라디오 방송극 〈우주 전쟁War of the Worlds〉 속 전쟁 후유증을 연상시킨다(두 작품을 참조한 사실이 본문에 제법 명확하게 드러난다).

사람들에게서 도망친 마사는 한 서점에 숨는다. 그녀의 유령 같은 모습에도 서점 주인은 당황하지 않는다.

> "유령이죠? 영광입니다. 어느 책에서 나왔나요? 넬(찰스 디킨스의 《오래된 골동품 상점》 속 캐릭터-옮긴이) 아니면 에이미 마치일 것 같은데… 그러고 보니 옷이 좀 다른 것 같군요." [p. 126-127]

체구가 작고 말쑥한 이 남성은 알고 보니 앞서 소원으로 벌어졌던 소동에서 아이들의 모친을 만난 적이 있었다. 게다가 올컷과 디킨스의 작품뿐만 아니라 《이상한 나라의 앨리스》 같은 적절한 책을 읽어온 덕분에 좀 전에 봤듯 마법에 충격받거나 불신하는 반응을 보이지 않았고 이미 마법을 받아들일 준비가 돼 있었다.

> "이 세상에 단 한 가지 설명만 존재하지는 않거든요." 다소 체구가 작은 신사가 말했다. "어떤 설명을 믿고 싶은지에 달려있어요! 저

는 아침 식사를 하기 전에 불가능한 일 여섯 가지를 믿는 것이 좋다고 생각해요. 그런 기회가 늘 주어지지는 않지만요. 우리가 믿음을 가져볼 만한 불가능한 일이 많이 일어나지 않는다는 것이 인생의 문제 아니겠어요?"[p. 27]

신사인 스미스 씨는 일상적인 일과 마법에 관련된 문제 모두를 해결해 주는 든든한 조력자가 되고, 이후 못된 계부와는 거리가 먼 따뜻한 양아버지가 된다.

일상 속 마법: 내게도 마법이 벌어질 것 같은 기분

두 책 모두 지극히 평범한 환경에서 비범한 무언가가 등장한다. 그 계기는 마법의 동전 하나 또는 함께 모은 용돈같이 여러 개의 동전이 될 수 있는데, 중요한 점은 형태가 아니라 어떤 힘을 지녔다는 속성이다. 남매는 새로이 주어진 힘을 어떻게 발휘할 수 있는지 방법을 찾아나간다. 처음에는 홀로 여정을 시작하지만 여러 사건 사고를 겪은 후에는 함께 힘을 모은다. 마법의 물건은 이들이 평범한 방법으로는 갈 수 없는 장소와 할 수 없는 일들을 경험시켜 준다. 《반쪽 마법》에서는 거친 모험들이 주요 플롯의 일부지만 《토요일에 벌어진 일》에서는 마크가 〈지크프리트Siegfried)를 보러 메트로폴리탄 오페라에 가거나 랜디가 올리펀트 부인에게서 집시에게 납치된 사연을 듣는 액자식 구성의 내러티브에서 모험이 벌어진다. 아이들은 위험을 감수하거나 잠재적인 위협을 마주하기도 하지만 아무 탈 없이 즐거움과 깨달음을 얻으며 결말을 맞이한다. 판타지적인 내러티브를 경험한 아이들은 세상에 대한 신비감이 한층 커진다. 오페라를 본 후 눈보라를 헤치며 집까지 걸어오던 러시가 제설 장비를 보고 용을 떠올리듯이 말이다.

> 기계가 긴 목을 움직였다. 고개를 돌려 빨아들인 눈을 트럭으로 토해냈고, 이내 기계와 트럭이 다시 천천히 움직이기 시작했다. 러시는 기계가 마치 동물 같았다. 파브니르(게르만 신화 속 영웅 지크프리트의 손에 죽음을 맞이한 용—옮긴이) 같다고 생각하고는 웃음을 터뜨렸다. [p. 58]

모험에서 자신을 잘 이해해 주는 어른을 만난 아이들은 모험이 끝난 후에도 이 우정 덕분에 삶이 더욱 행복해진다. 스토리가 진행되는 내내 아이들의 말과 행동, 생생하게 그려진 주변 환경은 독자에게 현실감을 주는 동시에 친숙하게 다가간다.

물론 현대 독자들에게는 좀 구식으로 느껴질 수 있지만 말이다.

이렇듯 사실주의와 판타지가 혼합된 유형을 '마법적 사실주의'라고 한다. 하지만 해당 용어는 사실 매우 다른 유형의 내러티브와 연관돼 있다. 스토리의 근저를 이루는 마법 시스템이나 논리가 아니라 불가능성에 의해 사실적인 설정이 교란되는 유형이다. 반면 네스빗과 이거가 출중하게 해내는 스타일은 이와 다르다. 영어 교사인 세라 핑커스Sarah Pincus는 네스빗과 이거의 유형에 '일상의 마법ordinary magic'이라는 이름을 붙이고 이렇게 설명했다.

> 사실주의와 판타지라는 장르를 아우르는 이 작품들은 물을 타 희미해진 판타지도, 현실을 믿기 어려운 방식으로 묘사한 글도 아니다. 작품들 속 마법과 모험은 어느 판타지에서나 그렇듯 특별하고 강력하며, 사실주의적 요소들은 어느 사실주의 소설에서나 그렇듯 진짜처럼 느껴진다. [p.3]

그러나 일상의 마법은 심리학 분야에서 위험에 처한 아이들이 보여주는 회복력을 지칭할 때 쓰는 용어라는 데 문제가 있다.[마스턴Mastern, 2001] 네빗과 이거의 아이들은 자주 위험을 마주하고 분명히 회복력을 보여주지만, 이런 개념을 아이들의 이야기에 적용한다면 내러티브의 모든 매력이 사라지고 마법의 힘이 지워져 심각하게 곡해될 수 있다. 《7일간의 마법》에서 이거의 아이들이 특히나 싫어했던 종류의 책이 되는 셈이다.

> "《마법의 문》이라는 책인데 어디에서도 마법에 대한 이야기는 찾아볼 수가 없어! 그냥 한 소년이 친절한 태도를 익히며 다른 사람과 잘 어울리는 방법을 배우는 내용이야. 그리고 마법의 문은 그냥 유대감 같은 것을 향한 문이라고. 정말로 이런 책 너무 싫어!" [p. 12]

이렇게 내용과 다른 제목으로 유인하는 사실주의와 달리, 이거는 틀림없이 사실적인 것들을 명백히 마법적인 것들의 토대로 삼는다. 이런 테크닉을 두고 이거는 '일상 속 마법 Daily Magic'이라는 용어를 썼다.

네스빗의 마법 책들이 다른 책보다 매혹적인 이유가 있다면 재밌다거나, 흥미진진하다거나, 글이 아름답다거나, 놀랍도록 생동감 넘치고 사랑스러운 아이들만 등장하기 때문만은 아니다. 물론 이 모든 것이 다 담겨있지만 중요한 것은 바로 마법의 일상성이다.

네스빗의 세계는 누구나 아는 평범한 세계에, 생명이 살아갈 수 있는 세계에 딱 적당한 만큼의 마법이 더해진 곳이다. 때문에 그녀의 스토리를 다 읽고 나면 그 모든 일이 언제라도, 당장이라도 당신에게 일어날 수 있을 것 같은 기분이 든다.[1958]

물론 이런 마법이 벌어지려면 단순히 일상적인 삶만이 아니라, 새로운 관점에서 이뤄지는 관찰과 진실한 감정이라는 단단한 토대가 마련돼야 한다. 여기서 말하는 일상성이란 반복적이고 단조로운 일상이 아니라 일용할 양식을 뜻하는 일상이다.

이거의 많은 후계자가 그와 네스빗에게서 이런 가르침을 받았다. 마커스 크라우치Marcus Crouch가 1972년 출간한 영미권 아동 문학사에 관한 책에 아무 이유 없이 《네스빗 전통The Nesbit Tradition》이라는 이름을 붙인 것이 아니다. 톨킨을 모방하거나 가짜 중세 시대를 표방하는 성향이 짙은 성인 판타지 소설과 달리 네스빗에게 영향받은 아동 판타지는 마법을 이용해 현재는 물론 가상의 과거를 탐험한다. 엘리너 캐머런Eleanor Cameron, 제인 랭턴Jane Langton, 다이애나 윈 존스, 프랜시스 하딩 같은 작가들은 실제 세계가 지닌 힘과 다양성, 즉 로우 판타지low fantasy(현실 세계 혹은 약간의 변형이 더해진 세계에 바탕을 두거나 현실 세계와 판타지 세계가 서로 연결된 서브 장르-옮긴이)를 보여준다. 이것이 가능했던 이유는 이 작가들이 판타지 소설가 로이드 알렉산더[Lloyd Alexander]가 말한 "플랫 슈즈를 신은 뮤즈[flat-heeled muse]"라는 개념을 불러일으킨 덕분이다. "튼튼하고 실용적인 신발"을 신은 합리적이고 타당한 뮤즈를 말하는데 이는 무분별한 공상보다는 조사와 논리가 필요한 존재다. 덕분에 독자들은 누구든 언제라도 5센트처럼 생긴 부적을 찾게 되거나 버터필드로 향하는 길이 알고 보니 오즈의 나라로 이어지는 길일지도 모른다는 기분에 휩싸인다. 설령 그런 일이 일어나지 않더라도 그럴 수 있다는 가능성이 짜릿함을 선사한다.

편집된 현실: 따분한 일상 속 희박한 기쁨

그렇다면 엔라이트의 책은 어떨까? '우정이 진정한 마법의 힘'이라는 식으로 속임수를 쓴다고 생각할 수 있지만 그렇지 않다. 엔라이트의 작품 또한 일상 속 마법을 보여준다. 하지만 이 거의 어린 독자들에게 비난받지 않기 위해 마법이라는 단어 대신 엔라이트의 말을 빌리려고 한다. 그녀의 사실주의는 세세한 요소들을 신중하게 선택하고 병치하는 방식으로 우리를 일상에서 벗어나게 한다. 그녀는 이를 '편집된 현실[edited reality]'이라고 말한다. 아동 문학 속 사실주의에 대한 에세이에서 그녀는 위대한 사실주의 작가로 올컷뿐만 아니라 한스 크리스티안 안데르센과 베아트릭스 포터를 언급했고 사실주의에서 "관찰과 경험", "피와 뼈"뿐만 아니라 "책 속 아이들이 실재하는 인물처럼 느껴지게 하는 정신이자 핵심"인 소망과 추억 또한 중요하다고 주장했다. [1967, p. 170]

엔라이트는 소망을 소설에 필요한 편집 지침으로 여겼다. 작품 속 캐릭터에게는 "어수선하고 늘어지는 모든 일상적인 일과 온갖 따분한 일, 하품, 기침, 정신없는 수다"[1967, p. 168]가 허용되지 않기에 편집을 더해 이들의 모험을 다음과 같이 만든다.

> 더욱 깔끔하고 공정하며 흥미롭게 만드는 것이다. 모든 일이 결국에는 잘 해결되고, 스토리는 삶과 달리 정점에서 결말을 맞이한다. 이들이 고등학교와 대학교에 다니고, 결혼을 하고, 주택 담보 대출을 상환하고, 자녀를 키우고, 돈 걱정을 하고, 치과에 다니고, 늙어가고, 죽음을 맞이하는 등의 일을 함께 헤쳐나갈 필요가 없다. 영원한 행복을 지켜주는 것이 우리의 특권이다.[1967, p. 168]

감독 세르게이 예이젠시테인^{Sergei Eisenstein}이 영화 편집 과정에서 한 이미지에서 다른 이미지로 전환하기만 해도 내용의 연결을 만들어낼 수 있다는 사실을 깨달았듯이, 위와 같은 편집 방식도 마법을 자아낼 힘을 갖고 있다. 내러티브의 연결이 없다가도 생겨나듯이, 엔라이트의 마법은 존재하지 않지만 모든 페이지에 잠복해 있다.

그녀는 화자에게 어느 정도의 상상력과 개입을 허용해야 하는지 잘 알고 있었다. 아동을 위한 글을 쓰는 데는 "소망과 추억"이 모두 필요하다고, 즉 환상과 현실이 서로 평형을 이뤄야 한다고 믿었다.

> 그들에게 무엇을 약속할 수 있을까. 안전? 지금만큼은 어느 때보다도 안전을 약속할 수가 없다. 우리가 만들어낸 공장의 마법은 우리를 위협하듯 아이들을 위협한다.
> 그렇다면 행복은 어떨까? 이 세상은 얼마나 행복한 곳일까? 행복 같은 것을 어떻게 약속할 수 있을까?
> 하지만 아이들의 안전과 행복을 빌고, 희망하고, 그려줄 수는 있다. 어른에게는 불가능한 방식으로 책에 빠져든 아이가 난관과 갈등에 부딪히더라도 안전과 이성, 유머와 상당한 행복이 함께하는 세계에 이를 수 있도록 말이다. [1960, p. 34]

엔라이트가 말하는 "공장의 마법"은 제약을 벗어난 과학 기술, 즉 전쟁과 낭비를 위한 기계들을 의미한다. 그녀는 환상 동화의 시대는 이미 지났으며 "우리는 마법에 관심을 잃었다. 마법을 현실로 만들었기 때문이다. 갖은 고생 끝에 상상 속의 흐릿한 상징들을 밖으로 끄집어냈고 상점에서 살 수 있는 물건 혹은 전쟁에서 사용할 무언가로 만들었다"라고 전했다.[p. 28] 때문에 그녀는 마법을 행운, 은혜, 편집으로 위장하는 쪽을 선호했다. 그럼에도 마법은 마법으로 남아있다.

나는 엔라이트 가족 스토리의 다섯 번째 특징에서 '판타지 구조에 사실적인 외피가 더해진다'고 말했는데 이 설명은 바로 이 편집 기술을 의미한다. 선택과 병치를 통해 멜렌디가 아이들과 그녀의 다른 캐릭터들은 뉴욕 거리에서 용을 발견하고 곤충 껍질에서 다이아몬드를 발견한다. 편집은 따분한 일상에 숨어있는 희박한 기쁨을 찾아낸다. 창의적인 병치로 어떤 아이든 환상 동화 속 영웅이 되지만 그렇다고 해서 세상이 완벽히 안전하다거나 예상 가능하다는 의미는 아니다. 엔라이트가 말했듯 "마법이 아늑함을 주는 무언가는 아니다."[p. 28]

엔라이트의 스토리 세계는 이거의 세계와 맞닿아 있지만 한쪽은 사실주의로, 다른 쪽은 판타지로 분류될 수 있다. 살러가 다른 가상의 공간들에 대해 말했듯, 두 세계 모두 개조가 가능한 상상의 구조물이다. 물론 허황된 상상의 세계라 해도 얼마간의 구체적이고도 현실적인 요소가 분명 담겨있겠지만, 그렇다 해도 엔라이트와 이거의 세계가 지닌 공통점은 루이스가 말한 표현의 사실성에 있지 않다. 책장을 넘길 때마다 무언가를 새로이 발견하거나 시인 존 키츠$^{John\ Keats}$가 말한 "무모한 억측$^{wild\ surmise}$"을 마주하며 느끼는 짜릿함에 있다. 마법은 이거의 판타지에서 표면 위로 드러나지만 엔라이트의 작품에서는 표면 아래에 자리한다. 하나는 솔기가 바깥으로 드러나 있고 하나는 안으로 숨어있는 것이다. 다만 그 옷이 마법의 망토라는 점은 동일하다.

3
화합을 추구하는 결말
신화를 전승하는 판타지

"열정과 현실 사이의 안식처.
그들이 이것을 어떻게 찾을 수 있을지 알 수가 없었다.
아마도 희미한 허공에 대고 직접 만들어보는 수밖에."
헐린 웨커, 《골렘과 지니 *The Golem and the Jinni*》

신화 창작적 판타지, 다시 말해 신화를 새로 만들어내는 판타지가 있다. 이는 우리가 전통 신화와 맺은 관계를 재고하게 한다. 그뿐만 아니라 특정 공동체를 위한 논의와 모델을 제시하기도 한다. 지난 몇십 년간 해결하기 어려운 사회 문제들이 대안적인 현실을 함께 만들어나가기에는 관점이 너무나도 다른 집단을 결집시키는 과정에서 벌어졌다. 이민자들은 뿌리 깊은 종교적 신념, 익숙한 사회 구조와 사고방식을 유지하려고 하는 탓에 민주주의 체제의 근간이 되는 합의 과정에서 하나의 갈등 요소로 작용한다. 오래전에 이민 왔지만 동화에 저항하는 이들도 포함해서 말이다.

판타지는 신화적인 전통에 토대를 둘 때 파괴적인 풍습과 세계관을 불러온다. 그럼에도 환상 스토리$^{\text{fairy story}}$(요정이나 마법이 등장하는 현대 장르를 지칭하는 톨킨의 용어)가 지닌 화해의 역학은 서로 다른 세계가 나란히 자리하면서도 비교적 평화롭게 지내는 시나리오를 보여준다. 좋은 공상이 좋은 이웃을 만든다. 시인 로버트 프로스트Robert Frost는 좀 다른 이야기를 하겠지만 말이다(프로스트는 명확한 경계가 좋은 관계를 만든다는 의미로 "좋은 울타리가 좋은 이웃을 만든다"라고 말했다-옮긴이).

과학자이자 역사가, 페미니스트인 도나 해러웨이Donna Haraway가 발전시킨 '상황적 지식situated knowledge'이라는 개념과 사회학자 피터 버거Peter Berger가 제안한 '인지적 소수자cognitive minorities'라는 개념은 현대 판타지의 본질과 기능을 가려내고 깊이 있게 살펴보는 데 특히나 유용하다. 이에 대해 이미 자세히 다룬 적이 있지만 여기서는 논의를 다르게 풀어갈 생각이다. 헐린 웨커의 《골렘과 지니》(2013), 타락 천사가 지배하는 세상이 배경인 알리에트 드 보다르드의 〈타락 천사들Dominion of the Fallen〉 3부작(2015-2019), 로리 J. 마크스Laurie J. Marks의 〈원소의 논리Elemental Logic〉 4부작(2002-2019)을 포함해 수상 경력이 있는 작가들의 작품을 새로운 사례로 소개하려고 한다.

신화와 판타지의 정의

우선, 정의해야 한다. 사실상 내게 신화에 대한 정의는 다음과 같다.

신화는 오래된 과거나 먼 미래 또는 우리의 시간에서 완전히 벗어난 신이나 그와 유사한 존재에 관해 사실처럼 구전되는 전통적이고 신성한 내러티브다. 자연계의 질서를 세우고, 그 안에 존재하는 인류의 의미와 의무를 정한다.

이 같은 정의는 스티스 톰프슨, 미르차 엘리아데Mircea Eliade, 배리 토울컨, 앨런 던데스Alan Dundes 등의 민속학자와 신화학자에게서 뽑아낸 개념들을 엮어 정리한 것이다.

이 정의는 고대 사회에 대한 근거 없는 추측을 포함하지 않는다. 융이 주장한 집단적 무의식과 프로이트의 억압된 무의식에 관련된 신비주의 또한 마찬가지다. 모든 것이 신화가 될 수는 없다는 점을 밝히고 신화라는 용어를 스토리텔링 영역에 국한한다. 넓은 범위의 구전 내러티브에서 신화라는 장르와 민간 설화, 전설 같은 관련 장르를 구분하기도 한다(민간 설화는 사실보다는 허구에 가까우며, 전설은 역사적인 시간을 배경으로 하고 신성하다기보다는 세속적일 때가 많다). 하지만 문화에 관한 설명이 으레 그렇듯, 이 또한 내가 참고한 학자들과 나의 기대치가 반영돼 있다.

유럽과 고대 세계로 넘어가면 신화적 시대와 현재를 구분하기는 어려워진다. 신이 아난시^Anansi^(서아프리카 신화 속 거미-옮긴이)나 코요테 같은 트릭스터가 되기도 하고, 코믹한 민간 설화가 갑자기 신화적인 차원에서 이뤄지기도 한다. 우리가 신화라고 생각해 온 많은 이야기가 사실 전통 신화를 바탕으로 한 문학으로 밝혀졌다. 길가메시 시대부터 작가들은 구전 텍스트에 손을 뻗으며 자기만의 질서와 해석을 부여했다. 어떤 신화든 활자화됐다면 작가나 편집자가 있다는 뜻이다. 고대의 집단적인 지혜 대부분은 사실 길가메시 전문의 편집자인 씬-리키-운니니^Sin-liqe-unninni^와 창세기의 저자들, 고대 그리스 비극 작가 아이스킬로스^Aeschylus^, 고대 로마의 시인 오비디우스, 인도의 전설 속 시인 발미키^Valmiki^, 아이슬란드의 시인이자 역사가 스노리 스툴루손^Snorri\ Sturluson^ 같은 이들의 해석인 셈이다. 여러 면에서 현대 판타지 작가들은 이런 패턴을 이어가고 있다.

구전에서 기록 문학으로 전환되는 흐름에 따라 이제는 판타지의 정의를 소개할 때다. 판타지는 불가능한 것들에 관한 문학이지만 그렇지 않을 때도 있다. 용과 마법사를 이야기하지만 최고의 판타지에서는 이 둘이 한꺼번에 등장하지 않는다. 장르는 항상 변화하고 경계가 달라지는 만큼 반박할 수 없는 무결한 정의란 없을 것이다. 때문에 몇 년에 한 번씩 판타지의 정의를 조금씩 달리하기로 했다. 현재는 다음처럼 정의한다.

> 판타지는 사실주의에 대응하며 발전한 소설 형식으로, 생각의 표상, 상세한 사회적 배경 설정, 시간과 관점의 조작 같은 소설 기법으로 이성주의 이전의 세계관과 전통적인 모티프, 스토리 구성을 새롭게 논의한다.

다시 말해 판타지는 신화지만, 환상 동화이자 초자연적인 전설, 로맨스, 서사시이기도 하다. 이성주의와 소설이 부상한 이후 구식으로 치부됐던 모든 것의 귀환이다. 훌륭한 판타지는 훌륭한 소설이며 사실 그 이상이다. 판타지는 현실로부터의 도피가 아니라 현실에 대한 반응이며 좀 더 다르게, 더욱 전통적으로 세상을 보고 상징화하는 방식이다. 판타지와 SF, 유토피아를 쓰는 작가들은 르 귄의 말처럼 "더욱 큰 현실의 현실주의자"다.[2016, p. 113] 이들의 허구는 사회 제도가 실재한다거나 평범함이 곧 진리라고 가정하지 않는다.

판타지는 심오할 필요가 없다. 유치하거나 풍자적일 수도 있고, 소소하거나 시사적일 수도 있다. 심리학적 우화가 되거나 역사를 위장하려는 의도가 아니라면 말이다. 하지만 판타지에 대한 가장 중요하고 오래된 갈래는 C. S. 루이스와 J. R. R. 톨킨이 '신화 창작mythopoesis'이라고 부른 개념이다. 이 용어는 구전 내러티브의 한 형태를 연상시키는데, 톨킨은 이와 다른 형태의 내러티브를 연상시키는 환상 이야기가 신화 창작과 가까운 친족이라고 생각했다. 신화 창작적 판타지는 새로운 신화를 만들어낸다. 다만 오래된 신화와 설화를 바탕으로 한다. 그림 형제Grimms, 앤드류 랭Andrew Lang, 민속학자 캐서린 브리그스Katherine Briggs, 톨킨, 고대 그리스 연구가 제인 엘런 해리슨Jane Ellen Harrison, 그녀의 동반자 호프 멀리스Hope Mirrlees 등 선구적인 신화학자들이 현대 판타지 창작에 발을 들인 것은 우연이 아니다.

한편 재즈 시대를 배경으로 한 손 스미스Thorn Smith의 유쾌한 작품 《신들의 밤 생활 Night Life of the Gods》이나 테리 프래쳇의 〈디스크월드〉 시리즈 등 코믹 판타지물에서도 신화는 비물질주의적으로 세상을 바라보는 과거의 방식을 의미한다. 이런 맥락에서 웨커의 소설이 빠질 수 없다.

서로 다른 신념을 가진 이웃들

《골렘과 지니》는 제목만으로 혼란을 암시하는 놀라운 작품이다. 두 명사 간에 거대한 균열이 존재하기 때문이다. 골렘과 지니가 각기 다른 인식 세계를 토대로 하기 때문에 소설의 구성은 같은 대륙에 있지도 않은 두 사람이 대화를 나누는 것처럼 보이게 편집한 영화 같다. 배경은 1899년도 뉴욕이지만 우리가 아는 그 뉴욕은 아니다. 부유한 금융가와 아일랜드 출신의 경찰, 세계 곳곳에서 이제 막 뉴욕으로 이주해 온 이민자 들이 함께하는 맨해튼에는 마법 생명체들이 살고 있다. 존 크롤리의《리틀, 빅》(1981)과 토니 쿠슈너Tony Kushner의 연극 〈엔젤스 인 아메리카 Angels in America〉(1991), 크리스 모리아티Chris Moriarty의 《재판장의 수습생The Inquisitor's Apprentice》(2011)과 더불어 뉴욕을 배경으로 한 수많은 판타지 작품 중 하나다. 문학적 배경으로서 뉴욕은 전설 속 만남의 장소이자 변형의 공간이 되는데, 작가들이 뉴욕의 역사와 지리에서 판타지 소재를 찾는 이유를 쉽게 알 수 있다. 이를테면 모리아티의 소설에서 역사 속 인명 애스터Astor 가문은 애스트럴Astral 가문이 되고, 트라이앵글 셔츠웨이스트 공장은 펜타클 셔츠웨이스트 공장으로 등장하며, 위대한 악당의 이름은 J. P.

모건트Morgaunt다.

한편 웨커는 경제적 어려움과 언어적 혼란뿐 아니라 세계관의 충돌을 보여주며 이민자의 경험을 직접적으로 다룬다는 점에서 다른 작가들과 구별된다. 그녀의 소설에는 골렘이라는 인위적인 존재에 대한 전통을 가져온 동유럽 출신의 유대인과 영어권에서는 정령들genies로 더욱 알려진 진jinn에 대한 믿음을 품은 중동의 아랍인이 등장한다(아랍어의 복수형은 영어의 단수형처럼 보인다. 따라서 아랍어로 '진'은 복수형, '지니jinni'는 단수형이다. 이후 진과 지니, 이 두 용어가 번갈아 등장하는데, '진'은 민속 문화와 신화의 맥락에서 일반적인 개념을 지칭할 때 사용되고 '지니'는 해당 소설의 캐릭터를 의미할 때 사용된다-옮긴이). 이런 초자연적인 존재들은 서로 완벽히 다른 세계에 산다. 골렘은 히브리 경전과 유대인의 민속, 카발라(유대교의 신비주의적 교파-옮긴이)의 철학을 바탕으로 한 세계에 존재한다. 진은 문화적 파급 효과로 인해 이슬람교와 더불어 마론파, 정교회의 신앙과 관련 있다. 웨커는 진이 "현대 중동 사회와 이슬람 세계의 많은 사람에게 일상의 진리 같은 존재"라는 사실을 깨달았다.

그녀는 두 마법의 존재와 더불어 집단의 신성한 맥락 안에서 공동의 신념과 가족 일화를 존중해야 한다는 어려움에 직면했다. 이를 성공적으로 완수했는지는 독자의 판단에 달렸다.

그러나 본인의 가족을 포함해 자신이 참고한 여러 전통을 존중하기 위해 큰 노력을 기울였다는 점만은 분명하다. 그녀는 자신이 유대인 가정 출신이며 남편의 가족이 아랍인인 만큼 소설이 은유적 자서전이었다는 사실을 인정한 적 있다.

> 우리 부부는 많은 사람이 상반된다고 여기는 두 문화권에서 왔다. 하지만 나는 우리 사이의 유사한 기풍에 놀란 적이 많았다. 우리에게는 이민 가정의 자녀라는 공통점이 있었다. 그로 인해 비슷한 환경에서 자랐다. 교외에 있는 전형적인 미국식 주택에서 자랐지만 출신 나라의 역사를 두고 내밀하면서도 불편한 부담감을 종종 느꼈다. 문화적 소수자로 살면서 경험하게 되는 여러 문제는 우리가 사랑하는 사람과 만나는 사람들과의 관계에 영향을 미쳤다.[2020]

웨커는 두 문화의 만남에 대해 이야기를 쓰기 시작했는데 이 주제를 자신이 평생 좋아해 온 환상 문학과 결합하고서야 가닥이 잡혔다. 그렇게 흙으로 빚어진 생명체와 불의 화신이 인간 캐릭터와 상호 작용하며 그들을 배워나가는 스토리가 탄생했다.

의미 있는 판타지, 즉 오래 지속되는 판타지는 두 가지의 단단한 토대를 갖춰야 한다. 하나는 실제 일상의 질감이고, 다른 하나는 스토리와 신념으로 이뤄진 비물질적인 세계다. 대부분의 판타지 작가는 모든 것을 새로 만들어내는 작업보다 방대한 조사에 힘을 들인다. 특히나 사람들이 실제로 살았을 것 같은 과거를 재현하려고 하는 역사적 판타지 작가들이 더욱 그런데, 이런 과거는 법률 문서, 유적, 유물로 재건한 과거와는 다르다. 경험한 과거에는 문서화된 과거와 달리 유령, 악마, 기적, 운명 같은 것들이 존재하고 골렘, 어쩌면 진도 분명히 포함돼 있다.

앞서 판타지를 정의하면서 해당 장르의 담론에서 자주 등장하는 '불가능한 것들', '기적 같은 것들', '비현실적인 것들' 같은 용어를 의도적으로 피했다. 이런 용어들은 무엇이 가능한지, 무엇이 기적적이지 않은지, 무엇이 현실적인지 모두가 안다고 가정한다는 점에서 문제가 있다. 알고는 있을 것이다. 그러나 우리가 알고 있는 것들이 서로 반드시 일치하지는 않는다. 어떻게 정의할 것인가의 문제에 판타지 소설가 캐스린 흄 Kathryn Hume 이 좋은 해결책을 제시했다. 그녀는 무엇이 가능한지에 대해 서로 일치하는 지점이 있기에 우리가 합의된 현실 consensus reality 을 분별할 수 있다고 전했다. 우리는 무언가에 받쳐지지 않은 물체가 바닥에 떨어지고, 사람이라면 누구나 음식을 섭취하며, 물리적 원인이 없는 이상 사물이 갑자기 다른 무언가로 변하는 일이 일어나지 않는다는 데 대체로 동의한다. 판타지는 이런 일반적인 가정 중 하나를 부정한다. 아니, 이런 가정이 유효하지 않은 하나의 '주머니 우주pocket universe'를 상상한다.

다만 합의는 깨지기도 한다. 내 현실에는 수호천사가 없지만 몇몇 이웃의 현실에는 수호천사가 존재한다. 당신의 지구는 6,000년이 됐지만 내 지구는 수십억 년이 됐을 수도 있다. 내가 쓴 악마 이야기는 판타지겠지만, 누군가가 쓴 악마 이야기는 냉철한 사실주의일수도 있다. 세계관의 차이는 각자 장르의 경계가 다르다는 것을 의미하고 따라서 읽는 방식도 달라질 수밖에 없다. 내게는 순수한 판타지물이지만 수많은 독자에게 예언적 진실로 다가가는 책이 많다. 예컨대 종말을 주제로 한 스릴러 시리즈 〈레프트 비하인드〉가 그렇다. 여기서는 피터 버거의 '인지적 소수자'라는 개념이 도움 된다. 1960년대 말 미국에서 버거는 전통적인 종교가 세속주의로 대체되는 현상을 목격했다.[1970, p.6] 독실한 신자들이 주도권에서 밀려났고, 건실한 믿음 때문에 이들은 이례적인 사람이 됐다. 그러나 1980년대와 1990년대에 상황이 완전히 역전됐다. 신실한 믿음까지는 아니어도 종교적 미사여구가 공직자의 자격 요건이 됐고, TV 시리즈 〈천사의 손길Touched by an Angel〉 같은 작품이 대중문화에서 유행했다. 버거는 이를 예상하지 못했다. 소수와 다수의 위치는 쉽게 바뀔 수 있다. 그럼에도 그의 통찰은 여전히 유효하다. 인종, 경제적 지위, 유산이 아니라 달리 구분되는 신념의 집합으로 정의할 수 있는 집단이 있다는 점이다. 웨커가 말한 "문화적 소수자"는 인지적 소수자이기도 하다.

인지적 소수자들을 화해시키는 방식

상황적 지식: 지식은 조건적이다

《골렘과 지니》속 맨해튼에서는 여러 인지적 소수자가 가까이 모여 산다. 그중 정통파 유대교도와 마론파 기독교도가 있다. 동방 정교회 신자인 시리아인과 이슬람교도, 세속주의 유대교 출신의 사회 개혁가, 심지어 백인 앵글로·색슨 개신교도까지 있다. 그 결과 소설 속 등장인물의 말과 행동이 대단히 이상하게 느껴진다. 그들의 믿음은 너무나도 견고하다. 골렘은 어떤 동네에서는 있을 수 없는 존재지만 몇 블록만 지나면 당연할 수도 있는 존재다. 고향에서 의사였지만 악령에 빙의돼 제 역할을 해내지 못하는 사람도 등장한다. 또한 양철공의 보조로 일하는 지니도 있다.

웨커는 이렇게 여러 관점을 오가는 데 능숙하다. 캐릭터의 시점이자 서로 충돌하는 우주를 보여주는 것 또한 마찬가지다. 현실 틈새에 환상을 끼워 넣는다. 그녀의 세계는 소수 정당으로만 구성된 의회 같다. 항상 하나의 세력이, 한 가지 이슈를 대표하는 대리인이 자리할 여유가 마련돼 있고, 어쩌면 후에 하나의 통치 동맹이 형성될 수 있다는 가능성도 존재한다. 독자들은 책에서 자신과 동맹을 맺을 만한 캐릭터를 쉽게 찾을 수 있다.

하지만 우리가 선택한 캐릭터가 가능과 불가능의 영역을 잘 이해하고 있다고 확신해서는 안 된다. 캐릭터의 판단을 확신할 수 없다는 불확실성은 이 책이 단순히 인지적 소수자들로 가득 차기만 한 작품이 아니라는 사실을 보여준다. 이 책은 예상할 수도 없고 설명되지도 않는 일 앞에서 이전의 경험과 현재의 상황에 따라 어떻게 반응이 달라지는지 또한 보여준다. 웨커의 캐릭터들은 자신의 사고방식을 조정해야 하는 상황에 지속적으로 처한다. 신념과 가정을 두고 논쟁할 때도 많다. 캐릭터들은 각자의 민족적, 종교적 정체성을 벗어날 수 없다. 본인이 어떤 정체성을 가졌고 어떤 사람인지에 대한 인식이 개인의 신념과 밀접하게 연관돼 있다. 그럼에도 입장을 바꿔 하나의 인지적 소수자 집단에서 다른 집단으로 옮겨 가기도 한다. 독자도 마찬가지다. 조금 전 이 소설에서 유대인과 아랍인이 만난다고 이야기했을 때 스스로 어떻게 반응했는지 생각해 보자. 판타지에 적합한 소재로 느껴졌는가, 해피 엔딩이 예정된 스토리로 느껴졌는가?

집단의 상호 작용을 구성하는 이런 방식 덕분에 해당 판타지가 실현될 뿐 아니라 타당한 해피 엔딩을 맞이할 수 있다. 판타지는 갈등을 촉발하는 주제를 현실이 아닌 것처럼, 그리 중요하지 않은 문제인 것처럼 다룬다. 단순히 흥미로운 이야기, 게임, 환상 동화에 불과하다는 듯 말이다. 작가이자 근대 문학 연구회장이었던 스티븐 그린블랫Stephen Greenblatt은 엘리자베스 1세 시대의 극작품들이 왕의 시해나 성적 모호성, 신성 모독 같은 주제를 이와 비슷하게 풀어나갔다고 설명했다. "관객들이 봤을 때 조금의 효용도 없고 전혀 현실적이지 않다고 느낄 바로 그 지점까지만 강렬함과 효율성을 전달한다."[1988, p. 18]

대수롭지 않게 넘길 수 있는 맥락 안에서는 신과 운명에 대한 서로 다른 신념들이 폭발적인 대립을 피할 수 있다. 서로 다른 캐릭터가 각 입장을 대변하며 완충 역할을 하기도 한다. 누구는 신의 뜻을 따르는 한편 누구는 자연의 힘이나 편리한 합리화를 택한다. 과학 판타지라는 하위 장르를 포함해 대다수의 판타지가 이런 방식을 따른다. 옛날 과학 판타지에서 단순한 캐릭터는 마법을 믿고 작가의 대리인과 화자는 과학을 믿는 식이었다. 그러나 최근에는 포스트모더니즘의 영향으로 웨커처럼 모든 가능성을 열어두는 경향이 있다. 서로 다른 담론이 이루는 균형감이 중요하다고 인정하는 것이다. 이를 내러티브 기법으로 설명하기 위해서 나는 해러웨이의 '상황적 지식'이라는 개념을 다르게 차용했다. 무슨 일이든 허용되고 어떤 관점이든 동일하게 유효하다는 의미가 아니라, 우리가 아는 어떤 지식이든 특정한 관점에서만 보고 아는 것이라는 의미로 이해했다. 누구나 경험하는 중력으로 예를 들어보자. 중력의 영향력은 측정과 예측이 가능하다. 하지만 우리는 키와 체중, 성별과 부담이 각기 다르게 적용된 몸으로 중력을 경험한다. 사람마다 중력을 다른 의미로 받아들이고, 중력에 대한 지식은 개인의 상황에 따라 달라진다.

　　상황적 지식이라는 것이 있다면 상황적 판타지라는 것도 있을 수 있는데, 웨커를 비롯한 많은 현대 판타지 작가의 작품이 이에 해당한다. 중력을 서로 다르게 경험한다면 인간이 만들어낸 모든 것은 더없이 상황적이고 조건적일 것이다. 우리 자신에 대한 지식조차 우리가 흡수한 내러티브를 거치고 이에 제한된다. 다른 설명은 항상 존재한다. 존 크롤리의 〈이집트 Ægypt〉 시리

즈 중 《고독한 자들 The Solitudes》을 인용하자면 "세계의 역사는 하나 이상이다."[p. 73]

《골렘과 지니》의 경우

이 소설에는 캐릭터들이 지식은 조건적이라는 점을 인정하고 이에 대해 이야기하는 상황이 자주 등장한다. 이야기는 미국으로 향하는 배에서 깨어난 골렘이 폴란드에 있는 유대인 마을을 회상하는 장면으로 시작한다. 그곳에서는 모두가 골렘을 알고, 골렘이 랍비 뢰브가 프라하의 유대인을 지키기 위해 만든 데서 유래했다는 사실 또한 알고 있었다. 하지만 뉴욕에서는 같은 문화권의 유대인만 이 사연을 알았고, 그마저도 구세계에 자신의 거의 모든 신념을 남겨두고 온 터였다. 신세계에서 골렘은 빈칸이자 미지수였다.

골렘은 보통 중성이나 남성으로 표현되지만 이 골렘을 의뢰한 남성은 아내를 원했다. 그런 연유로 골렘은 평범한 여성의 모습이었지만 대단히 강력한 힘을 지녔고 다른 이의 욕구를 읽을 수 있었다. 이는 마법의 일부로, 그녀가 사명을 완수하는 데 필요한 능력이었다. 또한 다른 사람에게 쉽게 영향받고, 똑똑하며, 호기심이 많지만, 자신이 누구이며 무엇을 원하는지는 알지 못했다. 이 모든 특징에 더해 다음 세기로의 전환이라는 배경을 종합하면 소설의 골렘은 1894년 세라 그랜드$^{Sarah\ Grand}$가 처음 사용한 용어 '신여성$^{New\ Woman}$'에 대한 은유라고 할 수 있겠다. 투표권을 바랐던 신여성처럼 골렘은 무엇이든 될 수 있고, 무엇에도 맞설 수 있으며, 그 어떤 상징물도 무너뜨릴 수 있을지 모른다.

웨커는 자신의 웹사이트에서 골렘의 성별에 대해 다음과 같이 소개했다.

> 전설 속 골렘은 거의 남성이다. 하지만 11세기 시인이자 랍비였던 솔로몬 이븐 가비롤$^{Solomon\ ibn\ Gabirol}$이 나무로 여성 골렘을 만들어 하인으로 삼았다는 이야기가 있다. 나라에서 그에게 새로운 하녀가 생긴 것에 대해 의심하자 그는 그저 골렘일 뿐이라고 설명했다. 이후 그가 생명력을 앗아 갔고, 쓰러진 그녀는 나뭇더미가 됐다.[2020]

웨커의 예시에 프리츠 랑$^{Fritz\ Lang}$의 영화 〈메트로폴리스〉(1972) 속 여성 로봇인 가짜 마리아를 추가할 수 있다. 이 영화는 과학 판타지 혹은 상황적 판타지 작품이다. 마리아를 탄생시킨 온갖 기계로 가득한 실험실에는 '과학'이라고 적혀있지만 그녀를 만든 발명가의 외모나 오래된 단층집은 중세 마법을 떠올리게 한다. 이 발명가의 이름은 로트방^{Rotwang}이다. 그리고 웨커의 소설에서 골렘 아내를 주문한 고객의 이름은 로트펠트^{Rotfeld}였다. 의도적으로 인용하지는 않았을지라도 간접적으로 영향을 받았을 것이다.

    웨커의 골렘이 맨해튼 거리를 활보할 때 그녀의 존재를 알아보는 사람은 랍비 마이어 단 한 명뿐이다. 그녀를 탄생시킨 카발라 마법사에게 맞서는 신세계의 인물로, 그는 사람에게 이로운 방향으로 오컬트를 연구하고 이를 통해 무언가를 행하기보다는 행하지 않는 방향을 지향한다. 다른 사람의 눈에 키가 크고 차림새가 이상한 여자로 보이는 골렘이 그에게는 흙으로 빚어진 모습으로 보인다. 그는 그녀를 여성으로 존중하며 위험한 괴물이 아닌 순수한 영혼으로 대한다. 그녀에게 생명이라는 의미의 '차바'라는 이름을 지어준다.

    지니의 성별 또한 지니를 어떤 인간으로 봐야 하는지, 어떤 대명사로 칭해야 하는지를 결정하는 요인이다. 그리고 이는 상대의 기대에 따라 달라진다. 지니는 남성의 모습이지만, 의도치 않게 지니를 자유롭게 해준 양철공 부트로스 아르빌리의 눈에는 달리 보인다. "플라스크와 오일 램프, 그리고 그 안에 갇힌 존재에 대해 할머니가 들려준 이야기들을 기억"하기 때문이다.[p.21] 그는 자신이 미쳐버린 것은 아닐까 생각한다. 흥미롭게도 지니는 놀란 표정으로 이렇게 말한다. "진짜라고. 전부 다 진짜야."[p.21] 지니는 이렇게 설명한다.

> "한번 생각해 봐." 그가 아르빌리에게 말했다. "네가 잠에 들어서 인간들이 꾸는 그런 꿈을 꾸고 있었단 말이지. 그러다 잠에서 깼는데 낯선 장소에 와있는 거야…. 그리고 웬 이상한 존재가 나타나서는 이렇게 말해. '아르빌리다! 아르빌리들은 아이들에게 들려주는 이야기에만 존재하는 줄 알았는데! 얼른 몸을 숨기고 사람인 척해야 해. 여기 사람들이 알면 깜짝 놀랄 테니까.'"[p. 44-45]

인간이 그에게 얼마나 낯설게 느껴질지 알기에 우리 또한 지니라는 낯선 존재를 받아들일 수 있다.

수세기의 경험을 바탕으로 세상을 바라보는 지니는 아무런 의식 없이 갇혀있었던 수천 년 동안 벌어진 놀라운 변화를 이해하려고 노력한다. 골렘은 이와 정반대의 입장에서 세상을 바라본다. 태어난 지 며칠밖에 되지 않은 그녀에게는 모든 것이 새롭기만 하다. 골렘과 지니가 풍기는 낯선 분위기는 새로움이 가득하며 거대하고 복잡한 맨해튼이라는 도심에 섞여 대부분의 사람에게 잘 보이지 않는다. 지니와 골렘은 쉼 없이 다른 사람의 반응을 읽으며 새로운 시각을 배워나간다. 어떤 독자들은 소설에 마법이 등장하지 않았다면 더욱 좋았을 것이라거나 웨커가 정말 관심을 가졌던 것은 역사적 경험이었다고 말하기도 한다. 나는 그 의견에 조금도 동의하지 않는다. 물론 인간이 아닌 두 존재에게서, 자세히 말하면 각각의 낯선 신념 체계를 보여주고 상징하는 두 존재의 시각을 통해서 뉴욕 역사에 대해 많은 것을 배울 수 있지만 말이다.

　　민속학자들에게 진과 골렘의 이야기는 전설이다. 인간 기억에 존재하는 실제 지역에서 벌어진 전설이며 진실처럼 전해지는 이야기다. 하지만 전설이란 환상 동화와 마찬가지로 신화의 아주 가까운 이웃이다. 진은 누군가의 천막에서 모습을 드러내기도 하지만 솔로몬 왕, 무함마드와 상호 작용하기도 했다. 또한 흙으로 빚어진 골렘의 몸체에 신의 이름을 쓰면 생명력이 부여됐다. 골렘을 만든다는 것은 창세기 속 아담의 창조를 재현한다는 의미다. 이 두 개체는 영혼과 불멸에 관한 이론적인 문제를 제시한다. 특이하게도 생명력이 없는 흙으로 만들어진 골렘이 정통파 유대교가 여성에게 가하는 제약을 신실하게 받아들이고 랍비 마이어에게 영적 조언을 구하는 반면, 불의 정령 지니는 이런 태도에 회의적이다. 그에게 "신은 인간이 만들어낸 것"[p. 240] 이기 때문이다. 신을 믿느냐는 그의 질문에 골렘은 랍비 마이어가 신을 믿는다고 답하며 "랍비 마이어는 내가 만난 사람 중 가장 현명한 사람이야. 그러니 응, 나도 신을 믿는다고 봐야겠지"라고 답한다.[p. 241]

마찬가지로 캐릭터마다 천사를 바라보는 관점도 다르다. 천사들은 전통적으로 진 또는 악마들과 비슷한 개념으로 인식된다. 이 책에 등장하는 유일한 천사는 센트럴 파크의 베데스다 분수에 있는 물의 천사 조각상이다. 이를 보며 골렘은 말한다. "언젠가 천사에 대한 글을 읽은 적 있어. 랍비가 갖고 있던 책이었는데…. 넌 천사를 믿지 않겠지만." 지니는 믿지 않는다고 답했다. "그는 천사나 신에 대해, 또는 그 주에 인간이 만들어낸 것들에 대해 이야기하고 싶지 않았다."[p. 276-277]. 하지만 골렘을 창조한 마법사 예후다 샤알만은 다른 누구도 아닌 지니를 보며 천사를 연상한다. "그것은 신비로운 아마드(작중 지니의 사람 이름-옮긴이)였을까? 아니면 그를 조종하는 죽음의 천사였을까?"[p. 400]

이 다양한 신념에 존재하는 단 하나의 궁극적인 진리를 샤알만은 이렇게 말한다. "진리는 거짓만큼이나 셀 수 없이 많

고, 혼돈으로 가득한 인간 세계는 꼭 신의 세계와 같다."[p.441]

상상력이라는 동등한 땅 위에서의 만남

진실과 거짓을 대립시키고, 인간과 신을 일치시키는 것. 이는 상황적 판타지의 궁극적인 표현이지만 이 책의 최종 메시지는 아니다. 골렘은 마지막 사색 장면에서 어떤 중간 지점에 대한 바람을 드러낸다. "열정과 현실 사이의 안식처. 그들이 이를 어떻게 찾을 수 있을지 알 수가 없었다. 아마도 희미한 허공에 대고 직접 만들어보는 수밖에."[p.484] 하지만 우리가 허공에 대고 실제로 할 수 있는 일은 목소리, 즉 이야기가 담긴 목소리를 내는 것뿐이다. '희미한 허공thin air'이라는 단어가 최초로 기록된《템페스트》속 프로스페로의 대사처럼 말이다.

여기 배우들은, 내가 이미 말했듯, 모두 정령이었다네.
이제 허공으로, 희미한 허공으로 사라지겠지.

셰익스피어는 이 장면에서 극과 상상력의 힘에 대한 확장된 은유만을 보여주지 않고, 젊은 연인의 결합을 축복하는 여신들을 등장시켜 신들의 세계를 인간의 세계와 연결시켰다.《템페스트》그 자체를 의미하기도 하는 "비현실적인 극"(《템페스트》속 대사-옮긴이)은 스토리에 관한 스토리이자, 스토리가 신념을 제시하고 입증하는 방식을 보여준다.

신화와 성스러운 전설은 닿을 수 없는 저 높은 곳에 영원히 존재한다. 반면 우리는 혼란과 변화로 둘러싸인 그 아래에 있다. 이 간극을 메워주는 것이 스토리다. 골렘이 바랐던 열정과 현실의 중간 지점은 인간 존재와 신, 혹은 사실주의와 신화를 잇는 내러티브를 뜻하기도 한다. 방송 작가이자 판타지 작가인 존 스티븐스(John Stephens)와 아동·청소년 문화 연구가 로빈 매캘럼(Robyn McCallum)은 다시 전승되는 신화를 두고 "재구성(re-versions)"이라고 설명했다.[1998, p.4] 신화가 가진 사상적 의미에 도전하거나 그 의미를 역전시키는 방식으로 다시 틀을 구성하고 조합하는 것이다. 이런 재구성의 일부로 메타내러티브(metanarrative), 즉 스토리에 대한 스토리가 더해진다. 메타내러티브는 문자 문화뿐만 아니라 전통 문화에서도 발생한다.

나바호족의 이야기꾼들과 함께하며 이들의 세계관을 이해하는 데 수십 년을 바친 배리 토울컨은 그들이 신화를 각색하는 방식에 대해 이야기했다. 그가 사례로 든 한 치유사는 창조 설화에 동물 말과 양을 더해 치유 의식에 활용했다. 해당 동물들이 원래부터 북미에 서식하지 않았고 스페인 사람들과 그곳으로 건너왔다는 사실을 알고 있음에도 말이다. 그는 이렇게 말했다. "우리 세계의 중요한 존재가 모두 담겨있지 않다면 어떻게 신성한 스토리가 될 수 있겠는가?" 토울컨은 우리가 "신화와 관련된 이야기들을 조율하고 재구성하는" 전통 문화의 능력을 고려하지 않았다고 설명하며[2002, p.89], 신화의 의식적 각색을 히브리어 경전에 해설을 더한 탈무드와 비교했다. 이런 각색은 신화의 생명력과 의미를 보존하고, 문화와 그 문화의 근간이 되는 스토리 간에 일종의 타협이 거듭 진행되고 있다는 사실을 보여준다.

웨커의 작품과 같은 판타지들은 신화를 재구성하고 재해석하는 동시에 신화를 갱신하고 재검증한다. 판타지 작가는 본질적으로 창조 설화에 말과 양을 더하는 이들이다. 말과 양은 현시대에 존재하며, 동시에 신성한 세계에 포함돼야 하는 동물이다. 이들이 그러하듯 우리 또한 그 세계 안에 자리해야 한다. 어떤 스토리에 관한 우리만의 스토리를 전달하고, 압도적인 것과 심오한 것을 향한 우리만의 해석을 만들어내는 방식으로 말이다. 하지만 이는 그저 판타지일 뿐이다. 셰익스피어나 존 밀턴John

Milton, 단테Dante만큼이나 시시하고 사소하다. 상황적 판타지는 신화와 전설을 좀 더 가볍게 여길 수 있게 하며 공상 속에서 그것들에 조금씩 다가갈 수 있게 한다. 사실성과 절대성을 내려놓을 때 골렘과 지니가 만났듯이 우리도 한 동네에서, 상상력이라는 동등한 땅 위에서 서로를 만날 수 있다.

  앞에서 시사했듯, 이런 만남이 어떻게 전개될지에 대해 우리는 일반적으로 웨커의 스토리보다 비관적으로 예상한다. 최근 혹은 고대 역사에서 이와 같은 만남의 결과는 로맨스보다는 참혹한 파괴와 대량 학살에 가까웠다. 더 트러블스(북아일랜드 분쟁-옮긴이) 당시 요새화된 벨파스트, 레바논 내전 때 폭격으로 처참히 파괴된 베이루트를 보면 문화적 병치의 필연적인 결과라고 생각할 수도 있겠다. 차이나 미에빌China Mieville의 《이중 도시》(2009)는 해소할 수 없는 세계관의 차이를 한정된 공간에서 강렬한 이미지로 제시한다. 제목에서 '도시City'라는 동일한 명사가 반복되지만(원서명 참고-옮긴이) 이 두 도시는 웨커의 소설 제목 속 두 생명체만큼이나 서로 다르다. 한 곳은 동유럽에 가까우며 역사적으로 기독교를 믿는다. 이보다 더욱 번영한 다른 한 곳은 중동에 가까우며 비공식적이지만 신성한 빛의 성전을 엄격하게 따른다. 원칙적으로 이 두 도시, 울코마와 베셀은 하나의 도시나 마찬가지다. 같은 지역에 존재하기 때문이다. 한쪽은 베셀의 건축물과 키릴 문자 비슷하게 생긴 알파벳 간판이 즐비하고, 그 옆은 울코마의 글자와 건물로 채워져 있다. 둘로 나뉜 도시의 사람들은 서로가 보이지 않는 것처럼 행동해야 하고 지정된 구역에서만 왕래할 수 있다. 사람이 멀어지는 데는 물리적 거리보다 관점의 차이가 더욱 큰 영향을 미친다는 이 설정은 미에빌의 뛰어난 비유가 발휘되는 지점이다. 《이중 도시》가 신화 창작적 판타지였다면 두 세계의 관계가 개선되며 상황이 전환되는 결말을 맞이할 수도 있다. 하지만 명백하게 판타지적인 설정이 있음에도 이 작품은 탐정 소설이 약간 가미된 하드보일드 경찰 수사물이다. 이런 성격의 소설들이 변화의 여지가 없는 부패한 세계에서 부분적이고 한시적인 승리를 거두는 이야기를 그리는 바 《이중 도시》 또한 화합하거나 이웃들의 신념 체계가 달라지는 식으로 전개되지 않고, 더욱 깊어지는 음모와 절묘한 반전들만 등장한다.

〈타락 천사들〉의 경우

알리에트 드 보다르드의 〈타락 천사들〉 시리즈도 미에빌의 《이중 도시》처럼 여러 지역으로 분열된 황량한 대안적 파리를 배경으로 한다. 그러나 이 시리즈는 범죄에 맞서는 사람이나 탐정의 이야기가 아닌 전설과 신화에 기반했기에 결말에서 상징적인 장벽을 허물 수 있었을 뿐 아니라 그럴 필요가 있었다. 이 스토리는 천국에서 내려온 천사들이 파리의 거리에 강력한 마법과 파괴적인 혼란을 가져온다는 전제로 펼쳐진다. 하드보일드 소설이나 느와르 영화에서 볼 수 있는 일상화된 냉소주의와 다른 타락을 보여주는 이들은 타락 천사로, 인간에게 공감하지 못하는 마음과 하늘에서 추방당하며 느꼈던 참담함을 아름다움으로 감춘 존재들이다. 저명한 타락 천사로는 리더인 루시퍼 모닝스타가 있다. 파리 중심부에 영지를 둔 실버스파이어스 가문의 수장이다. 그리고 아스모데우스가 있다. 모든 타락 천사가 이들처럼 악마의 이름을 지니지는 않았다. 기독교적이지 않은 신화에 등장하는 이름으로 불리는 천사들도 있다. 화자는 이렇게 설명한다. "모닝스타는 그가 아끼던 난해한 책에 등장하는 오래된 이름들을 좋아했다. 셀레네, 나이트폴, 오리스, 아라곤…." 타락 천사의 여러 가문은 서로를 경계하며 요새를 구축하고 비인격적이고 잔인하게 영지를 통치했다. 인간들은 가문 하나를 택해 그들에게 복종할 것인지, 어떤 가문에도 소속되지 않은 채 보호받지 못할 것인지 선택해야만 했다. 그중 천사에게 총애를 받는 자는 천사의 숨결과 천사의 뼛가루로 약간의 능력을 얻을 수 있었다. 천사의 숨결은 원소에 일시적인 생명력을 부여하고 통제하는 능력을 제공했다. 천사의 뼛가루는 마법을 더욱 강력하게 만드는 강화제로, 대단히 중독적인 약물이라서 말 그대로 엔젤 더스트angel dust(환각제-옮긴이)인 셈이었다. 이것들을 통해 인간들은 연금술사나 치유사, 마법 전사가 될 수 있었다.

     시리즈의 도입부에서 파리는 이미 주요 가문들의 전쟁으로 상흔을 입은 채 등장한다. 거리에는 바리케이드가 둘러졌고, 기념비적인 건축물들은 폐허가 됐으며(노트르담이 불길에 휩싸인 이 장면은 실제 화재가 벌어지기 4년 전에 묘사돼 저자의 섬뜩한 예지력을 보여준다), 갱들은 유물을 훔치고, 센강은 전쟁 후 쏟아진 마법의 잔해로 오염됐다. 이때 드 보다르드는 타락 천사의 통치를 불안정하게 만드는 요소를 더해 도시가 구원받을지도 모른다는 최소한의 희망을 암시한다. 이를 위해 웨커와 마찬가지로 자신의 가족사를 바탕으로 이야기를 전개한다. 프랑스 · 베트남 혈통인 그녀는 내부자 또는 이방인, 포식자 또는 희생자, 평범한 인간 또는 천사와 같이 둘 중 하나에 반드시 속해야 한다는 이분법적 사고에 반기를 드는 인물들을 등장시킨다. 시리즈 첫 번째 책 《부러진 날개The House of Shattered Wings》는 하늘에서 추락 중인 한 천사의 이야기를 짧게 들려주다가 이내 필리프의 이야기로 전환한다. 그는 젊어 보이는 외모와 달리 늙지 않는 현자로, 하늘의 황궁을 거스른 죄로 추방당해 베트남 유배지에서 머물던 중 가문들의 전쟁터로 불려 왔다. 책에서 안남인으로 불리는 베트남인뿐만 아니라 과거 식민지를 겪었던 세네갈, 마그레브 등의 여러 민족, 즉 비유럽인의 존재는 타락 천사의 세력을 약화하고 거대한 힘에 저항하는 집단이 생겨날 가능성을 제시한다. "다른 존재들도 있었어." 필리프가 혼잣말을 한다. "다른 나라, 다른 마법 계통 출신의 타락하지 않은 자들." 하지만 현재로서는 타락 천사와 이들을 따르는 자가 주도권을 쥐고 있었다. 시리즈에 등장하는 마법 세계는 식민지 세계의 정치적인 현실을 반영한다. 파리가 폐허로 변하며 기독교도 큰 혼란에 빠졌지만, 다른 인지적 체계보다 기독교 세계관이 우위를 점하는 문화적 헤게모니는 마법 세계에서도 여전하다.

필리프는 타락 천사의 힘에 저항할 수 있었지만 직접적으로 맞설 수는 없었다. 그는 책에서 '기^{khi}'(중국어 발음 '치^{chi}'로 더욱 잘 알려져 있다)라고 불리는 원소들의 힘을 감지하고 운용해 마법을 부린다. 기를 감지하는 필리프의 모습을 통해 타락 천사의 눈에 띄지 않은 채 살아가는 또 다른 인지적, 인종적 소수자 집단이 있다는 힌트를 얻을 수 있다.

어딘가 익숙한 느낌이 들었다. 자스민 쌀의 향과 비슷한 마법 냄새가 목덜미를 스치자 그는 곧장 홍강 기슭으로 돌아가 있었다. 우기에 불어난 강물을 바라보며 비와 진흙의 축축한 냄새를 들이마시던 시절이었다. 다른 안남인이 이곳에 있었던 걸까?

하지만 익숙한 느낌은 그와 같은 처지의 이민자 때문이 아니라 강에 숨겨진 또 다른 마법의 힘, 용의 기운 때문이었다. 물의 기를 느끼고 필리프가 보인 반응은 조심스럽지만 긍정적이었다. "다행이네. 이 세상에 아직 타락 천사의 지배를 받지 않는 것도 있군." 용의 왕국 전체가 파리의 수도로 옮겨 왔다고는 생각하지 못했다. 타락 천사들이 이토록 강력한 경쟁 세력을 모를 리 없을 테니 말이다. 전쟁의 여파로 흩날린 마법의 잔해 때문에 수중 세계가 더렵혀졌지만 용들은 여전히 그곳에 존재했고, 원소의 마법으로 타락 천사 가문들의 영향력에서 벗어난 용들은 결국 타락 천사 세계관에 도전하는 존재로 부상한다.

다양한 이민자 커뮤니티, 인종 정체성, 신념 체계 간의 상호 작용은 결국 타락 천사에게도 변화를 불러온다. 변화에 대한 이런 가능성은 해당 시리즈에서 희망의 주된 원천이 된다. 필리프는 실버스파이어스 가문을 무너뜨리고 모닝스타를 자기 희생의 길로 이끈다. 또한 같은 안남인들에게 합류하며, 이들의 전통과 유대감 덕분에 어떤 가문의 도움 없이도 살아남는다.

두 번째 책 《어둠의 연합 _The Hourse of Binding Thorns_》에서는 어린 나이의 용의 왕자, 투언이 필리프와 비슷한 역할을 한다. 호손 가문에 스파이로 잠입한 투언은 호손가의 수장 아스모데우스의 배우자가 된다. 전통과 신학에서 천사들은 일반적으로 변화에 불응하고 강한 집념을 가진 모습으로 그려지는데, 이런 특징이 작품에서는 인간을 향한 오만함과 잔인함으로 표출된다. 그럼에도 이들은 인간과 섞여 지낸다. 심지어 용에게 맞서는 과정에서 인간 혹은 용과 가족적이고 로맨틱한 관계를 맺기도 한다. 이런 관계가 천사에게는 대단히 어울리지 않는 변화와 적응을 불러온다. 이웃이 된 이들은 자신들이 구축한 세계임에도 그 안에서 적응하는 과정을 거쳐야 한다.

〈원소의 논리〉의 경우

로리 J. 마크스의 〈원소의 논리〉 4부작은 드 보다르드의 시리즈와 유사하게 인간의 역사와 행동을 냉정하게 바라보지만,

마찬가지로 조심스럽게 낙관적인 결론을 제시한다. 그러나 드 보다르드와 웨커가 우리 세계의 대안 버전을 배경으로 스토리를 전개하는 반면 마크스의 시리즈는 2차 세계 secondary-world 판타지로, 톨킨과 르 귄의 전통을 이어 방대하고 세심한 세계 설계를 자랑한다. 또한 장대한 역사적 서사는 배경에 두고 개인의 선택과 관계, 즉 역사를 바꾼 작은 전환점에 중점을 둔다. 첫 번째 책 《불의 논리 Fire Logic》의 처음 몇 장을 넘기면 집단 학살 장면이 나온다. 샤프탈 대륙의 고립된 산악 지대에 거주하는 목축민 아샤왈라이족은 뚜렷한 이유도 없이 사나운 세이나이트에게 공격받는다. 세이나이트는 얼마 전 대륙에 당도한 종족으로, 영국의 로마 군단이나 콩키스타도르 conquistador (정복자라는 뜻으로, 16세기에 중남미를 침입한 에스파냐인을 이른다-옮긴이)와 마찬가지로 대륙 사람들과 그들의 전통을 무시한 채 새로운 터전을 자신들의 방식으로 재건하려 한다. 더욱 큰 세상에서 아샤왈라이의 사절로 활약하던 잔자 나타르웨인은 미리 경고하고 사람들이 공격에 맞서 싸우도록 도우려 했지만 아무런 소용이 없었다.

군마가 먼지와 돌 더미 위로 그녀를 쓰러뜨렸다. 그 주변으로 카트림들이 죽어있었다. 평화로웠던 아샤왈라이의 역사는 피비린내

나는 씁쓸한 결말을 맞았다. 쓰러진 잔자의 피가 마른 흙을 적셨다. 그녀의 주변으로 천천히 먼지가 가라앉았다.[p. 47]

잔자는 부족의 유일한 생존자로 살아남아 샤프탈인과 동맹을 맺고 세이나이트에 맞선다. 작가이자 비평가인 만델로 리 Mandelo Lee가 이렇게 말했다.

친절함과 관대함, 배우고 진화하고 적응하려는 의지. 이는 복수, 비인간화, 정체의 반대말이자 희망을 실천하는 행위다. 《불의 논리》는 개인과 공동체에 닥친 트라우마의 늪을 힘겹게 헤쳐나가며 고통에 짓눌리지 않고 그 과정에서 더욱 단련돼 긍정적인 모습으로 이겨낸다. 이런 태도는 비관을 위한 비관이 자주 유행하는 현실에 크나큰 경종을 울리고, 20년이 지난 지금까지 문학계는 물론 사회 전반에서 큰 의미를 지닌다.[2019]

만델로가 언급한 트라우마는 깊디깊을 뿐 아니라 치료도 느리고 복잡하다. 해당 시리즈로 네 권이 출간됐지만 아직 모든 문제가 해결되지 않았고 모두가 해피 엔딩에 이르지도 않았다.

에픽epic 판타지(현실 세계가 아닌 2차 세계가 배경이며, 신화적 서사가 담긴 스토리와 장대한 규모가 특징이다-옮긴이)의 특징은 보통 선악의 대결이이지만, 훌륭한 판타지는 선악의 경계를 흐린다. 마크스는 세이나이트를 전형적인 악당으로, 샤프탈인을 용감한 영웅으로 제시하지만 독자로 하여금 이런 첫인상에 점차 의문을 갖게 한다. 물론 세이나이트가 아무 이유 없이 잔자의 종족을 학살했을 뿐 아니라 샤프탈의 문화와 시민 제도를 말살하는 등 잔혹한 행위를 저질렀다는 데는 의심할 여지가 없지만 말이다.《불의 논리》는 샤프탈의 문화 중심지와 도서관이 파괴되며 시작되는데, 이는 샤프탈인의 신념과 관습을 지우려는 의도적인 행위였다. 또한 세이나이트는 샤프탈의 마법과 논리logic를 수련하는 이를 모두 죽이려 했다. 여기서 '논리'란 중세 의학의 4체액설과 비슷한 개념으로 흙, 공기, 불, 물의 네 원소를 바탕으로 한다.

    샤프탈 문화에서는 모든 이가 한 가지 이상의 원소 기운을 타고난다. 그러나 이런 기운을 발전시켜 자연 현상을 조종하고 다른 사람에게 영향을 미칠 수 있는 사람은 소수다. 세이나이트는 흙과 공기의 마녀들을 반란의 잠재적 주동자로 지목한다. 학살에서 탈출한 마녀들이 실제로 반란의 주축을 이뤘기에 이 짐작은 결과적으로 옳다. 주요 캐릭터 가운데 잔자와 학자인 에밀은 직관, 언어 능력, 열정을 의미하는 불의 논리를 대표한다.

두려운 존재로 통하는 노리나는 공기 마녀이자 타인의 거짓말을 알아챌 수 있는 트루스켄Truthken이다. 희귀한 물의 마녀들은 시간과 날씨를 조종할 수 있다. 가장 겸손한 흙의 마녀들은 사실상 집에만 머물지만, 그들 중 하나가 샤프탈의 땅을 상징하는 지데온Gdeon이 된다. '상징한다'는 개념이야말로 논리의 핵심이다. 마크스가 신중하게 구성을 풀어나간 덕분에 처음에는 점성술의 별자리와 비슷해 보였던 이야기가 어느새 사람들이 메타포를 어떻게 이해하는지, 이를 철학자 빌헬름 딜타이Wilhelm Dilthey가 말한 세계 인식 또는 직관으로서의 세계관인 '벨트안샤웅'으로 어떻게 전환하는지에 관한 탐구가 됐다. 딜타이는 세계관을 기본적인 기질이자 인지적 태도, 경험을 이해하는 방식으로 봤다. 그는 개개인은 물론이고 민족의 문화도 특정한 세계관으로 기울 수 있고, 믿음 체계는 민족의 지배적인 세계관을 반영한다고 생각했다.

본질적으로 마크스는 딜타이의 철학적·역사적 분석과 조지 레이코프의 언어적 분석을 바탕으로 기질과 은유적 습관이 신념과 행동을 지배한다고 가정했다. 한 사람이 지닌 원소는 강점의 밑바탕이 되기도 하지만 발목을 잡는 약점이 되기도 한다. 마크스는 자신의 웹사이트에서 원소의 개념을 위해 셰익스피어와 4체액설뿐 아니라 자신이 글쓰기를 가르치는 학생들에게서 보이는 학습과 표현의 다양한 스타일을 참고했다고 설명했다.

나는 이런 성향이 비단 글쓰기뿐만 아니라 삶에 대한 성향을 드러낸다는 사실을 깨닫기 시작했다. 불교에서 '한 가지를 대하는 태도를 보면 만 가지를 대하는 태도를 알 수 있다'고 하는 말과 의미가 상통할 것이다. 《불의 논리》 원고를 몇 번이나 대대적으로 수정하던 중 언젠가부터 네 가지 마법을 네 가지 사고방식에 대입해 글을 쓰기 시작했다. 소설을 거의 다 마쳐갈 즘에야 이 체계를 설명하기 위해 '논리'라는 단어를 넣었다. [2020]

〈원소의 논리〉 시리즈는 정치적인 갈등에 대한 인지 부조화를 다룬다. 세이나이트가 무자비하게 침입하자 샤프탈 사회에 존재하던 숨은 균열들이 밖으로 드러나고 원소들은 재정비와 타협을 거쳐야 하는 상황에 놓인다. 동시에 침입자들은 새로운 현실을 마주한다. 원소의 힘이 세이나이트의 내부에서 드러나기 시작한 것이다. 점령한 자들과 점령당한 자들 사이에서 필연적으로 생길 수밖에 없는 후손들이 그 주인공이었다.

두 번째 책 《흙의 논리 *Earth Logic*》에서 마크스는 두 종족이 (또한 잔자가 속한 국경 부족 또한 부수적이나마 위중하게) 어떤 변화를 거쳤고 또 거치게 될지를 분명하게 드러낸다. 절반 정도 세이나이트의 피가 흐르는 예지자 메드릭이 아버지의 종족에 관한 역사를 기록하는 장면에서 이들이 겪은 변화를 알 수 있다.

> 그들이 당신에게, 내 어머니의 종족에게 자행한 가장 끔찍한 짓은 지배권을 앗아간 것이 아니라 음식과 아이들을 빼앗은 것, 전통을 부정한 것, 당신의 종족이 지닌 가장 위대한 힘을 금한 것이다. 그들이 행한 가장 끔찍한 짓은 당신들의 명예를 그들의 것으로 삼은 것이다. 그들은 당신을, 샤프탈 사람들을 캐롤린으로(세이나이트의 전사들로) 만들고 있다. [p. 265]

메드릭은 세이나이트 문화의 핵심을 명예로 꼽았다. 명예는 이들을 관통하는 메타포이자 이들의 원소다. 이때 세이나이트의 명예란 전사의 도리다. 그들이 속한 집단, 군, 민족에 충성하고 개성과 혁신을 배척한다. 메드릭은 침략으로 벌어진 가장 끔찍한 일은 샤프탈인이 세이나이트로 변질되는 것이라고 지적한다. 샤프탈 측 반란군 지도자 마빈은 세이나이트의 지도자와 다를 바가 없었다. 심지어 전쟁 조약을 작성하기까지 했다.

침략에 대한 효과적인 대응책은 세이나이트가 되는 것이

아니라 이방인과도 친구가 되는 샤프탈의 전통적인 환대 문화를 지키는 것이다. 북극 같은 지역이 그러하듯, 샤프탈은 환경이 혹독한 만큼 타인을 대단히 정성스럽게 환대하는 문화가 있다. 유사한 전통을 다양한 부족의 여행자들이 남긴 기록에서 찾아볼 수 있다. 호메로스의 이야기 속 청동기 시대의 헬레네스(고대 그리스인이 스스로를 일컫던 명칭-옮긴이)도 이에 포함된다. 그리스 로마 신화에서 손님을 환대한다는 뜻의 '크세니아^{xenia}'를 행하는 이들은 복을 받았다. 바우키스와 필레몬이라는 노부부는 사람으로 둔갑한 신들을 집으로 맞이하고 얼마 안 되는 음식을 나누자 끊임없이 채워지는 와인으로 보상을 받고 신전의 관리인이 됐다. 반면 《오디세이아》에서 오디세우스의 아내 페넬로페에게 난폭하게 구혼하는 자들처럼 크세니아의 신성한 도리를 어긴 이들은 벌을 받았다.

　　메드릭은 자신의 책에(마빈의 전쟁 조약서에 대응하는 기록물로 등장한다) 아버지의 전사 문화와 어머니의 민족이 지닌 전통의 차이점에 대해 적는다.

자비롭지 않은 샤프탈의 땅은 겨울은 혹독하고 여름은 스치듯 짧으며 운에 따라 생사가 결정되기도 하는 곳이다. 이렇듯 잔혹한 땅에서는 사람들 또한 잔혹해지는 듯하다. 아주 오래전 초대 지데온인 매카피가 통치하던 시절에도 그랬다. 고립된 동굴 속에서 토탄으로 불을 피우고 양들을 돌보던 그는 샤프탈이 자비를 바탕으로 한 공동체가 된 모습을 상상했다. 친절함과 관대함은 저절로 생겨날 수 없고 당연하게 기대할 수도 없다. 환대는 정의로운 행위가 아니라 자비로운 행위다. 자비를 통해 서로 의지하고 신뢰하는 공동체가 될 것이고, 이로써 모두에게 이로울 것이다. [p. 354-355]

샤프탈에는 이렇듯 전환의 힘을 가진 통찰이 전설적인 창건자에게서 왔다고 믿는 전통이 있었다. 망명 중 동굴에서 거미를 보며 끈기를 배운 스코틀랜드의 국왕 로버트 1세의 이야기처럼 말이다. 전설은 현재의 어떤 행위에 신성하거나 영웅적인 혈통을 부여하는 동시에 이를 전하는 자기 자신과 청자들을 그 신화 안에 자리하게 하며 그 행위에 당위성을 부여한다. 본질적으로 메드릭은 자신의 글을 읽는 독자에게 당신들도 토탄 불 앞의 매카피라고 말하고 있다. 사람들이 매카피의 이야기를 떠올릴 때마다 그의 정신이 되살아난다. 그렇게 환대라는 까다로운 민속 예술이 유지되고, 침입자들 또한 좋든 싫든 이를 배우게 된다.

이를 여러 캐릭터에게서 확인할 수 있다. 세이나이트의

장군 클레멘트가 자신이 하룻밤 신세 진 샤프탈인 가족과 함께 있는 장면을 보자. 그녀는 가족들이 건넨 환대 인사를 회상한다. "한 해 농사가 잘 안됐을 때 이 농부는 뭐라고 말할까? 클레멘트는 잠시 고민했다. 모든 이에게 나눌 만큼은 된다고 말할까, 아니면 베푼 만큼 돌아오게 돼있다고 말할까?"[p.231] 클레멘트는 샤프탈인을 보며 많은 것을 배워나갔다. 음식보다 공유라는 공동의 태도와 따뜻한 마음 덕분에 "꽉 조인 오래된 매듭이 풀어지듯 그녀 안의 두려움이 사라졌다."[p.231] 그녀는 자신이 샤프탈인이 됐다고 가장 먼저 인정한 세이나이트 중 하나였고, 자신이 느낀 바를 몸소 전하며 사람들을 이끌었다. 마크스의 환상 동화 구조에서는 큰 노력이 들더라도, 심지어 명예를 크게 희생해야 하더라도 결국에는 최선이 최악을 이긴다. 일부 세이나이트는 달라진 리더를 따르지 않는다. 본디 샤프탈인이었으나 사실상 세이나이트가 된 이들은 극단적인 환대의 문화로 한순간에 돌아가지 않는다. 하지만 저항하던 사람들도 하나둘 변화하기 시작하는데, 이들이 올바른 방향으로 나아간 데는 신화적 영역에 대한 경험이 일부 영향을 미쳤다.

판타지는 어떤 결말을 추구해야 하는가

　마크스의 신화 창작적 판타지에는 어떤 행동을 지시하거나 행동 방식을 강요하는 신이 등장하지 않는다. 세이나이트는 무신론자처럼 그려지고, 잔자의 민족은 큰 까마귀같이 짐승 모습을 한 트릭스터 신들이 있기는 하지만 경계심 어린 존중을 보일 뿐 숭배하지는 않는다. 샤프탈인의 종교는 신이나 천사 계급에 기반을 둔 톨킨의 아이누(톨킨의 작품에 등장하는 불사의 영적 존재-옮긴이)와 달리 땅과 원소들에 기반을 뒀다. 이렇게 서로 다른 세 유형의 우주론이 부족 간의 폭력을 정당화하는 근거가 됐을 수 있다. 세이나이트족이 그 수가 점점 줄어들어 점령군에서 소수 민족 처지가 되는 과정에서, 샤프탈족은 마녀들이 살해당했듯이 이교도를 살해하며 복수하겠다고 마음먹기도 쉬웠을 수 있다. 마크스의 스토리 세계에서 또 다른 책이 발견돼 더욱 많은 것이 밝혀지고 난 후에야 이들은 두 종족 간에 자신들이 생각했던 것보다 공통점이 많았다는 사실을, 샤프탈족과 세이나이트족은 이웃이었을 뿐 아니라 실제로 친족이었다는 사실을 깨닫는다.

　이런 판타지 시나리오들은 가까운 거리에 있는 다양한 집단이 서로의 신념과 삶의 방식에 관대해질 뿐만 아니라 대안적인 스토리를 개방적으로 받아들이게 되는 상황을 다룬다. 이들은 특정 우주론으로 신념을 달리하라는 요구를 받지 않고, 그보다는 다른 우주론에 대한 이야기를 듣고 타당성을 인정해 달라는 요구를 마주한다. 자신이 알고 있는 지식은 어떤 역사와 문화가 반영된 상황적인 지식이고, 다른 이들 또한 상황적 지식을 갖고 있다고 인정해야 한다. 웨커의 소설 속 세기가 전환되던 시기의 맨해튼 남부처럼 인지적 다수는 없고 여러 소수 집단만 있을 때 이를 인정하기가 가장 쉽다. 다수 혹은 강력한 소수가 다른 집단 위에 올라서서 종교 활동을 금지하거나 신념을 강요하고 신앙을 시험한다면 자신과 타인의 상황적 지식을 이해하는 일은 아주 어려워진다.

판타지인 만큼, 서사화된 세계는 합의와 개선을 추구한다. 판타지의 환상 동화 구조상 갈등이 해결돼야 한다. 이는 셰익스피어식 소네트의 마지막이 항상 두 행으로 끝나는 것처럼 환상 동화 형식의 일부다. 탐정 소설에서 살인자의 정체가 드러나고, SF 소설에서 혁신적인 개념이 등장하고, 로맨스에서 오랫동안 미뤄온 키스를 나누고, 서부극에서 총격전이 벌어지는 등 스토리는 각각의 공식에 따라 다른 형태의 결말을 맺는다. 하지만 판타지만큼 창의적인 해결책을 요하는 스토리는 없다. 요정의 등장 여부와 관계없이 환상 이야기는 톨킨이 말한 '유카타스트로피eucatastrophe', 즉 조화와 경이로움을 향한 갑작스러운 전개로 결말에 이르러야 한다. 내게는 이를 충족하는 것이 대단히 엄격한 하드 SF(SF의 하위 장르로, 플롯과 구조가 과학에 근거한다-옮긴이)를 쓰는 것보다 어렵고 일상의 현실을 가장 충실하게 재현하는 것보다 가치 있게 느껴진다.

  문학적 판타지는 환상 동화의 해피 엔딩을 지키는 한편 결말을 복잡하게 만들고 스토리 곳곳에 해결의 실마리를 배치해야 한다. 이로써 단순히 공주가 새로운 보금자리를 찾거나 괴물이 죽음을 맞이하는 식이 아니라 한 세계가 신뢰, 사랑, 투지, 친절함, 연대감으로 구원받아야 한다. 독자에게 이런 이야기를 제공하겠다고 약속한 작가는 세상에 존재하는 공포와 트라우마를 파악하고, 이를 초월하는 방법을 설득력 있게 제시해야 한다. 모든 시인이 소네트를 압축적으로 보여줄 완벽한 운율을 찾아낼 수 없듯이 모든 작가가 이를 성공적으로 해낼 수는 없다. 하지만 이를 성공한 작가들은 우리에게 생존의 시나리오를 제공한다. 무기로 무장된 전쟁터를 사람이 사는 동네로 바꿔놓는 시나리오야말로 이 힘든 시기에 가장 필요한 마법의 주문이다.

4
갈등보다 건설적인 각본
흥미를 더하는 메타포들

＊

"갈등이 전부인가?
《로미오와 줄리엣》이 다른 무언가에 관한 이야기는 아닌가?
불화 같은 소소한 이야기를 비극으로 만든
다른 무언가가 있지는 않을까?"
어슐러 K. 르 귄, 〈갈등〉

판타지가 이 세계에서 어떻게 의미가 있을 수 있고, 문화적으로 어떻게 작용하는지 이해하려면 먼저 독자인 우리가 판타지로 무엇을 하는지 파악해야 한다. 판타지가 이 세상에서 어떤 역할을 하는지는 우리가 판타지로 무엇을 하는지와 크게 관련이 있다.

소설 작법을 알려주는 한 웹사이트에서는 "갈등이 모든 스토리의 핵심이다"라고 주장한다. 그런 다음 사람 대 사람부터 사람 대 초자연까지 여섯 유형의 갈등에 대해 말한다.

출간이 목표라면 좋은 조언일지 몰라도, 이는 사실이 아니다. 내러티브에 필수적인 요소를 한 가지만 말하자면 시간의 흐름에 따른 변화다. 주장이나 서술 등 다른 종류의 텍스트에는 변화에 대한 내용이 담겨있지 않다. 문학과 영화를 비평하는 시모어 채트먼Saymour Chatman은 내러티브가 단순한 스토리가 아닌 의미 있는 스토리로 인식되려면 변화라는 동기가 있어야 한다고 말했다. 사건 간에 인과 관계가 형성돼야 하고 사건들을 설명할 근거, 즉 핵심이 있어야 한다.[1993, p. 11] 채트먼은 "왕이 죽고 이후 왕비가 죽었다"는 단순한 스토리일 뿐이고 "왕이 죽자 슬픔을 이기지 못한 왕비가 죽었다"는 플롯이라는 E. M. 포스터Forster의 주장에 반박했다. 포스터의 정의는 내러티브 예술을 함축적으로 설명한 데 가까울 뿐 스토리와 플롯의 차이를 설득력 있게 설명하지는 못했다. 채트먼은 이에 더해 텍스트가 단순히 연속성만 드러내도 독자들은 연결성과 결과를 유추할 것이라고 주장했다. "포스터의 사례를 보며 우리는 왕비가 왕의 아내라는 점을 추측할 수 있다. 그렇지 않다면 왕비의 죽음에 대한 다른 설명이 있어야 할 것이다. 가령 '그를 알지 못했지만 그녀는 왕가의 몰락을 지켜보며 슬픔을 이기지 못해 죽었다'는 식으로 말이다."[1978, p. 30-31]

아동 청소년 문학 작가 조안 에이킨Joan Aiken도 유사한 의견을 전했다. "포스터가 스토리라고 폄하하듯 정의한 내용은 사실 스토리가 아니라 단순한 내러티브다. 그가 플롯이라고 정의한 것이 내가 보는 스토리다."

삶과 스토리의 다른 점은 삶은 평면적으로 계속 이어지지만 스토리에는 형태가 있다는 점이다. 그리고 이 형태는 변형에 저항한다. 한 조각을 떼어내면 전체 구조가 기울어지기 때문이다. 또한 스토리에는 틀과 절정이 있다. 우리는 거기서 어떤 일이든 벌어지며 결국에는 잘 해결되리라는 사실을 알기에 안심하고 받아들일 수 있다. [1999, p. 40-41]

포스터의 두 번째 예시는 완전한 스토리이자, 균형 잡힌 스토리, 핵심이 있는 스토리다. 캐릭터와 암시적인 설정, 시간의 흐름에 따라 어떤 동기로 인해 벌어지는 상황 변화가 있다. 물론 그 동기에 의문이 들 수 있고, 우리는 채트먼의 말처럼 추론할 수밖에 없다. 왕비는 남편을 잃고 슬퍼했을까? 남편 없는 삶을 기대하지 않았던 것일까? 왕비의 진짜 심경보다 왕실에서 짐작한 바대로 작성된 성명문이 모순적이지는 않았을까? 왕족에 대한 이야기라는 점만 다를 뿐 이는 사실 케이트 쇼팽Kate Chopin의 〈한 시간 사이에 일어난 일〉의 핵심 플롯이다.

플롯과 스토리라는 두 예술 형식 중 어느 쪽이 더욱 수준 높다고 주장하든, 사실 중요한 질문은 이것이다. 스토리에서 필수적이라 할 수 있는 갈등을 포스터의 예시 어디에서 찾을 수 있는가? 변화도, 감정도, 결과도 있지만 갈등conflict, 그리고 라틴 어원conflictus이 주로 의미하는 충돌과 싸움은 어디에 있는가? 작가들의 웹사이트를 보면 갈등은 왕비의 내면에, 혹은 왕의 죽음을 초래한 자연적이거나 초자연적인 사인과 왕비 사이에 있다고 설명한다. 나는 그리 생각하지 않는다. 몇몇 경우를 제외하면 갈등이라는 단어는 거의 은유적으로 사용되고, 갈등이라는 메타포가 모든 영역과 모든 경험을 잠식했다.

갈등만이 내러티브를 흥미롭게 하는가

성공적인 스토리에는 하나같이 강한 충동의 엔진이, 정서적 메인스프링(시계를 움직이는 큰 태엽-옮긴이)이 있다. 우리를 움직이고, 집중력과 공감을 지속시키고, 기대와 서스펜스를 자극하는 무언가 말이다. 이 무언가에 '갈등'이라고 이름을 붙였다. 수많은 비유 중에서 선택한 것이다. 그리고 이 선택은 여러 이유로 딱히 좋다고 볼 수 없다.

르 귄의 짧은 에세이 〈갈등〉에는 내가 하고자 하는 말이 그대로 담겨있다. 이번 장은 본질적으로 그녀의 텍스트에 대한 부가적인 글이나 다름없다. 르 귄은 채트먼이 예시로 인용한 두 왕족의 죽음에 관한 글을 그대로 따와 '누가 무엇에 맞서 싸우는가?', '누가 승리를 거뒀는가?' 묻는다. 갈등을 좋아하는 팬들이 마땅히 인정할 법한 몇 가지 예시도 다룬다. 바로《로미오와 줄리엣》(1597)과《전쟁과 평화》(1867)다. 두 예시에 모두 갈등이 포함돼 있다는 사실을 인정하면서도 전자의 사례를 두고 다음처럼 의문을 제기한다. "갈등이 전부인가?《로미오와 줄리엣》이 다른 무언가에 관한 이야기는 아닌가? 불화 같은 소소한 이야기를 비극으로 만든 다른 무언가가 있지는 않을까?"[p. 191]

내게 이 질문이 계기가 됐다. 다양한 환상 스토리를 들여다보며 르 귄이 말하는 "픽션의 전투적 관점(갈등에만 지나치게 초점을 맞춘 좁은 시각-옮긴이)"을 통해서만이 아니라 다른 시각으로 내러티브의 형성과 동력을 바라볼 수 있을지 살펴보는 기회로서의 계기 말이다. 갈등 말고 무엇이 있을 수 있는가?

다른 방향을 택하기

먼저 루이스 캐럴의《거울 나라의 앨리스》(1871)를 이야기하려고 하는데, 이 작품은《전쟁과 평화》와 마찬가지로 전투가 배경이다. 다만 나폴레옹의 전쟁이 등장하지 않고, 체스 게임이 결투를 상징한다. 캐럴만큼 기발하지 않은 작가라면 빨강과 하양의 갈등에 초점을 맞춰 붉은 여왕과 하얀 여왕이 적이 되고 체스 말들이 대결하는 소재로 이야기를 전개했을 것이다. 그 결과물은 조지 R. R. 마틴^{George R. R. Martin}의 〈얼음과 불의 노래〉 시리즈와 흡사하게 서사시적이고 용맹하며 폭력적인 이야기가 될 것이다. 《거울 나라의 앨리스》에는 한 번씩 양으로 변신하는 하얀 여왕, 오랫동안 전투를 준비하지만 까마귀 그림자에 놀라 정작 싸우지 못하는 동요 속 쌍둥이 형제, 수다스러운 꽃들이 가득한 정원, 싸움보다는 발명을 좋아하는 기사 등 다양한 내러티브가 등장한다. 하지만 내러티브의 주요 엔진은 폰이었던 앨리스가 계속해서 칸을 건너 마지막 줄에 도달해 퀸이 되는 여정이다. 다수의 판타지 작품이 그렇듯 《거울 나라의 앨리스》 또한 예언의 형태로 플롯이 전개된다. 붉은 여왕은 기차를 타고 셋째 칸과 넷째 칸으로 이동한 뒤 숲으로 된 일곱째 칸을 지나 여덟째 칸에 이르면 "우리는 함께 여왕이 돼 연회를 즐기게 될 것"이라고 앨리스가 거쳐야 할 길을 정확하게 말해준다.

이 여정이 곧 플롯이고, 여정을 흥미롭게 하는 요소는 갈등보다 오해와 엉뚱한 문답 놀이, 갑작스러운 변화다. 캐럴은 일상적인 사물을 캐릭터로 변화시키고 우리의 논리에 반하는 것을 자연법칙으로 삼았다. 장미가 목표를 이루기 위해서는 "다른 길로 걸어야 한다"라고 조언했듯이 말이다. 캐럴이 내러티브를 진행하는 방식은 갈등을 등장시키는 것이 아니라 (여러 의미로) 다른 방향을 택하는 것이다.

유사한 구조를 지닌 다른 판타지로는 에드워드 이거의 《반쪽 마법》이 있다. 소원을 절반만 들어주는 마법의 물건을 어떻게 제대로 쓸 수 있는지 깨우치는 여정에 관한 이야기다. 형제들이 자아를 발견하고 가족의 질서가 더욱 새롭고 만족스럽게 재구성되는 여정이기도 하다. 매 모험마다 저항적인 성인들의 세계와 반항적인 마법의 물건 사이에서 타협점을 찾아야 하는 상황이 벌어진다. 적도, 선악의 대결도, 비극적 운명도 없다. 싸우는 장면은 서정적인 캐서린과 랜슬롯 경이 맞붙으며 단 한 번 등장하는데, 이 또한 충돌이 발생하기보다 이들의 자존심 대결로 끝이 난다. 네 아이는 여정 내내 다투며 방법과 목표를 두고 의견 차이를 보일 때가 많지만, 이런 사소한 갈등이 작품의 주된 내용이 아니다. 정서적 메인스프링은 아이들의 소원이 어떻게 이뤄지는지 지켜보며 독자가 느끼는 즐거움이다. 이번에는 무엇이 잘못될까? 간신히 재앙을 피한 아이들이 무엇을 배우게 될까?

연결과 협력

다음으로, 다이애나 윈 존스는 좌절된 소망이라는 주제의 대가다. 그녀의 작품에서 어느 것을 골라도 상관없을 정도지만, 그중에서도 《마녀 주간Witch Week》(1982)이 좋은 예시가 될 것이다. 표면상으로는 희극적인 이야기지만 세상이 의심과 피해망상에 지배됐다는 현실적인 공포를 다루고 있다. 마녀들이 재판관에게 잡혀 화형당하는 시기, 그리고 보통의 기숙 학교와 조금도 다를 바 없어 보이는 학교가 배경이다. 6B 반의 누군가가 반 아이 중 한 명이 마녀라는 쪽지를 남겼고, 반에서 실제로 마법이 벌어지며 학생 중에 정말 마녀가 있다는 의심이 사실로 밝혀진다. 주인공인 6B 반의 소외된 아이들은 모면과 위장이라는 전략으로 위기를 헤쳐나간다. 마법과 화형의 위험이 있다는 점만 다를 뿐 학교생활을 사실적으로 그린 이야기라고 볼 수 있다.

엄격한 독자라면 이를 갈등 스토리라고 해석할 수도 있겠다. 명백히 악의적인 사건과 더불어 지나친 적대감이 책 속에 가득한 것은 사실이다. 마녀가 희생되는 이야기는 일종의 갈등으로 볼 수 있는데 이는 반유대주의 캠페인, 1950년대의 적색 공포(공산주의에 대한 공포-옮긴이)와 동성애 공포와 같이 실재했던 충돌을 연상시킨다. 한편 마녀에 관한 끔찍한 이야기들은 회상하거나 우연히 전해 듣는 식의 배경으로만 등장한다. 하지만 이 작품은 연결과 (강제된) 협력에 관한 스토리로 봐야 더욱 정확하다. 주요 캐릭터들은 각자의 강점으로 서로의 약점을 보완하며 함께 힘을 모으는 법을 배워야만 한다. 《마녀 주간》의 정서적 엔진은 마땅한 슬픔, 인기 없는 사람들과 인기 있는 사람들이 서로에게 느끼는 분노, 아이와 어른의 위선, 아이들이 자기도 몰랐던 힘을 깨닫는 모습, 결국 정의를 택하는 마지막 선택에서 비롯된다. 마지막의 두 동력은 많은 판타지 작품에서 찾아볼 수 있다. 캐릭터가 자신의 힘을 깨닫는 과정은 고전적인 판타지 서사로, (왕의 귀환을 상징하기도 하는) 정의의 회복은 《반지의 제왕》(1954), 르 귄의 《머나먼 바닷가》(1972) 등 셀 수 없이 많은 작품에 등장한 친숙한 소재다.

자기 이해와 수용

희생양과 속임수를 주제로 특히나 강렬한 판타지를 보여주는 프랜시스 하딩의 《걸스트럭 섬》은 서로의 다름이 얼마나 쉽게 폭력과 학대로 이어질 수 있는지를 보여준다. 하딩이 만든 가상의 섬에서는 여러 종족이 위태로운 휴전 상태를 유지하고 있다. 이는 곧 배신으로 무너지고 이내 대량 학살에 가까운 상황으로 치닫는다. 주인공들은 보복을 위해 폭력을 폭력으로 되갚을지 고민하지만 결국 화해라는 더욱 어려운 길을 택한다. 이 소설을 이끄는 힘이 갈등이라고 착각하기 쉽다. 물론 갈등이 존재하기는 하지만 이 소설 또한 자기 이해와 타인을 수용하는 태도를 더욱 중요한 방향성으로 삼는다. 이야기 내내 하딩은 삶에서 다툼과 배신이 다가 아니라는 점을 상기시키며 아름다움과 유머의 순간을 선사한다.

판타지의 핵심 주제: 정의로운 각본을 창조하기

아동 청소년 문학가 마레크 오지에비치$^{Marek\ Oziewicz}$는 "영어덜트 사변 소설 속 정의"라는 연구에서 정의를 향해 새로운 각본을 창조하는 것이 판타지의 핵심 주제이자 필수적인 기능이라고 밝혔다. 그가 말하는 '각본'이란 가해자와 피해자, 독재자와 반역자, 권력을 강탈한 자와 합법적으로 계승한 자, 이 외에도 불의를 포함한 모든 상호 작용 사이의 관계를 극화한 스토리를 의미한다. 훌륭한 각본이란 뇌리에 남을 정도로 인상적이야 하고, 세상에 비춰 비교할 수 있을 만큼 투명해야 하며, 복수같이 낡고도 파괴적인 각본의 대안을 제시할 수 있을 만큼 혁신적이어야 한다. 스토리텔링의 성공 도구로 갈등이 꼽히는 데 내가 불만을 갖는 이유도 어느 정도 이 때문이다. 갈등 그 자체는 건설적인 무언가를 하나도 제시하지 못한다. 전쟁에 평화가 따르듯 갈등은 해결과 짝을 이뤄야만 한다. 갈등과 해결이라는 한 쌍에서 더욱 의미 있는 반쪽은 해결이고, 그래야만 한다.

　《거울 나라의 앨리스》에서 시작된 이야기가 정의의 새로운 모델까지 번지다니 너무 멀리 나아가지 않았나 생각할 수도 있다. 하지만 이제 네 가지 사례, 혹은 세 가지 판타지 작품을 거쳤을 뿐이다. 더욱 중요한 점은 소설에서 갈등을 유일한 흥미 요소로 삼는다면 작가들은 계속해서 위험을 고조시켜야 한다는 점이다. 이런 맥락에서는 하딩의 소설에 등장하는 위험이 캐럴의 환상적인 판타지 속 위험보다 훨씬 클 것이 분명하다. 스토리에서의 갈등은 영화의 액션과 같다. 청중은 싫증을 느낀다. 더욱 폭력적인 싸움, 더욱 길어진 추격전, 더욱 큰 폭발을 바라기 시작하고 할리우드는 이에 기꺼이 부응한다. 하지만 액션이 스토리에서는 아무런 의미를 갖지 못하는 경우가 너무나 많다. 액션 장면에서는 등장인물이 무언가를 깨닫지도 않고 캐릭터에 대한 사실이 드러나지도 않으며 그 어떤 것도 앞으로 나아가지 않는다. 물론 예외는 있다. 액션도 그 자체로 미학적일 수 있다. 영화 〈연인〉(2004)에서 배우 장쯔이가 매혹적으로 소매를 흩날리며 결투를 벌이던 장면처럼 말이다. 그러나 영화에는 정해진 분량이 있다. 무언가를 폭파하는 데 시간을 들인다면 애틋한 감정이나 숙고, 후회를 보여줄 시간은 줄어든다.

다시 판타지에 등장하는 갈등으로 돌아가 보겠다. 물론 《반지의 제왕》이나 〈얼음과 불의 노래〉 시리즈, 심지어 르 귄의 《머나먼 바닷가》에도 갈등이 등장한다. 세계 환상 문학상을 수상한 G. 윌로우 윌슨Willow Wilson의 《보이지 않는 자 알리프Alif the Unseen》(2012)는 인간과 진, 종교 강경파와 개혁파, 석유로 부자가 된 중동인들과 동남아 하인들, 현대적인 서구 과학 기술과 전통적인 아랍의 세계관 사이의 여러 갈등을 다룬다. 걸프만에 위치한 무명의 한 에미리트 영토가 배경이다 보니 갈등은 그리 어렵지 않게 찾을 수 있다. 여기서 윌슨의 과제는 갈등을 넘어 보다 건설적인 방향으로 향하는 일, 어쩌면 오지에비치가 말한 '정의를 향한 새로운 각본'을 탄생시키는 일이었다.

　이 과제를 해결하기 위해 첫 번째로 알리프가 사는 도시를 싸움터 이상의 공간으로 표현할 방법을 찾아야 했다. 그곳은 사람들이 사회적, 낭만적, 기술적으로 연결될 방법을 찾는 하나의 커뮤니티이기도 했다. 처음 알리프는 스스로를 고독한 전사, 불의에 맞서는 기사, 인터넷 해커로 여겼지만 다양한 관계에서 도움을 받아 생존하고 승리를 쟁취할 수 있었다. 어떤 이들은 내러티브의 흥미를 갈등에서 찾을 수도 있다. 하지만 동맹을 만들고, 뜻밖의 자원을 발견하고, 한 사람이 자기 자신과 환경을 다시 깨달아가는 과정에서도 이를 찾을 수 있다고 말하고 싶다. 나는 갈등보다는 발견을, 적대보다는 경이로움을 정서적 메인스프링으로 삼으며 흥미를 느끼는 사람이다. 내가 SF 소설과 판타지를 읽는 이유도 이 때문이다.

불협화음이라는 메타포

앞서 나는 갈등이 스토리가 어떻게 기능하는지를 설명하는 개념으로 오해받는 경우가 많지만 사실 그보다는 하나의 메타포로 봐야 한다고 말했다. 조지 레이코프와 마크 존슨은 어떤 메타포를 선택하는가가 중요하다는 점을 보여줬다. 우리는 메타포로 사고하고, 메타포를 따라 살아간다. "논쟁은 전쟁이다"라는 말은 레이코프와 존슨이 언급한 메타포 중 하나로, 두 사람은 "논쟁을 전쟁으로 보지 않는 문화를, 이기거나 지는 사람이 없고 공격이나 방어, 이득이나 손실 같은 개념이 없는 문화를 상상해 보라"라고 제안했다.[2008, p. 5] 어떻게 그럴 수 있을까? "논쟁을 춤으로, 참가자를 공연자로 보고 미학적으로 아름답고 균형 잡힌 논쟁을 펼치는 것이 목표인 문화를 떠올리면 된다." 메타포의 변화가 행동의 변화로 이어질 수 있고, 메타포로 정제하고 내면화한 스토리와 각본을 우리가 몸소 실연할 수 있다는 의미다.

      소설에서 긴장감을 일으키는 모든 요소를 춤의 관점에서 볼 수 있을지는 모르겠다. 하지만 우리가 시도해 볼 수 있는 다른 메타포가 몇 가지 있다. 불협화음이라는 음악적 메타포는 어떨까? 그런데 사실 인지 부조화라는 내면의 갈등을 가리키는 데 불협화음이라는 메타포는 이미 사용되고 있다. 우리는 메타포를 사용한다는 사실을 잊고는 한다. 두뇌의 활동은 싸움과 음악과는 관련이 없기 때문이다. 음악과 춤이라는 두 가지 예술 중 내게는 음악과 관련한 비유가 좀 더 설득력 있게 느껴지는데 이는 아마도 내가 음악가이기 때문일 것이다. 영화 제작자 다니엘 멜닉Daniel Melnick은 니체뿐만 아니라 드뷔시나 스트라빈스키 등 문학에 영향을 미친 혁신적인 음악가들까지 거슬러 올라가 불협화음이 모더니즘 소설의 미학에서 중요한 메타포로 작용한다는 사실을 밝혔다. 불협화음이라는 메타포는 소설을 경험하는 데 대단한 통찰력을 제공한다. 불협화음은 화음이 부재하거나 어긋날지라도 암묵적으로는 여전히 내재돼 있음을 의미하는데, 이는 조성이 없는 무조성은 불협화음조차 일으키지 못하기 때문이다. 또한 불협화음은 일시적이다. 모차르트 현악 4중주의 하나인

〈불협화음〉은 귀에 거슬리는 음악적 '오류'로 서주를 진행하지만 시간이 지날수록 이런 어긋남은 새롭고도 복잡한 질서에 녹아든다. 한 세대의 불협화음이 다음 세대에게는 협화음일 수 있다. 사분음이나 단이도, 증사도 등이 어떤 문화권에서는 화성적으로 허용될지 몰라도 다른 문화권에서는 기피될 수 있다.

《보이지 않는 자 알리프》에는 불협화음이 여러 번 등장하는데, 자신이 믿지 않는 것들은 보지 못하는 캐릭터들로 인해 빚어지는 경우가 많다. 알리프는 자신을 지탱하는 공동체의 관계망을, 특히나 모친과 다른 어머니들이 자신을 위해 하는 일들을 보지 못한다. 에미르의 요원에 의해 감금돼 모든 것을 잃었다고 생각한 그는 "의례성을 띤 세계를 여성스럽다고 치부했지만, 그것이야말로 문명이었다"라고 깨닫는다. 또 다른 캐릭터로 '개종자'라는 명칭으로만 등장하는 미국인이 있다. 작가인 윌슨이 풍자적으로 일부분 투영된 그녀는 자신의 세계관에 반하는 실제 마법을 마주한 후 나른한 졸음 속으로 도피한다.

> 알리프는 개종자를 바라봤다. 눈의 초점이 흐려진 그녀는 깜빡 졸다 깨어난 사람처럼 몸이 앞뒤로 흔들렸다.
> "그 여자는 미국인이에요." 비크람이 해명하듯 말했다.

"아." 여성은 개종자를 안타깝게 바라봤다. "정신이 반쯤은 나가있네요. 여기서 무슨 일이 있었는지 기억하지 못할 것 같아요."

개종자와 알리프는 그들 자신이 인지적으로 부정해 왔던 것들을 넘어서서 새로운 지적 모델을 형성하고, 기존에는 인식하지 못했던 것들에서 아름다움을 발견한다. 중재하거나 끝까지 싸울 수밖에 없는 갈등과 달리 불협화음에는 대응할 수 있는 방법이 많다. 메타포로서 불협화음이 지닌 강점이다. 음 자체를 바꿀 수도 있고, 음을 조정해 새로운 화음의 시작을 만들 수도 있다. 듣는 이는 좀 더 미묘해진 화음을 듣는 방법을 깨우칠 수 있다. 서로 충돌하는 조성이 화음 구조에서 어우러지며 조성마다 나름의 의미를 발휘하는 다조성처럼 말이다. 《보이지 않는 자 알리프》의 결말은 다조성의 성격을 띤다.

마찰이라는 메타포

우리가 시도할 수 있는 두 번째 메타포는 마찰이다. 많은 평론가가 언급하는 메타포인데, 상투적인 대중 로맨스물에서 사랑을 방해하는 걸림돌로 특히나 적절하다. 남성 간의 로맨스 분야에서 유명한 한 작가는 자신의 웹사이트에 마찰은 움직임을 방해할 뿐 아니라 열을 발생시킨다고 (성행위를 강하게 암시하는 뉘앙스로) 전했다. "갈등에 집착하면 단조롭고 어리석은 선택을 하게 된다"라고 전하며 그에 반해 마찰은 어떻게 다른지 차이를 명확하게 설명했다.

> 소설에서 마찰은 친밀한 육체적 행위로서의 마찰과 완벽히 같은 역할을 한다. 상호 작용하는 과정에서 대상 간의 역동성이 계속해서 변화하듯이, 거칠고, 부드럽고, 빠르고, 느리고, 무자비하고, 필요에 따라 조심스럽지만… 결코 멈추지는 않는다는 점에서 그렇다. [스웨이드Suede, 2010]

마찰은 근접성, 움직임, 압력, 저항, 변화를 의미한다. 갈등과 달리 마찰은 이겨낼 수 없지만, 어떤 요소를 조정하거나, 윤활제를 사용할 수 있고, 혹은 표면이 깎여 마찰 자체가 줄어들게 할 수 있다. 마찰은 또한 견인력, 즉 스토리에 추진력을 더하는 힘을 의미하기도 한다.

《보이지 않는 자 알리프》를 다시 살펴보자. 마찰의 요인에는 서로 엇갈린 욕망과 (언어 간의, 그리고 담화 공동체 간의) 오해, 다양한 형태의 불의가 있다. 알리프는 귀족 인티사르를 원하지만, 그녀는 알리프가 아닌 다른 것들을 갈구한다. 어린 시절 친구인 디나는 알리프의 애정을 갈망하지만 그는 그녀의 욕망을 알아차리지 못한다.

이 작품에는 여러 형태의 사회적, 정서적, 정치적 마찰이 등장하지만 여기서는 기호학적 마찰, 즉 서로 다른 의미가 마찰하며 복잡성과 내러티브적인 열기를 만드는 과정에 초점을 맞추고자 한다. 소설의 플롯은 한 책을 중심으로 전개된다. 《천일야화》의 속편이지만 사람이 아닌 진이 작성했는데, 이는 번역본의 번역본이었다.

> 그 존재가 사용했던 무성 언어는 먼저 페르시아어로 번역됐고… 그런 뒤 페르시아어에서 아랍어로, 레자가 교육받은 언어로 번역돼 수학적이고 효율적으로 그 존재의 이야기가 전해졌다.

아랍어판은 분실됐고 프랑수아 P. 드 라 크루아^{François P. de la Croix}가 편역했다고 알려진 프랑스어 번역본을 통해서만 해당 텍스트가 세상에 알려졌다.

이 작품에서 가장 흥미로운 대화는 쿠란 같은 안정적인 텍스트마저도 그 의미가 달라질 수 있다는 점과 그것이 어떻게 달라지고 확장되는지에 대해 논하는 장면이다. 진인 비크람은 이렇게 말한다. "어떤 번역이든 전부 지어낸 거야. 언어가 다른 데는 이유가 있는 법이지. 무언가를 잃어버리지 않고 한 언어의 개념을 다른 언어로 옮길 수는 없어." 또한 쿠란이 기록될 당시 '원자atom'의 의미가 현재와 다름에도 "원자"로 번역된 단어에 대해서도 지적했다.

20세기에 들어서야 원자가 본래의 의미를 가리키게 됐어. 인간이 아는 가장 작은 물질이 원자였으니까. 내일은 어쩌면 그것이 쿼크가 될지도 모르지. 100년 후에는 존재하는지도 모를 정도로 작은 무언가의 이름을, 인간에게는 너무도 낯선 그 작은 물질의 이름을 기억하는 사람은 아담 밖에 없을지도 몰라. 다만 그 모든 단어가 가리키는 것이 هٰذا일 거야.

이런 언어적 문제를 갈등이 아닌 마찰로 볼 때 우리는 다양한 언어로 인해 텍스트의 예측이 더욱 어려워지고 의미는 더욱 확장될 수 있다고 깨닫는다. 알리프가 컴퓨터 프로그래머인 것은 결코 우연이 아니다. 이 스토리는 부호화와 메타포, 다의적인 상징으로 가득하다. 모두 위험한 것들이다. 소설 초반에 다니는 알리프가 빌려준 필립 풀먼의 《황금나침반》을 읽은 후 여기에 등장하는 메타포에 이의를 표한다. "무언가를 잘못된 명칭으로 그럴듯하게 부르는 방식"일 뿐이라고 말이다. 그러나 이와 동시에 메타포는 (그리고 메타포의 사촌이자 보다 긴 형식인 판타지는) 복잡하고 기만적이며 꺼림칙한 현실을 표현하는 유일한 방법일지도 모른다. 소설 속 현명한 종교 지도자는 이렇게 말한다. "인간의 상상력이 잔인함을 떠올리는 정도만큼이라도 환상을 떠올릴 수만 있다면 눈에 보이는 세계와 보이지 않는 세계 모두 크게 달라질 것이다."

엄폐라는 메타포

지금까지는 이미 존재하는 메타포를 활용했지만 이제는 새로운 메타포를 직접 만들어보고 싶다. 목적지보다 여정이 중요할 때가 있는 만큼 내가 새로운 메타포에 이르게 된 과정도 설명하고자 한다.

최근에 강의 자료로 퍼트리샤 매킬립의 《본 평원의 음유 시인들》을 다시 읽고 매킬립의 판타지 세계에 관한 중요한 사실을 마침내 깨달았다. 그녀는 갈등을 대단히 영리하고도 예기치 못하게 활용할 줄 아는 작가 중 한 명이다. 셰이프 시프터와 육지에 머무는 인간 사이의 오랜 분쟁을 그린 〈리들마스터Riddlemaster〉 3부작에서도 그 능력이 잘 드러난다. 다만 르 귄의 표현을 빌려 말하자면, 매킬립에게는 불가사의한 "다른 무언가"가 있다.

그녀의 소설에서는 무엇도 보이는 그대로 믿을 수 없다. 적과 친구의 정체성이 순식간에 뒤바뀌기도 한다. 불협화음도 등장한다. 모르곤 왕자는 자신이 배우거나 만들어낸 범주에 속하지 않는 존재를 만날 때마다 자신의 세계관을 수정해야 한다. 적대하던 상대와 자기 자신 모두에게 선악이 공존한다는 사실을 깨달으며 선한 사람과 악한 사람에 대한 그의 기준이 무너져 내리는 부분은 가히 놀랍다. 매킬립의 많은 작품과 마찬가지로 이 작품에서 음악이 플롯의 중요한 역할을 차지하는 만큼 문자 그대로의 불협화음이 등장한다. 마찰은 작품 속 대화에서 눈에 띄게 드러나는데, 캐릭터 간의 대화는 답답할 정도로 우회적이다. 이들은 마음에 없는 이야기를 한다. 진심은 하지 않은 말 속에 담겨있다. 의도는 환경과 충돌하고, 좌절은 사포질하듯 캐릭터들을 연마한다.

하지만 내러티브의 몰입도를 높이는 매킬립만의 특별한 방식은 다른 것보다도 갈등이다. 《본 평원의 음유 시인들》을 읽고 내가 가장 먼저 떠올린 메타포는 흐릿함blur이었다. 처음 이 작품을 읽을 때 독자는 초반의 기대와 어긋나는 전개, 이후 이어지는 장면들에 대한 잘못된 해석 때문에 혼란에 빠지거나 오해하게 된다. "유리를 통해, 희미하게" 들여다보다가 나중에야 실체를 명확히 파악할 수 있다. 하지만 이 작품을 더욱 주의 깊게 읽다 보면 단 한 번도 흐릿했던 적이 없다는 사실을 알게 된다. 독자와 캐릭터가 미처 이해하지 못했을 뿐, 언어는 시종일관 선명하고 정확하며 내러티브는 지금 무슨 일이 벌어지고 있는지를 분명하게 전달한다.

레이코프와 존슨이 말한 근원 영역이 이 작품에서는 시각이라고 생각했던 나는 이내 더욱 적절한 메타포를 발견했다. 바로 엄폐다. 이는 설명이 꼭 필요한 용어다. 메리엄 웹스터 사전에는 엄폐의 정의로 '눈에 보이지 않게 숨겨진 상태 또는 알아차릴 수 없는 상태'가 가장 먼저 등장한다. 두 번째로는 '천체의 빛 또는 우주선의 신호가 다른 천체에 의해 가려지는 현상으로, 특히나 달에 의해 별이나 행성이 가려지는 일'이라는 설명이 나온다. 현재 비은유적인 의미로 천문학계에서 가장 많이 쓰이지만 은유적으로 확장될 때는 '무언가를 숨기는 행위'라는 본래의 의미를 지닌다.

엄폐는 주로 '어떤 것으로 가려진다'는 의미로 쓰인다. 매킬립의 기술이 바로 이렇다. 명확히 제시된 단서가 관찰자와 관찰 대상 사이에 있는 무언가로 가려진다. 무엇을 숨긴다는 개념은 에드거 앨런 포의 〈도둑맞은 편지〉를 떠올리게 한다. 여기서 진실은 눈에 훤히 보이는 곳에 있지만 자신을 위장한 채 존재한다. 또는 자크 라캉Jacques Lacan의 설명처럼 원래의 편지를 뒤집어 다른 이름을 적은 덕분에 다른 버전이 됐고, 발신인, 수신인, 의미, 용도까지 전부 달라졌지만 실체는 조금도 달라지지 않았다.[1972] 매킬립 작품에서는 켈다라는 캐릭터가 바로 이런 엄폐를 행한다. 그는 마법의 음유 시인이지만 덜 뛰어나고 덜 인상적인 모습으로 위장한다.

무언가가 숨겨지는 일에는 사실 어떤 의도가 있는 경우보다 캐릭터와 독자의 생각 습관으로 오해가 생긴 경우가 더욱 많다. 어떤 것들을 보게 되리라는 우리의 기대는 눈앞의 실제 대상이 우리에게 보내는 '신호를 방해' 한다. 예컨대 《본 평원의 음유 시인들》에서 플롯의 핵심이 되는 한 가지는 거대한 돌기둥들이 등장하는 장면이다. 첫 페이지의 세 번째 문장에서 이 돌들을 만날 수 있다.

> 물살에 측면이 매끄럽게 깎여 나간 거대한 선돌들은 강의 양쪽에 마구잡이로 흩어져 있어 달이 이지러지는 밤이면 어떤 이들은 돌들이 쉬지 않고 움직인다고 말할 정도였다.

하지만 우리는 이미 제일 첫 문장 "필런은 강의 끝자락에서 아버지를 발견했다"에서 미처 의식하지 못한 사이 이곳의 돌 중 하나를 마주쳤다. 매킬립의 화자는 중요한 정보를 제시한 뒤에 앞서 인용한 "어떤 이들은", "돌에 관해 전해지는 한 이야기" 같은 문구로 그 정보를 숨긴다. 이 돌 중 하나가 필런의 아버지 요나일 때도 있다.

훤히 보이는 곳에 진실이 제시되는 장면이 다시 한 번 등장한다. "닳아버린 벽이 물과 땅으로 허물어지며 생긴 잔해 더미 뒤편에서" 선돌에 관해 전해지는 또 다른 이야기가 "비틀대며 흘러나왔다"라는 화자의 설명 이후, 노래가 흘러나온다. 숨은 목소리가 부르는, 오래전부터 이어져 온 수수께끼 같은 노래다.

그들이 전쟁터로 갔을 때 나도 그곳에 있었다.

베크의 돌들, 타란의 돌들,

스털의 용맹한 돌들.

그들이 분노하고 포효하는 모습을 지켜봤다. 나는 그 이야기를 전하기 위해 살아남았다.

나는 누구인가?

숨은 목소리는 요나의 것이었고, 이로써 필런은 신비한 비밀에 대해 단서를 얻은 셈이었다. 다만 필런은 자신이 이미 모든 답을 알고 있다고 생각했다. 아버지 요나가 또 술에 취했다고 여긴 필런은 그가 돌의 일부라고는 생각지 못했다. 그가 단순히 돌무더기 뒤에 숨어있었으며, 수수께끼 노래에 등장하는 돌은 다른 무언가, 이를테면 다른 갈등을 의미한다고 생각했다.

하지만 이런 상식적인 가정을 거부하면 요나가 어떤 인물이고, 지금 무슨 일이 벌어지고 있는지에 대해 완전히 다른 이야기를 마주하게 된다. 이 스토리를 다시 한 번 읽을 때 독자는 일반적인 생각에서 벗어난 채로 받아들이게 될 것이다. 이야기는 이렇게 이어진다.

아버지의 목소리가 아니었다면 필런은 안개 속에 홀로 있었을 테고 세상은 처음부터 다시 시작됐을 것이다.

"거기 누구요?"

"누구면요."

돌무더기에 대고 말하자 그곳에서 나지막한 웃음소리가 터져 나왔다.

독자도 필런도 아직 알 준비가 되지 않은 중요한 정보들이 등장했다. 필런은 안개 속에 혼자 있었지만 혼자가 아니기도 했다. 작중에서는 '날의 순환'이라는 주기에 따라 세상이 계속해서 새로 시작된다. 요나는 인간이자 돌이었다.

'본 평원의 세 가지 시험'이라는 전설 속 테스트를 포함해 스토리의 여러 핵심 요소는 이처럼 훤히 드러난 곳에 숨어있었다. 이 세 가지 시험은 '회전하는 탑', '마르지 않는 솥', '신탁의 돌'이라는 이름으로 알려져 있다. 회전하는 탑은 시인을 양성하는 학교의 폐허가 된 탑에 숨어있었다. 마르지 않는 솥은 필런과 학생들이 먹는 음식에 쓰는 조리 도구들 사이에 있었다. 도시 곳곳에 새겨진 고대 룬 문자를 아무도 읽을 줄 모르는 탓에 신탁의 돌은 침묵하고 있었다. 자신을 둘러싼 곳곳에 본 평원이 자리한다는 사실을 아무도 이해하는 사람이 없었다. 학생 시인들에게 역사를 가르치던 필런은 당시 자신도 미처 깨닫지 못했던 사실을 전한다.

"뮤즈는 주변 어디에나 있습니다…. 태양, 바람, 땅, 물, 돌, 나무. 모든 것이 시인의 언어를, 시의 언어를 말합니다."

자신이 전한 가르침을 스스로도 이해하지 못한 채 그는 이렇게 설명한다. "알다시피 돌은 말을 하지 않습니다. 스튜가 끊임없이 나오는 솥도 세상에 없죠. 시에서만 가능한 일입니다." 그는 자신이 사는 세상이 곧 시라는 것을 깨닫지 못했다. 그가 배운 노래와 평원의 돌 들에, 불멸하는 시인의 아들이라는 자신의 유산과 돈을 벌기 위해 매일같이 하는 일에, 학생과 스승이라는 공동체에 활기를 불어넣는 매일의 일과에 시가 숨어있다는 사실을 알지 못했다.

매킬럽이 다루는 가장 마법 같은 트릭은 이미지와 대상을 일상적인 동시에 환상적으로 만드는 것이고, 그녀가 주요하게 활용하는 기법은 엄폐다. 여기서 엄폐는 초자연적인 무언가, 즉 비밀의 지식을 숨긴다는 의미도 된다. 그녀는 여러 가지 확장된 메타포를 활용해 비밀의 지식이 무엇인지, 어떤 모습으로 위장하고 있는지를 보여준다. 돌, 음유 시인의 노래, (요나이기도 한) 시인 네언과 데클런에 대한 전설로 말이다. 불가사의한 동시에 일상에서 보기 쉬운 룬 문자도 마찬가지다. 이 문자들은 거대한 돌기둥뿐만 아니라 보존 식품을 보관하는 병의 입구나 빵에도 새겨져 있으며 어머니들 사이에서 구전돼 온 설화의 일부로 등장하기도 한다. 요나/네언이 데클런에게 묻는다. "지금은 아무도 이해하지 못하는 낙서 같은 문자로 '물'을 쓰는 법을 가르치는 이유가 뭔가요?" 그에 대한 답은 이랬다. "이것은 그저 '물'이라는 글자일 뿐이지만 이면을 들여다보면 완전히 다른 무언가가 있단다." 엄폐를 훌륭하게 나타낸 정의다. 매킬립은 이를 충실히 따르며 엄폐를 활용한다.

이는 사람들에게도 적용된다. 요나는 데클런이 자신에게 무엇을 가르치려고 하는지 언젠가 이해할 수 있다는 희망을 버렸지만, 사실 모든 가르침은 이미 요나 앞에 펼쳐져 있었다. "(요나는) 침묵을 지킨 채 데클런이 하지 않은 말들과 그의 말에 숨은 의미를 짐작해 보려고 노력했다. 하지만 포기하고 말았다. 시인의 말은 너무도 미묘했고, 그것을 이해하기에 요나는 너무도 무지했으며…." 그러나 진짜 문제는 데클런의 미묘함이나 요나의 무지함이 아니라 데클런이 직설적으로 말할 때도 그 안에 미묘한 의미가 숨어있다고 생각하는 요나의 태도다. 음악이 곧 마법이었고, 요나는 마법사이자 마법사가 돼야 하는 운명이었으나, 스스로를 잘못 인지하고 있었기에 내제된 힘을 인식하지도 발휘하지도 못했다. 힘뿐만 아니라 사랑과 갈등도 마찬가지였다. 요나는 협력자를 적으로 오해했고, 그 탓에 불신으로 저주를 받았던 성서 속의 요나, 즉 불행을 가져오는 사람이 됐다. 자신과 지역에 해가 될 것이라는 생각에 살해하려 했던 시인 웰킨도 사실 협력자였다.

책의 클라이맥스인 두 번째 음유 시인 대회에서 웰킨은 스스로를 켈다라는 이름으로 소개하며 다시 등장한다. 요나는 이번에도 그에게서 위협을 느낀다. 하지만 시인들의 결투는 어느새 켈다와 요나, 필런과 필런의 친구 조이의 합주곡으로 변한다. 누군가 이렇게 말한다. "지금껏 나는 조이와 연주하는 사람이 켈다인 줄 알았어. 아무것도 제대로 보지 못했던 거야. 네 아버지의 연주를 한 번도 들어본 적이 없었거든."

다음은 켈다의 이야기다.

"그가 다시 웰킨으로 돌아와 아버지에게 연주하는 법을 일깨워 준

거야. 그러고는 저 모습으로 되돌아갔어."

그가 땅에서 솟구치는 바위를 가리켰다.

이들은 돌이기도 한 남성을 상대로 싸움을 벌일 것이 아니라 웰킨, 켈다라는 이름이 각각 하늘 또는 구름, 샘을 의미한다는 사실을 진작 깨달아야 했다. 적인 줄 알았던 사람이 사실은 그 땅의 화신이자 날의 순환 동안 이동하는 땅의 움직임 그 자체였다. 웰킨/켈다가 적이라면 우리는 앞의 장면을 인간과 자연의 갈등으로 분석할 수 있다. 하지만 이미 말했듯 자연은 싸움의 대상이 아니다. 우리가 엄폐하기 때문에, 자연 앞에 인간이라는 적을 세워 자연이 보이지 않도록 눈을 가리기 때문에 그렇게 생각할 뿐이다.

메타포로 무엇을 할 수 있는가

스토리는 미적 대상이자 시뮬레이션 게임이다. 아직 일어나지 않은 일을 예행하고 이미 벌어진 일을 해석하는 방식이다. 차이나 미에빌은 환상적인 이야기를 가리켜 "좋은 생각거리"라고 말했는데[2002, p. 46], 이는 대부분의 스토리에 해당하는 말이다. 두뇌가 소설을 이해하는 방식에 관한 최근 연구는 문학의 이런 가치에 더욱 힘을 실어준다. 영문학 박사 패트릭 호건Patrick Hogan의 말처럼 말이다.

> 문학과 예술에 관한 인지 과학의 기본 원칙 중 하나는 인간의 두뇌가 문학이든 삶이든 이를 처리하기 위해 동일한 구조와 과정을 활용한다는 것이다. 신경 인지의 구조는 동일하다.[2013, p. 3]

시뮬레이션은 우리가 타인의 행동을 예측, 해석, 평가하는 데 필요한 기본적인 구조를 찾을 수 있게 도와주는 일종의 모델링 과정이다. 따라서 내러티브에 흥미를 더하는 다양한 메타포 또한 모델이 되는 셈이다. 갈등 모델은 캐릭터들이 서로 혹은 외부 세력과 맞서게 함으로써 정서적 반응을 일으킬 뿐 아니라 우리가 캐릭터를 이해하는 계기를 마련한다. 또한 미학적 기법으로 갈등이 활용될 때 우리는 허구상이든 아니든 모든 상호 작용의 근거를 갈등에서 찾게 된다. 모델은 각본이기도 하다.

그렇다면 지금까지 말한 메타포들은 모델로서 무엇을 제공할 수 있는가? 이 메타포를 통해 우리는 텍스트로 무엇을 할 수 있는가? 불협화음이라는 메타포를 찾는다는 것은 결국 그것이 불협화음이라고 판단할 만한 근거가 되는 화음의 구조를 밝힌다는 의미다. 또한 불협화음을 더욱 새롭고 복잡한 형태의 화음으로 통합하는 과정이 시작될 수도 있다. 이 과정에서 우리는 등장인물들을 적이 아니라 협력자로 바라보게 된다. 《본 평원의 음유 시인들》 속 하프 연주자들이 승패에 대한 생각을 버리자 서로를 협력자로 인식하기 시작했듯이 말이다. 또한 교향곡을 접할 때처럼 스토리에 접근하게 된다. 개개인의 선택을 음악적 모티프의 변주로, 서로 다른 기질을 서로 다른 악기의 음색으로 이해하는 식이다. 오보에는 하프나 비올라와 매우 다른 음색으로 표현될 것이다. 우리는 갈등과 불협화음 모두 해결할 수 있다고 말하지만 결국 이 둘이 해결되는 방식은 본질적으로 아주 다르다.

마찰은 질감과 움직임에 관한 메타포다. 아기 고양이를 쓰다듬을 때와 빙판 위를 미끄러질 때 모두 마찰이 일어나지만 이 둘은 대단히 다른 경험이다. 마찰의 관점에서 생각한다는 것은 시각과 청각 외의 감각을 활용한다는 뜻이다. 멀리서 감지하기 때문에 대상과 거리감을 유지하는 이 감각들과 달리 마찰은 독자를 접촉과 열, 통증의 세계로 초대한다. 고무 타는 냄새와 모래의 맛, 현기증이나 흥분을 불러일으키는데, 모두 독자에게 높은 수준의 동일시를 유도하는 효과다.

　　의도와 의미를 해석한다는 측면에서 마찰 모델은 갈등과는 다른 방식의 관계성을 보여준다. 마찰에는 상호 작용이 필요하다. 혼자인 캐릭터가 마찰을 일으키려면 환경이나 기억, 차단된 욕망 등 무언가와 접촉해야 한다. 또한 마찰의 반대는 비마찰이 아니라 정지다. 그러므로 잘못된 방식으로 마찰이 일어났을 때 이를 바로잡기 위해서는 올바르게 마찰할 수 있는 방식을 찾아야 한다. 《보이지 않는 자 알리프》의 세계에서 계급 간, 종교적 체계 간, 개념적 질서 간에 마찰이 사라지는 일은 없을 것이다. 인간이든 진이든 갑자기 유리처럼 매끄러운 기질로 바뀌는 일은 없을 것이다. 그렇게 되면 상황을 앞으로 끌고 나갈 견인력이 사라지므로 스토리가 존재할 수 없다.

　　마지막으로 엄폐는 플롯을 전개하고 등장인물 앞에 걸림돌을 놓을 뿐 아니라 이 사실을 숨김으로써 의미를 만들어낸다. 무언가가 드러나려면 오래된 오해를 새로운 인지적 구조에 통합할 방법을 찾아야 한다. 이때 중요한 것은 엄폐가 이중이 아니라 삼중의 과정이라는 점이다. 무언가를 엄폐하려면 숨기는 대상과 숨겨지는 대상, 관찰자가 필요하다. 한 군데라도 구성이 달라지면 엄폐가 아니다. 태양과 달이 지구를 기준으로 일직선상에 위치하지 않는다면 일식은 일어나지 않을 것이다. 초기 천문학자들이 태양, 달, 지구가 합쳐진 모습을 보고 무언가를 깨달을 수도 없었을 것이다. 엄폐는 세 가지 대상 모두에 관해 새로운 관측 자료를 발견할 수 있도록 중요한 기회를 제공한다.

이렇듯 둘 이상의 대상이 관계한 상태는 찰스 샌더스 퍼스의 기호학 체계를 연상시킨다. 퍼스는 기호와 그 대상에 제3의 무언가, 즉 그가 '해석체interpretant'라고 말한 개념이 더해질 때만 의미가 탄생한다고 봤다. 퍼스의 설명은 그 자체가 해석체가 필요할 정도로 모호하기에 인용을 더한다.

> 퍼스의 설명에서 가장 혁신적이고도 독특한 개념인 해석체는 우리가 아는 기호/대상 관계로 이해하는 것이 가장 좋다. 퍼스에게 해석체가 중요한 이유는 의미란 기호와 대상이라는 단순한 이원적 관계에서 발생하지 않기 때문이다. 즉 기호는 해석될 때만 의미를 지닌다는 뜻이다. [앳킨Atkin, 2006]

내가 말한 내러티브의 삼원론과 퍼스의 기호학 삼원론을 동일시할 마음은 없다. 하지만 지식이 관계적으로 작용하는 매킬립의 판타지를 이해하는 데 맥락과 관찰자가 중요하다는 그의 생각이 유효하다고 믿는다.

    비단 매킬립의 작품에만 해당되지는 않는다. 내가 지금껏 언급한 작품들에도 이와 유사하게 엄폐와 노출이 담겨있다. 캐럴과 이거, 존스, 하딩, 윌슨의 작품으로 돌아가 이들이 매킬립의 소설에서와 같은 인지적 장벽을 어떻게 설정했는지, 장벽들로 인해 새로운 행동 궤적과 이해가 어떻게 탄생했는지를 각각 설명할 수도 있다. 이 모든 사례에서 엄폐는 캐릭터의 삶을 복잡하게 만들고 내러티브에서 흥미를 유발할 뿐 아니라, 무언가를 숨김으로써 더욱 신비롭고 의미심장하게 만들었다. 다만 계속해서 다른 텍스트의 사례를 들기보다 앞에서 언급한 특히나 극적인 엄폐, 즉 일식 이야기로 돌아가 이 이야기를 마무리하고자 한다.

    몇 년 전, 운 좋게 개기 일식을 볼 수 있었다. 예상보다 훨씬 더 강렬한 경험이었다. 달이 태양을 완전히 가리던 순간 두 가지 사실을 깨달았다. 하나는 지금 보고 있는 것이 단순히 두 개의 원으로 이뤄진 평면적인 이미지가 아니라 우주를 가로질러 움직이는 3차원의 거대한 물체이며, 태양과 달과 내가 서있는 지구 사이에 강력한 인력이 작용하고 있다는 사실이다. 그것은 하나의 거대한 춤이었다. 레이코프와 존슨의 메타포를 역으로 적용하자면 태양과 달의 논쟁을 보고 있는 셈이었다. 두 번째 깨달음은 태양이 숨자 찾아왔다. 눈부신 태양의 마지막 빛의 조각이 달 뒤편으로 숨자 광환이 모습을 드러냈다. 이미 사진으로 본 적 있어 광환이 어떤 모습인지 잘 안다고 생각했지만 사진과는 완전히 달랐다. 북극광처럼 섬뜩했고 완벽하지 않은 대칭에서 기품이 느껴졌으며 어찌나 거대한지 하늘을 가득 채웠다.

따라서 엄폐는 발견이기도 하다. 천문학에서는 엄폐로 멀리 떨어진 별과 혜성에 대해 새로운 지식을 얻을 수 있었다. 소설에서는 엄폐로 일상적인 사물에 담긴 비밀이 드러나고 평범한 등장인물이 고대의 강력하고도 때로는 비극적인 인물로 변신한다. 그저 숨어있던 것이 드러나는 문제가 아니다. 그것을 중간에서 가리고 있던, 이를테면 상식이나 습득한 지식, 개인의 세계관 같은 것도 변화한다. 엄폐의 관점에서 글을 읽는다는 것은 단순한 무언가가 지닌 이중성과 깊이를 인식하는 행위다.

매킬립이 룬 문자의 단어로 빵과 나무를 택한 것은 우연이 아니다. "나는 환상 이야기에서 처음으로 돌과 철, 나무와 풀, 집과 불, 빵과 와인 같은 사물에 깃든 불가사의함과 그 단어에 담긴 놀라운 힘을 깨달았다"라는 톨킨의 말과도 맥락을 같이한다.[1964, p. 59] 사물들이 우리가 이해할 수 없는 방식으로 신비롭고 비밀스러우며 진실하다는 사실을 이해해야 비로소 볼 수 있다. 그렇다면 갈등 모델도 이런 통찰력을 제공할까?

　　우리가 어떤 모델을 선택하는지에 따라 책을 덮고 새롭게 다가오는 세상을 바라볼 때 그 소설로 무엇을 할 수 있을지가 결정된다. 앞서 소설에 동력을 제공하는 엔진과도 같은 메타포 세 가지를 소개했다. 그중 무엇에도 공감할 수 없었다 해도 세상에는 또 다른 메타포들이 있다. 레이코프와 존슨의 제안처럼 논쟁이 하나의 춤이라면 스토리는 비틀대거나 잘못 내디딘 발걸음들을 탐험하는 일이라고 볼 수 있다. 전자 장치에 대한 메타포라면 혼선이나 잡음이 될 수 있다. 조각품의 메타포라면 거칠함이나 불균형으로 비유할 수 있겠다. 이런 메타포들은 새로운 해석의 가능성과 텍스트 내의 새로운 발견을 제시한다.

　　지금 나는 텍스트를 어떻게 구성할지에 대한 작가의 선택보다는 독자로서 우리가 텍스트로 무엇을 할 수 있는지에 대해 이야기하고 있다. 진부한 갈등보다는 더욱 창의적인 각본, 정의와 혁신, 발견을 서술하는 새로운 방법을 요구하는 일과 이를 발견했을 때 칭찬하는 일은 우리 몫이다. 학자, 평론가, 독자 들이 캐릭터가 직접 '일군' 해피 엔딩인지에 대해 질문할 때가 많다. 캐릭터가 충분히 노력했는지, 고통받았는지, 미덕을 발휘했는지, 그리하여 그들이 작가 메리 할록 푸트Mary Hallock Foote가 엔지니어 남편의 메타포를 빌려 '안식각'이라고 했던 지점에 도달할 만한 가치가 있는지 말이다. 나는 갈등이 정당했는지 묻는 사람을 한 번도 본 적이 없다. 캐릭터의 시련은 무엇으로 정당화되는가? 단순히 플롯의 재미를 위해, 글의 분위기를 고조하기 위해 약간의 폭력성이 필요했던 것인가? 저항이 가장 많은 길이 상상하기 가장 쉬운 길이었던 것인가?

스토리에서 갈등이 정당화될 수 있는 방법이야 많다. 갈등으로 불의를 드러낸다면 찬성이다. 독자에게서 더욱 깊은 이해와 공감을 이끌어낼 수 있다면 마땅히 갈등이 있어야 한다. 갈등이 만약 스토리가 입증하려는 진실의 일부라면 정당성을 얻을 수 있다. 하지만 단순히 내러티브의 흥미를 높이기 위해서라면, 특히나 그로 인해 독자들이 점점 강도 높은 잔인함과 폭력에 길들여진다면, 갈등은 어쩌면 성의 없는 해결책이다. 지금껏 설명했던 다른 유형의 플롯들은 가장 보편적인 갈등보다 설정하기 어렵고 해결하기가 까다롭다. 만약 이 복잡한 플롯을 찾아낸다면 독자들은 예상치 못한 궤적을 택한 작가들을, 발라드〈시인 토머스) 속 "공정한 엘플랜드로 향하는 길"이 될 수도 있는 내러티브 경로를 택한 작가들을 칭찬해 주기를 바란다.

5
여성을 억압하는 북 클럽에 저항하기

문학의 사회적 기능

"어떻게 그들을 받아들일 수 있겠습니까?
어설픈 사람들인데요.
작품의 깊이도 얄팍하고요.
저희와 맞지 않았어요."
조애나 러스, 《여자들이 글 못 쓰게 하는 방법》

나이키 설웨이Nike Sulway의 단편 소설 〈캐런 조이 파울러 북 클럽 The Karen Joy Fowler Book Club〉(2015)은 근원 텍스트와 복잡한 상호 작용의 길로 독자들을 인도한다. 2013년 《루페타Rupetta》로 제임스 팁트리 주니어상을 수상한 설웨이는 곧장 상호 텍스트의 세계를 거슬러 올라가는 여정에 오르며 캐런 조이 파울러Karen Joy Fowler의 《제인 오스틴 북클럽》(2004)을 참조한 제목의 소설을 탄생시켰다. 파울러의 매력과 유머는 대체로 캐릭터와 오스틴 작품의 상호 작용에서 비롯된다. 각 장에서 캐릭터들이 북 클럽에서 오스틴의 책을 다시 읽고 토론하는 장면과 함께 오스틴의 여러 플롯이 펼쳐지고 이에 대한 비평이 이어진다. 이와 유사하게 설웨이는 자신의 소설을 이용해 다른 작가와 대화를 나눈다. 이야기는 이렇게 시작한다.

10년 전, 캐런 조이 파울러가 진행하는 창작적 글쓰기 워크숍에 참석한 클라라는 파울러에게서 이런 이야기를 들었다. 우리는 SF 소설의 세계에서 살고 있다고 말이다. 워크숍에서 파울러는 스토리의 결말을 맺는 법에 대해서도 논할 예정이지만 아직은 때가 아니라는 말도 자주 했다. 하지만 끝내 결말에 대해 이야기할 기회는 오지 않았고 클라라는 마무리를 못 짓고 워크숍을 마친 것 같은 기분에 시달리며 아직도 끝이 맺어지기를 기다리고 있었다.

실제 인물에게서 이름뿐만 아니라 능력까지 빌린 가상의 캐런 조이 파울러는 독자들이 처음 생각한 것과는 완전히 다른 뜻을 가진 풍자적인 화법으로 읽는 이들을 동요시킨다. 하지만 설웨이의 스토리에는 파울러와 제목에서 암시적으로 드러나는 제인 오스틴뿐만 아니라 제임스 팁트리 주니어James Tiptree, Jr를 떠올리게 하는 반전도 가득하다.

실제로 설웨이는 파울러가 진행하는 글쓰기 워크숍에 참석한 적이 있지만, 소설 속의 화자 클라라와 북 클럽 회원들은 인간이 아니다. 이름도, 집도, 정원도 있고 북 클럽 활동도 하지만 사실은 멸종 중인 코뿔소다. 멸종의 원인이 무엇인지 밝혀지지는 않지만 우리 인간 때문이라는 점은 충분히 짐작할 수 있다. 현실 세계에 조금의 왜곡이 더해진 모습으로 소설의 배경이 제시되기 때문이다. 실제 역사에서 인간의 밀렵과 무관심으로 검은 코뿔소가 몰살된 데다가 이런 행태는 다른 아종에게도 번지고 있다. 설웨이의 스토리에서 유머는 커다란 분노, 깊은 슬픔과 떼려야 뗄 수 없을 정도로 깊이 얽혀있다.

또한 파울러와도 연관돼 있는데, 특히나 그녀의 소설 〈내가 보지 못한 것What I didn't See〉(2002)을 떠올리게 한다. 네뷸러상을 수상한 이 작품은 엄밀히 따지면 SF 소설로 보기 어렵다는 이유로 수많은 팬을 분노케 했다. 그러나 SF 소설이 맞고, 그렇지 않다 하더라도 SF와 소통하고 있다. 이 작품과 고통스러울 정도로 깊이 소통한 대상은 팁트리로 그녀의 고전 〈보이지 않는 여자들〉(1973)이 제목에 영향을 미쳤다.

텍스트들의 친목회

팁트리의 스토리에는 정글과 인종 차별, 외계인, 가부장제에서 벗어난 여성들이 등장한다. 파울러의 스토리 또한 이와 유사하나, 차이점이라면 작품에 등장하는 대륙이 메소아메리카가 아니라 아프리카이며 외계인들이 지구 태생이라는 점이다. 파울러의 스토리 속 외계인들은 고릴라다. 이 작품은 고릴라 사냥 탐험에 관한 이야기지만, 여성 사냥꾼 혼자서도 고릴라 한 마리를 충분히 사냥하는 모습을 통해 도리어 고릴라들이 그리 사납지 않다는 사실을 보여주며 이들이 학살당하는 일을 줄이고자 하는 역설적인 동기를 지녔다. 이런 요소는 팁트리, 아니 팁트리라는 익명으로 활동한 실제 여성과의, 줄리 필립스Julie Phillips가 쓴 팁트리의 전기 《제임스 팁트리 주니어: 앨리스 B. 셸던의 이중생활 James Tiptree, Jr: The Double Life of Alice B. Sheldon》(2007)과의 연관성 또한 드러낸다. 필립스는 앨리스 B. 셸던Alice B. Sheldon의 어린 시절 한 장면으로 전기를 시작한다.

> 1921년, 벨기에령 콩고에서 금발의 곱슬머리 위로 피스 헬멧을 쓴 여섯 살 여자아이가 현지 짐꾼들의 선두에서 걸어갔다. 그녀의 어머니는 한 손에 소총을, 다른 한 손에는 딸의 손을 잡고 나란히 걸었다.[p. 1]

탐험가인 셸던의 부모는 여정에 딸을 동행시켰다. 그 동기는 아마도 파울러의 스토리에 등장하는 탐험가들과 같았을 것이다. 이국의 땅이 그리 위험하지 않다는 사실을 알리기 위해서, 그곳에 큰 위험이 닥쳤다는 메시지를 전달하기 위해서 말이다.

하지만 그렇다고 당시 동행했던 이들이 동물을 죽이는 상황을 막을 수는 없었다. 이들은 코끼리와 사자 여러 마리와 고릴라 다섯 마리를 죽였다(허가받은 수의 절반이었다). 필립스가 쓴 전기에는 셀던의 모친 메리 브래들리$^{Mary\ Bradley}$가 현지 가이드들과 총을 들고 포즈를 취한 사진이 실려있다. 고릴라 다섯 마리가 죽었던 바로 그 탐험과 당시의 경험을 담은 브래들리의 《고릴라 트레일에서$^{On\ the\ Gorilla\ Trail}$》(1922)가 유인원을 향한 기존의 대중 정서에 전환점이 돼 고릴라와 다른 종들을 보호하는 야생 동물 보호 구역이 형성되는 데 기여했다고 필립스는 설명했다.

따라서 설웨이의 스토리는 파울러의 책과 단편 소설, 앨리스 셀던의 전기와 셀던의 어머니가 쓴 회고록 등 다른 텍스트들을 함께 읽어나가도록 유도한다. 이것이 전부가 아니다. 파울러의 소설은 누구나 알 수 있을 정도로 제인 오스틴의 작품과 깊이 연관돼 있다.

《제인 오스틴 북클럽》을 읽는 가장 좋은 방법은 각 장을 읽으며 관련된 오스틴의 소설을 다시 한 번 읽어나가는 것이다. 파울러의 소설 그 자체만으로도 완벽하지만 그렇다고 단독으로 읽는다면 무슨 재미가 있겠는가? 함께 읽을 때 텍스트 간에 오가는 훨씬 풍성하고 문제적이며 의미 있는 대화를 확인할 수 있다.

또한 파울러의 작품은 오스틴을 연상시키는 데 그치지 않고 한 등장인물을 통해 더 많은 여성 SF 작가들의 책을 펼쳐보게끔 유도한다. 코니 윌리스$^{Connie\ Willis}$, 낸시 크레스$^{Nancy\ Kress}$, 특히나 어슐러 K. 르 귄의 작품 말이다.

2004년, 파울러가 〈내가 보지 못한 것〉으로 인터뷰할 당시 자신이 무엇에 영감을 받았는지를 밝혔는데 팁트리의 〈보이지 않는 여자들〉 외에도 다음의 내용을 언급했다.

> 도나 해러웨이의 에세이에서 상당히 놀라운 이야기를 마주했는데 (…) 1920년대 초에 뉴욕의 자연사 박물관을 운영하던 남성이 한 무리의 사람들을 데리고 정글로 향했다. 그는 그중 여성 한 명을 시켜 고릴라를 죽이려는 목적이 있었다. 고릴라가 짜릿하고도 위험한 사냥감이라는 인식이 커지던 때였지만 사실 고릴라는 매우 온순한 동물이었고, 여성 혼자 고릴라 한 마리를 죽일 수 있다면 고릴라 사냥이 짜릿하다는 인식도 사라질 것이라 생각했다. 고릴라 사냥이 여성 혼자서도 충분히 가능한 일로 보이게 만들어 고릴라를 보호하려는 계획이었다.
>
> 나는 이 이야기에 사로잡혔지만 (동시에 끔찍함도 느꼈다), 다음 단락에서 해당 탐험을 떠났던 여성이자 고릴라 사냥꾼으로 선택된 둘

중 한 명이 팁트리 주니어의 모친이었다는 사실을 읽고 굉장히 놀랐다.[로렌스Lawrence, 2004]

파울러의 스토리가 결말에 다다를 무렵, 화자는 사냥이 끝나고 동행인 한 명이 실종되자 탐험가들은 "모두가 정말로 어찌할 바를 모르고 있었다"[p. 185]라고 설명한다. 따라서 파울러의 스토리는 셸던의 어린 시절로 거슬러 올라갔다가 잠시 옆길로 새 해러웨이의 페미니즘 과학 이야기를 아우를 뿐 아니라, 시간 여행하듯 자신의 책보다 몇 년 후에 출간된 팁트리의 전기를 언급하고는 유인원과 인간을 주제로 한 본인의 소설이자 약 10년의 시차가 있는 《우리는 누구나 정말로 어찌할 바를 모르고 있다》(2013)까지 아우르는 것이다.

마음 맞는 텍스트끼리 친목회를 갖는다고 생각하면 좋을 것이다. 책이 구성원인 클럽 같은 것 말이다. 이들이 한자리에 모여 수다를 떨고, 통찰을 나누고, 세상이 자신들의 이야기에 귀 기울이지 않는다거나 오해를 한다고 불만을 터뜨리는 모습을 상상해 보자. 이런 비유를 지나치게 발전시킬 생각은 없다. 챙 모자를 쓴 책들에게 접시에 담긴 쿠키와 잔에 담긴 와인을 제공한다는 상상까지야 심할 것이다. 하지만 전부 책으로 이뤄진 모임을 떠올린다면 앞에서 언급된 작품들이 서로를 참조하는 그림을 이해하는 데 도움이 된다.

여성 작가를 배제하는 남성들의 북 클럽

이런 기술의 수사학적 명칭은 '인유引喩, allusion'인데, 문학적 기교를 정리한 목록에서 알레고리allegory 바로 뒤에 나오는 용어다. 텍스트 간 교차 연결은 텍스트를 치장하는 하나의 방식일 뿐이라는 뉘앙스가 담겨있다. 사람들은 대체로 메타포를 이렇게 생각했다. 조지 레이코프와 마크 존슨이 메타포는 단순히 말을 장식하는 도구가 아니라 사고방식이자 정신적 장비라고 설명하기 전까지는 말이다. 레이코프와 조지의 《삶으로서의 은유》는 내게 두 가지를 허락했다. 첫 번째로, 다른 텍스트를 참조한 텍스트의 핵심적인 인지적 측면을 살펴보게 했다. 두 번째로, 텍스트가 다른 텍스트를 불러오는 이 과정을 설명할 다른 메타포들을 떠올려보는 계기를 마련했다. 인용, 인유, 심지어 작가 줄리아 크리스테바Julia Kristeva가 제시한 '상호 텍스트성intertextuality'이라는 개념을 비롯해 모두 오해를 불러올 정도로 추상적이기 때문이다.

　앞의 용어들에서는 한 가지 요소가 부족하다. 바로 문학의 사회적 기능이라는 요소로, 텍스트가 다른 텍스트는 물론이고 사람들과도 연결되는 방식을 말한다. 텍스트는 인간을 형성하고 인간에게 영감을 주며 생명력을 얻기 위해 인간을 필요로 한다. 내가 은유적으로 말한 책들의 클럽에는 인간이 포함돼 있지 않지만 책들이 스스로 유포될 수는 없다. 순환이야 말로 상호 텍스트성의 핵심이다. 문학 운동과 부흥은 텍스트를 독자 가까이에 두고, 그리하여 텍스트가 인용되며 그 외 여러 용도로 활용될 수 있도록 하기 위함이다. 마찬가지로 비평가와 학자의 가장 큰 역할은 사람들에게 훌륭한 책들을 계속 상기시키고 그 안에 담긴 위대함을 어떻게 알아볼 수 있는지 가르치는 데 있다. 이들은 절반은 치어리더고 절반은 여행 가이드다. 이들이 중요하다고 생각하는 모든 문학 작품에도 이 두 가지 측면이 담겨있다. 허먼 멜빌Herman Merville의 극찬이 없었다면 너새니얼 호손Nathaniel Hawthorne이 어둠의 천재라는 사실을 깨닫지 못했을 것이다. 모더니즘 시에는 독자들이 시를 이해하고 감상할 수 있도록 이끌어 줄 에즈라 파운드Ezra Pound와 I. A. 리처즈Richards가 필요했다. 따라서 책들의 클럽은 책을 사랑하는 사람들의 클럽이기도 하다.

이로써 내 메타포가 더는 메타포가 아니게 됐지만, 완전히 그렇지만도 않다. 북 클럽은 대체로 여성 회원이 주를 이루는 경향이 크고 《제인 오스틴 북클럽》에도 등장하는 이야기처럼 남성 회원이 들어오면 처음에는 의심의 눈초리를 산다. 이와 대조적으로 비평가들의 북 클럽은 대부분 남성으로 구성돼 있다. 남성들은 여성들을 제외하거나 과소평가하는 데 놀라운 능력이 있다.

조애나 러스의 《여자들이 글 못 쓰게 만드는 방법》(1983)도 "보이지 않는 여자들"에 대해 논하는 작품인 만큼 내가 말하는 책들의 클럽에 속해있다. 물론 여성들의 문학에 대한 전반적인 이야기가 책의 주제지만, 러스는 본다 N. 매킨타이어Vonda N. McIntyre, 어슐러 K. 르 귄, 수지 매키 차너스Suzy McKee Charnas, 옥타비아 버틀러Octavia Butler, 메리 셸리Mary Shelley, 제임스 팁트리 주니어 등 러스와 마찬가지로 페미니즘 판타지와 SF 소설의 대모로 불리는 여성 작가들을 신중하게 언급했다. 버지니아 울프의 《자기만의 방》을 차용한 (그리하여 버지니아 울프의 작품과 소통하는) 재치 넘치고 통렬한 한 설문 조사에서 러스는 문단이라는 남성들의 클럽에서 여성의 문학 작품이 무시당하고 소외되는 온갖 방식을 나열했다. 러스가 지적한 두 가지 문제가 지금 우리가 다루는 내용과 관련 있다.

첫째로 문학사에서 여성 작가들이 사라지는 현상은 그 어떤 악의적인 의도가 없음에도 동서고금을 막론하고 계속해서 벌어지고 있는 것 같다는 지적이다. 마치 자연법칙처럼 말이다. 독서 목록과 작품집들을 조사하던 러스는 다음 같은 사실을 발견했다.

> 여성의 비율은 5퍼센트에서 8퍼센트 사이를 유지하지만, 개개인으로 보면 그 존재감은 책마다 놀라울 정도로 차이가 크다. 애프라 벤Aphra Behn은 나타났다가 사라지고, 앤 브래드스트리트Anne Bradstreet는 어떤 작가의 책을 읽느냐에 따라 존재하기도, 존재하지 않기도 하며, 엘리자베스 배럿 브라우닝Elizabeth Barrett Browning과 에밀리 브론테Emily Brontë는 물속의 코르크처럼 떠올랐다 가라앉고, 이디스 워튼Edith Wharton은 1968년 영문학계의 일부였다가 1977년에는 외부의 어둠 속으로 추방당했다. 하지만 5퍼센트의 비율을 채우기에는 충분하고 8퍼센트를 초과하기에는 모자란 정도의 여성 작가들이 항상 존재한다. [p. 79]

두 번째로 유의한 지적은 사회적 관습이 (말하자면 북 클럽의 준칙이) 아니라 미적 판단인 척 가장한다는 점이다. 남성 비평가들이 의도적으로 여성 작가들을 배제하는 것이 아니다. 단지 이들을 보지 않을 뿐이고 이것이 독자의 잘못이 아니라 책의 잘못이라고 비난한다.

러스는 유서 깊은 문학 서클이 (앞서 말한 남성 비평가들의 북클럽과 비슷한 개념이다) 자신들의 결정을 기품 있게 설명하는 모습을 상상했다.

> 물론 저희는 공정하고, 저희와 마찬가지로 서클에 어울리는 자질을 갖췄다면 누구든… 입회를 허락했을 것입니다. 다만 그들은 그런 자질을 갖추지 못했습니다. 저희가 실제로 몇몇 사람을 받아준 경우도 있습니다. (베풂을 행하는 듯한 기분이 들었어요.) 대부분은 그러지 않았지만요. (저희의 기준이 높고 중요하다는 생각을 다시금 하게 됐죠.) 어떻게 그들을 받아들일 수 있겠습니까? 어설픈 사람들인데요. 작품의 깊이도 얄팍하고요. 저희와 맞지 않았어요. [p. 135]

여기서 특별히 "얄팍한"이라는 단어에 주목하고자 한다. 독서에 대해 많은 것을 알려주는 단어다. 이에 관해서는 추후 다시 이야기하려고 한다.

지금은 러스의 책이 출간됐을 때보다야 상황이 나아지기는 했지만, 우리가 바랐던 만큼은 아닐 수 있다. 〈뉴욕타임스 북 리뷰〉를 몇 장 넘기면 '그들의 책'이라는 코너가 있다. 여기서 어떤 작가들은 "침실용 탁자 위에 어떤 책들이 놓여있나요?", "특히 즐겨 읽는 장르나 피하는 장르가 있나요?" 등의 질문을 받는다. 마지막 질문은 다른 사람의 취향을 비난하는 자리가 되고는 하는데, 인터뷰 대상자들이 이 기회를 놓치지 않고 로맨스나 SF, 영 어덜트 문학보다는 자신의 취향이 더욱 우월하다고 기쁘게 선언하는 경우가 너무나 많다. 일반적으로 여성 작가들은 자신이 읽는 작가나 영향받은 작가, 디너파티에 초대하고 싶은 작가로 남성과 여성을 모두 언급한다. 일반적으로 남성 작가들은 남성의 이름을 댄다. 이따금씩 오스틴과 같이 상징적인 여성 작가를 언급할 수도 있다. 러스가 말한 5~8퍼센트는 지나치게 낙관적인 수치다.

종종 '그들의 책'에서 작가가 자신의 서클을 벗어나 외부에 닿기 위해 특별한 노력을 기울이거나 자신의 한계를 지적하기도 한다. 만화가 앨런 무어 Alan Moore가 최근 언급한 작가 리스트를 보며 크게 발끈할 준비를 하던 나는 이야기 말미에 나온 몇 명의 이름과 마지막 발언을 읽고는 진정했다.

토머스 핀천Thomas Pynchon, 로버트 쿠버Robert Coover, 닐 스티븐슨Neal Stephenson, 주노 디아스Junot Diaz, 조 힐Joe Hill, 윌리엄 깁슨William Gibson, 브루스 스털링Bruce Sterling, 새뮤얼 R. 딜레이니, 이언 싱클레어Iain Sinclair, 브라이언 캐틀링Brian Catling, 마이클 무어콕Michael Moorcock, 이머 맥브라이드Eimear McBride, 모든 면에서 뛰어난 스티브 에일릿Steve Aylett, 로라 허드Laura Hird, 제프 라이먼Geoff Ryman, M. 존 해리슨John Harrison, 시나리오 작가 에이미 점프Amy Jump…. 그런데요, 계속해서 이름을 댈 수도 있겠지만 좀 어렵겠네요. 이 자리에 여성 작가들이 턱없이 부족하다는 데 수치심이 느껴지기 시작했고 이를 모면하기 위한 형편없고 궁색한 변명들이 떠오르고 있거든요. 이쯤에서 마치는 것이 최선일 듯합니다.[14]

수치상으로 남성 열네 명에 여성 세 명으로 러스가 말한 8퍼센트의 두 배가 넘는다. 그리 나쁘지 않다. 인터뷰한 남성 중 이토록 현실을 명확하게 자각하는 경우는 거의 없었다. 학자와 문학 운동가 들의 노력에도 불구하고 이런 패턴은 지속되는 중이다. 여성이나 트랜스젠더, 논바이너리 작가들의 훌륭한 작품이 언급되는 일도 없다. 러스의 책을 업데이트한 르 귄의 에세이 〈사라지는 할머니들〉(2016)에는 다음과 같은 글이 나온다.

최근 영국에서 출간된 SF 소설 선집에는 여성 작가들의 작품이 한 편도 실리지 않았다. 한바탕 소란이 일었다. 작품 선정을 책임졌던 남성들은 여성 작가들에게 기고를 요청했지만 잘 성사되지 않았고, 책에 실린 글이 전부 남성 작가들의 작품이라는 사실을 미처 인지하지 못했다고 사과했다. 대단히 유감스러운 일이 아닐 수 없다. [p. 90]

단어의 힘을 잘 아는 르 귄은 "한바탕 소란이 일었다"라며 의도적으로 주체가 없는 문장을 썼다. 누가 일으킨 소란인가? 누가 계속 소란을 일으켜야 개선될까? (무엇이 개선돼야 하는지는 적지 않겠지만 말이다.)

남성 작가들이 깊이를 얻은 방식

그 어떤 여성 작가도 선택적으로 삭제되는 현실에서 자유롭지 않다. 앤절라 카터도 이 현상을 인지하고 있었다. 1984년 〈가디언〉과의 인터뷰에서 그녀는 이렇게 밝혔다. "저보다 나을 것이 없는 남성들이 훨씬 더 유명하고 부유하다고 말하면 투정으로 들리겠지만 (…) 남성만의 클럽이 본인들을 위해 하는 일들을 보면 놀라울 뿐입니다."[우드Wood, 2016] 그녀의 전기를 쓴 작가 에드먼드 고든Edmund Gordon은 이렇게 전했다. "남성들이 '영국 현대 문학에서 중요한 작가들'을 나열할 때 킹즐리 에이미스Kingsley Amis, 맬컴 브래드버리Malcolm Bradbury는 포함하지만 도리스 레싱Doris Lessing과 베릴 베인브리지Beryl Bainbridge는 언급하지 않는다. 앤절라 카터가 언급되는 일도 없다. 이를 선정하는 남성들이 B. S. 존슨Johnson이나 앤서니 버지스Anthony Burgess였다면 상황은 달랐을 것이다. 이들은 카터의 작품을 존경했지만 둘 다 딱히 주류라고는 할 수 없었다."[우드, 2016]

문학계의 무지함이 기가 막힐 정도지만 카터의 이야기는 우리에게 대안적인 북 클럽이 있다는 사실을 상기시킨다. 카터와 러스와 팁트리가 있고, 여기에 존슨와 버지스처럼 깨어있는 남성도 몇몇 포함된 북 클럽 말이다. 한 무리의 텍스트와 작가로 이야기를 시작한 나는 좀 떨어져 있는 설웨이부터 파울러, 팁트리, 르 귄까지 언급했는데, 이 무리에는 러스가 언급한 새뮤얼 R. 딜레이니와 팁트리상 수상자들인 패트릭 네스Patrick Ness, 제프 라이먼, 존 케셀John Kessel 또한 포함돼 있다. 케셀의 수상작 〈남성들을 위한 이야기들Stories for Men〉(2002)은 여성의 권력에 저항하는 남성들의 이야기를 담고 있다. 그의 소설인 《오만과 프로메테우스 Pride and Prometheus》(2018)는 제목으로 제인 오스틴과 함께 SF의 선구자 메리 셸리가 같은 무리에 속해있다는 사실을 보여준다(이 소설에서 케셀은 지적 욕구가 컸던 오스틴의 셋째 딸 메리 베넷과 빅터 프랑켄슈타인을 비교하며 두 인물 모두 원작자에게 초라한 대접을 받았다고 지적했다).

앞서 말했듯 책은 문학 운동을 통해 유포되고 사람들에게 관심을 받는다. 루이스, 톨킨, 그들의 친구들이 속한 잉클링스 Inklings 같은 남성 문학 서클이 한 일이 바로 이것이다. 2007년 출간된 다이애나 파블락 글라이어 Diana Pavlac Glyer의 《이들이 함께한 사람들 The Company They Keep》의 부제는 'C. S. 루이스와 J. R. R. 톨킨, 커뮤니티를 이룬 작가들'이었다. 부제에서 드러나듯 각각의 작품을 연구하기보다는, 판타지를 향한 대중의 적대감 속에서 남성들의 북 클럽 구성원이 서로에게 어떻게 (글라이어가 말하는) "공명기"가 돼줬는지를 살피는 책이다. 당시에는 판타지가 하찮고 예술적이지 않으며 얄팍하다는 인식이 있었기 때문이다. 그녀는 이렇게 설명했다. "서로의 공명기로서 이들은 텍스트에 관심을 보이고, 열정적으로 프로젝트에 임하며, 그것이 가치 있다고 믿고, 프로젝트의 완성작에 큰 기대를 걸었다."[p. 48] 다수의 잉클링스 구성원과 이 작가들의 평론가들은 이들이 영향을 주고받았다는 사실을 부인하지만 서로가 있었기에 작품 활동이 가능했다는 점은 사실이다.

또한 이들은 서로를 자주 언급했다. 집단의 누군가에게 책을 헌정하고, 서로의 작품을 검토하고 인용했으며, 구성원이 만든 상상의 세계를 차용하고, 심지어 구성원을 소설의 등장인물로 삼기도 했다.[p. 188-200] 한 예로 글라이어는 《반지의 제왕》의 등장인물 엔트가 우렁찬 목소리로 연설하는 장면에 루이스의 힘찬 목소리가 반영됐다고 지적했다.[p. 173]

신화와 로맨스에 적대적이었던 시대에 잉클링스는 신화를 되살리고 로맨스를 새롭게 창조하기 위해 나섰다. 칭찬을 나누고, 지식을 바탕으로 비평을 주고받고, 상호 계발을 위해 서로에게 의지했던 것만은 분명하다. 글라이어는 잉클링스를 글쓰기 집단으로 봤지만, 이들은 좋아하는 스토리를 더욱 풍성하게 즐길 방법을 서로에게 가르쳐주는 독서 집단이자 북 클럽이기도 했다. 다른 텍스트와의 관계성이라는 전체적인 프레임에서 일부분만 인식한다면 톨킨의 판타지가 시시하게 느껴질 수도 있다. 무엇이든 단면만 본다면 얄팍하게 느껴질 수밖에 없다. 그러나 톨킨의 작품은 셰익스피어 이전 시대의 노래, 스토리, 상상의 세계를 반영하며, 루이스의 문학과 오언 바필드Owen Barfield의 철학, 잉클링스의 신념과 경험을 내포한다. 관계성의 관점에서 잉클링스를 바라본다면 얄팍함이 아닌 깊이와 복잡성을 느낄 수 있다.

　　　　인유와 영향력이라는 평면적인 용어로는 이런 글쓰기 공동체의 가치를 충분히 설명할 수 없기에 여기서 잠시 북 클럽이라는 메타포에서 벗어나고자 한다. "공명기"라는 글라이어의 표현이 훌륭한 이유는 음악이라는 영역 전체를 은유적으로 아우르기 때문이다. 나무로 된 바이올린의 몸통, 손을 대지 않은 시타르(인도의 전통 악기-옮긴이)의 공명현, 소리가 울려 퍼지는 콘서트홀을 떠올리게 한다. 하지만 공명기는 무언가에 대해 반응만을 보인다는 점에서 수동적인 이미지다.

　　　　상호 의존적인 우리의 상상력을 두고 다른 메타포가 언급되기도 했다. 가령 미하일 바흐친은 '대화'라는 개념을 제시했는데, 직접적 혹은 간접적 인용이 등장하거나 다른 텍스트가 무의식적으로 울려 퍼지는 등 어떤 텍스트든 하나 이상의 목소리가 존재한다는 맥락에서다. 질 들뢰즈Gilles Deleuze와 펠릭스 과타리Félix Guattari는 '리좀rhizome'이라는 생물학적 메타포를 제시했다. 리좀은 엄밀히 말하면 땅속줄기를 뜻하지만, 들뢰즈와 가타리는 식물과 균류의 군집을 잇는 뿌리와 미세한 망이 뒤엉킨 땅속의 덩어리라는 더욱 큰 개념으로 사용했다. 산림 생물학자들은 각각의 나무와 덤불 들이 사실은 위계와 경계가 없는 신경망과 같은 상호 연결망으로 이어져 있다는 사실을 발견했고, 이에 '우드 와이드 웹wood wide web'이라는 이름을 붙였다. 이런 발견을 두고 로버트 맥팔레인Robert Macfarlane은 《언더랜드》(2019)에서 "전반적으로 삼림 생태를 냉혹한 자유 시장에서 자원이 재분배되는 일종의 사회주의 공동체로 다르게 바라보기 시작했다"라고 설명했다.[p. 91] 이런 이미지가 메타포적으로 확장된 개념을 설명하기 위해 맥팔레인은 르 귄의 《세상을 가리키는 말은 숲》(1976)을 인용했다. 이 책은 생물학자들이 연결망 같은 개념을 발견하기 훨씬 전에 출간됐다.

  대화주의와 리좀 그리고 나무 아래의 "사회 연결망social network"[p. 91]이라는 맥팔레인의 용어는 상상력을 문화적으로 연구하고 그 모델을 만드는 데 유용한 메타포다. 이런 메타포들은 우리가 어떻게 생각하고 말하고 글을 쓰는지에 관해 많은 것을 알려주지만 텍스트에서 인유나 상호 텍스트성이 기능하는 방식에 대해서는 그리 많은 가르침을 주지 못한다. 공동체에서 비롯되는 풍요로움이나 한 텍스트에서 다음 텍스트로 이어지는 단서를 따라갈 때의 즐거움은 충분히 담아내지 못한다.

이런 담론에서 여러 차례 언급되는 르 귄이 페미니즘과 환상 문학이라는 네트워크에서 핵심적인 교점이라는 점만은 분명하다. 그녀의 소설 중 명백하게 상호 텍스트성이 드러난다고 할 수 있는 작품은 《라비니아》(2008)다. 베르길리우스Vergilius의 《아이네이스》(그리스 로마 신화의 영웅 아이네이아스의 일대기를 다룬 서사시-옮긴이)와 밀접하게 연관돼 있으므로 호메로스의 《일리아스》와 단테의 《신곡》과도 소통한다고 볼 수 있다. 또한 이보다는 덜 명백하지만 마거릿 애트우드Margaret Atwood의 《페넬로피아드》(2005)나 매리언 짐머 브래들리Marion Zimmer Bradley의 《선동가The Firebrand》(1987)처럼 신화를 페미니즘적으로 재구성한 작품에 대한 반응이기도 하다. 르 귄은 아이네이아스의 영웅적인 행보를 축소하고 이를 고요한 인내의 서사로 대체했는데, 이를 통해 《아이네이스》는 르 귄의 에세이 〈소설판 장바구니론〉(1986)과 《언제나 집으로 돌아오기Always Coming Home》(1985), 《보이스》(2006)를 포함한 여러 SF와 판타지 작품과 연결된다. 실제로 마지막 소설에서는 폭력과 무지에 맞서 가정을 유지하는 일, 즉 살림이 영웅적인 행위라고 말한다. 《라비니아》 또한 그리스의 영향을 받은 초기 이탈리아라는 베르길리우스의 상상 속 이미지를 바로잡는 여러 무명의 역사적, 고고학적 자료들을 바탕으로 한다. 이 책의 감사의 말에서 르 귄은 버사 틸리Bertha Tilly의 1949년 논문 "베르길리우스의 라티움"을 언급하며 "예리한 의식, 날카로운 눈, 브라우니 카메라"로 무장한 틸리가 해당 지역을 돌아다니며 얻은 내용을 바탕으로 연구했다고 적었다.[p. 275] 호메로스부터 애트우드까지 모든 텍스트가 북 클럽의 일부다.

베르길리우스는 《라비니아》의 기본 플롯과 설정이 될 뿐 아니라, 소설에 유령 같은 존재로 등장한다. '시인'이라는 명칭으로만 나오며 주인공이 시간과 공간을 초월하는 순간에 상호작용을 한다. 둘의 대화는 베르길리우스의 시와 《라비니아》라는 소설 모두를 설명해 주는 주석과 같다. 이토록 복잡한 텍스트 속 텍스트의 관계를 인유라는 용어로는 설명하기 어렵다. 《아이네이스》의 내용을 각색하거나 수정하는 것이 아니라 단지 서로 다른 문화적 가정에서 이 서사시가 어떻게 다르게 해석될 수 있는지를 보여주기 때문이다. 소설에는 암시적일지라도 서사시 전체가 담겨있고, 그것이 작성됐을 당시의 환경이 어땠는지와 수세기에 걸쳐 이 시에 대한 해석이 어떻게 달라졌는지 또한 보여준다. 다른 텍스트에 묻혀있음에도 《아이네이스》는 온전히 존재한다. 두 텍스트는 정보와 통찰을 교환하고 서로를 변화시킨다. 이런 특징은 캐릭터에게서도 찾아볼 수 있다고 T. S. 밀러Miller는 설명했다.

주인공과 주인공의 세계를 탄생시키려는 두 작가의 노력이 함께 한 결과, 소설의 설정은 근본적으로 상호 교섭을 바탕으로 한다. 사실상 이 작품은 라비니아의 호기심을 바탕으로 한 메타픽션적 현실에 베르길리우스의 《아이네이스》와 후대 독자로서 《아이네이스》를 바라본 르 귄 자신의 해석을 쌓아 올린 이야기인 셈이다. [2010, p. 34]

따라서 《라비니아》에는 최소 세 가지의 텍스트적 관점과 내러티브 궤적이 존재한다. 베르길리우스의 서사시, 베르길리우스의 작품 속 등장인물의 삶을 소설적으로 변주한 르 귄의 해석, 베르길리우스의 작품을 두고 틸리의 연구에 영향을 받은 르 귄의 접근법 말이다. 라비니아와 베르길리우스가 대화를 나누며 텍스트적으로 서로의 존재를 사유한다는 점에서 구조는 더욱 복잡해진다.

《라비니아》는 고도의 메타픽션이지만 이를 메타적으로만 생각할 것이 아니라 미토콘드리아적으로 접근해야 한다고 생각한다. 아직 결말에 대해 말할 때가 아니라는 설웨이의 소설 속 허구의 캐런 조이 파울러와 달리 나는 미토콘드리아에 대해 언급해야 할 때에 도달한 것 같다.

문학의 미토콘드리아 이론

미토콘드리아는 우리 세포 안에 존재하는 구조다. 우리의 일부지만 아니기도 하다. SF 작가 매들렌 렝글Madeleine L'Engle의 작품에서 처음 미토콘드리아를 접했다. 작품 속 캐릭터 찰스 월리스는 《바람의 문》(1973)에서 이렇게 설명했다.

"수십억 년 전에 미토콘드리아들이 마구 움직여서 간 곳이 현재 진핵생물의 세포였을 것이고 그렇게 그 안에 계속 있었던 거야. 미토콘드리아는 자기만의 DNA와 RNA를 지니고, 다시 말해 우리와는 별개의 존재라는 거지. 우리와 공생 관계인데, 굉장한 점은 우리가 산소를 공급받는 데 미토콘드리아에 전적으로 의지한다는 거야." [p. 20]

여섯 살 치고 지나치게 딱딱한 찰스 월리스의 설명에는

해석이 필요하다. 진핵생물이란 핵과 같은 분리된 세포 소기관을 여럿 가졌다는 뜻으로, 대부분의 다세포 생물이 이에 속한다. 이와 달리 개별적인 구조가 없는 원핵생물 세포로는 적혈구, 박테리아 등이 있는데, 태초의 미토콘드리아는 원핵세포였을 것으로 보고 있다. 생물학자들이 세포에 대해 더욱 많은 발견을 이뤄 오기는 했지만 렝글의 설명은 현재의 이론과 어느 정도 일치한다. 기본적으로 우리는 생각보다 완전한 존재가 아니며 공생 관계의 집합체에 가깝다. 진화 역사의 가장 초기 단계에서 큰 세포가 작은 세포를 소화하기보다 통째로 흡수했고, 이를 통해 에너지를 취하고, 성장하고, 다양하게 변화하는 능력을 얻어 결국 고래에서 들쥐에 이르는 생물들이 탄생했다. 각각의 식물 또한 나름의 거래를 통해 독립적인 유기체를 흡수했고 이는 광합성을 가능케 하는 세포 소기관인 엽록체가 됐다.

찰스 윌리스의 설명처럼 미토콘드리아는 별도의 DNA를 갖고 있다. 이 유전적인 소수 정보가 진화 역사를 이해하는 데 핵심적인 역할을 한다. 미토콘드리아 DNA는 세포 내 공생설의 근거가 될 정도로 현대 박테리아의 DNA와 상당 부분 유사하기 때문이다. 외부에서 들어온 박테리아 침입자들은 숙주 세포에게서 보호와 영양분을 공급받는 대신 스스로 생존하는 데 필요한 일부 기능을 포기했고, 그로 인해 세포핵의 DNA에 비해 미토콘드리아 DNA는 불완전하다. 미토콘드리아는 자신의 숙주처럼 돌연변이가 생길 수 있어 유전 질환을 일으킨다. 그런 질환 중 하나가 《바람의 문》의 플롯이 된다.

따라서 미토콘드리아는 숙주 세포와는 개별적인 동시에 숙주 세포의 일부로, 생명체라고 보기는 어려운 존재다. 숙주 세포에게 에너지를 제공해 제 기능을 할 수 있도록 돕고, 숙주의 도움을 받아 생명을 유지한다. 미토콘드리아는 주변의 유기체와 끊임없이 소통하고 자기보다 더욱 큰 유기체를 변화시킨다. 그 순간 자신 또한 변화하는데도 말이다. 미토콘드리아는 자기만의 기원과 목적을 유지하는 동시에 숙주의 욕구와 목적을 함께한다. 지금까지 설명이 잘됐다면 한 텍스트가 다른 텍스트 안에 자리하는 방식을 떠올릴 수 있을 것이다. 말하자면 《아이네이스》는 《라비니아》라는 세포 속 세포 소기관인 셈이다. 제인 오스틴의 소설들도 《제인 오스틴 북클럽》에서 미토콘드리아 역할을 한다. 그 자체로 존재하는 한편 새로운 환경에 맞춰 변화한다.

이 메타포가 제 역할을 하기 위해서는 문학에서 근원 영역(세포 생물학)과 목표 영역(문학) 간의 연결성을 통해서만 발견할 수 있는 것이 무엇인지, 다른 메타포로는 깨달을 수 없는 것이 무엇인지를 보여줘야 한다. 미토콘드리아의 관점에서 생각할 때 우리는 새로운 텍스트 속으로 들어간 텍스트가 여전히 살아서 기능하고 있으며 온전히 제 존재를 지키고 있음을 느낄 수 있다. 이 메타포로 숙주와 공생 생물 모두가 관계에서 이득을 얻고 있다는 사실을 깨닫는다. 너무 익숙해서 더는 의식하지 않게 된 무언가, 이를테면 세포 혹은 인유가 알던 것보다 훨씬 더 낯설고 복잡한 개념이라는 점도 인식하게 된다. 인용이라는 단순한 행위가 사실은 병합과 절충, 시너지 효과라는 하나의 대단한 역사인 셈이다.

  이 모든 이야기는 문학 내에서 의미와 가치를 다시 생각해 봐야 한다는 메시지를 전한다. 심미적 특징과 중대성을 어떻게 인식하는지는 텍스트와 어떻게 연결되느냐에 좌우되기 때문이다. 텍스트와 우리 사이에 연결성이 부재하면 모든 문학은 얄팍하고 생명력이 없이^{anemic} 느껴질 것이다(우연일지 몰라도 빈혈^{anemia}은 미토콘드리아 질환의 한 증상이기도 하다). 앞서 말했듯, 문학 운동과 잉클링스 같은 집단이 적어도 남성 작가와 독자 사이에서는 연결성을 만들어왔다. 르네상스 시대의 극작가들은 서로를 자유롭게 인용했다. 낭만주의 시인들은 서로의 작품에 힘을 실어주고 함께 책을 만들었다.

《위대한 개츠비》(1925), 《태양은 다시 떠오른다》(1926) 같은 모더니즘 문학이 중요한 의미를 지닌 데는 우리가 헤밍웨이의 자기 합리화적인 《파리는 날마다 축제》(1964)와 그보다 신랄한 거트루드 스타인Gertrude Stein의 《앨리스 B. 토클라스 자서전》(1933)에 대한 담론의 장에서 이 작품들을 바라본 것도 한몫했다. 우리는 출판사와 편집자, 평론가, 학자, 교사 들의 목소리가 울리는 반향실에 있다. 픽션이 어떤 역할을 해야 하는지, 중요한 주제가 무엇인지, 우리가 관심 가져야 하는 행동과 캐릭터는 무엇인지(다시 말해 여성이 아닌 유색 인종 또는 아이들에게 관심을 가져야 한다고) 떠드는 목소리를 들으며 이 '위대한 작품들'을 읽는다. 작품들은 서로를 더욱 깊이 있게 만든다. 공명을 일으키고, 공통의 주제에 대한 고찰의 장을 마련하고, 총체적이고도 문화적인 코드를 구축해 독자들이 다른 작품을 더욱 충만하게, 능동적으로 향유할 수 있게 돕는다.

그렇다면 문학의 미토콘드리아는 어떻게 작용하는가? 스토리 하나를 골라 이제 막 읽기 시작했다고 생각해 보자. 나와 비슷한 사람이라면 스토리에 압도당하기를 기다릴 것이다. "내게 즐거움을 줘." 처음에는 스토리를 향해 이렇게 말하고는 얼마 뒤에는 "네 의미를 내게 납득시켜 봐"라고 말한다. 시작하기도 전에 마음을 빼앗기는 경우도 있다. 훌륭한 선집에 실린 스토리거나 당신이 이미 알고 신뢰하는 작가의 글일 때 그렇다. 그렇지 않다면 당신은 점차 냉소적으로 변하며 읽기를 중단할 구실을 찾는다. 당신의 시간과 감정을 쏟을 만한지 텍스트가 입증해 내야 한다.

스토리 패턴을 차용하기

하지만 페이지를 넘기다 보면 당신이 알고 있는 무언가와 연결되는 지점을 우연히 발견할지도 모른다. 이를테면 스토리의 패턴일 수도 있다. 예컨대 헬렌 오이예미Helen Oyeyemi의《보이, 스노우, 버드Boy, Snow, Bird》(2014)를 읽다가 학대당한 여자 주인공이 알고 보니 백설 공주의 다른 버전이라는 사실을 문득 깨닫는 식이다. 그때부터는 책에 어떤 스토리가 등장하든 당신은 여성들의 암투를 다룬 특이한 시나리오가 어떻게 전개될지만 궁금해하며 계속 읽어나가게 된다. 이때 오이예미의 화자가 들려주는 이야기뿐만 아니라 그림 형제 버전, 디즈니 버전, 앤 섹스턴Anne Sexton 버전의 모든 화자로부터 이야기를 듣게 되는 것이다. 오이예미는 다른 작품을 인용하며 오랫동안 이어져 온 대화에 참여해《백설 공주》에 깔려있는 젠더, 외모, 노화와 관련한 깊은 고통을 일깨운다. 당신을 완벽하게 사로잡은 저자는 그 후 스토리의 구조와 캐릭터로 놀라움을 안겨주고 일, 인종, 커뮤니티, 인간 심리에 관한 새로운 쟁점들을 제시한다.

　백설 공주 이야기는 오이예미의 소설에 흡수되지는 않지만 그 조직 안에서 살아가는 세포 속 발전기다. 독자가 더욱 풍성하고 활기차며 다양하게 책을 느낄 수 있게 한다. 두 텍스트의 관계는 복잡하면서도 역설적이다. 결국 각각에게 모두 이롭게 작용한다.

주제를 상징하는 캐릭터 창조하기

　기존의 텍스트를 연상시키고 의미를 불러오는 데는 문학적, 역사적으로 중요한 주제를 상징할 캐릭터를 창조하는 방법도 있다. 《보이, 스노우, 버드》의 주인공 중에는 실험 심리학자가 있는데 이 캐릭터는 독자가 젠더의 본질을 생각하게 하며, 더불어 앨리스 셸던을 떠올리게 한다. 오이예미가 셸던이 10년간 성별을 숨기며 사용했던 공적 페르소나 '팁트리 주니어'를 의도하고 캐릭터를 만들었는지는 정확히 알 수 없다. 하지만 오이예미의 다른 작품이 팁트리상 후보에 올랐던 사실을 생각하면 이미 팁트리라는 작가를 알고 있었을 것이다. 의도했든 아니든 이런 인용은 소설 속에서 여러 가지 주제와 이미지를 불러일으킨다. 팁트리의 또 다른 소설 〈쥐에게 끔찍한 짓을 하지 않을 심리학자The Psychologist Who Wouldn't Do Awful Things to Rats〉(1976)는 셸던이 실험 심리학 박사 학위를 받는 실제 과정을 소설화한 작품으로, 이 또한 미토콘트리아적 연결성을 이루며 오이예미의 소설 세포에 에너지를 제공한다.

유사한 구절 인용하기

플롯과 캐릭터를 활용하는 방식 외에도 기존 텍스트와 밀접한 연관성을 암시하는 방법은 많다. 성경이나 셰익스피어의 구절을 제목에서 인용하거나 유사한 구절을 사용하는 방법이 있고, 심지어 T. S. 엘리엇Eliot의 〈프루프록의 사랑 노래〉(1915) 속 한 구절 "나는 햄릿 왕자가 아니네. 그런 운명을 타고나지도 않았고"처럼 인용의 대상을 명백하게 부정하는 방법도 있다. 이런 점에서는 남자들의 주제를 다루는 남성 작가들이 훨씬 유리하다. 대다수의 신화, 종교, 엘리트 문학에 직접 접근할 수 있기 때문이다. 다시 말해 다른 남성들을 참조하며 끌어들일 수 있고 이로써 보상받을 수도 있다.

인용의 네트워크는 우리가 책을 읽는 방식에 단단히 고

착된 나머지 여성 독자들뿐만 아니라 심지어 여성 작가들도 남성들에 비해 자신의 경험이 덜 풍부하고, 공감을 덜 불러일으키며, 덜 중요하다는 것은 사실이 아니라고 부정해야 할 정도다. 하지만 미토콘드리아 사슬을 거슬러 올라간 나는 마담 도르노이Madame D'Aulnoy를 포함한 17세기 프랑스 궁정 문학의 여성 문인들, 그림 형제에게 백설 공주 이야기를 들려준 젊은 여성들, 문학적 환상 동화의 한 형식인 고딕의 충격적인 요소로 젠더에 대한 가정을 흔든 메리 셸리를 비롯한 작가들로부터 오늘날까지 풍부한 유산이 이어져 오고 있다는 점을 확인할 수 있었다. 환상 동화의 문화적 작용이 대체로 여성을 대상으로 하는 만큼 여성 작가가 남성 작가보다 대체로 더욱 깊은 이해를 보여준다는 점 또한 마찬가지다.

여성의 글쓰기가 억압받지 않으려면

텍스트의 상호성과 문학적 가치에 관한 질문들에서 미토콘드리아를 메타포로 삼을 수 있는 근거가 한 가지 더 있다. 생명체가 형성될 때 미토콘드리아 DNA는 정자가 아니라 난자를 통해서만 전달된다. 엄마를 통해서 전해져 내려오는 셈인데, 기원을 거슬러 올라가면 유전학자들이 '미토콘드리아 이브^{Mitochondrial} ^{Eve}'라고 부르는 조상이 있다. 이런 비유로 남성 작가들이 서로에게 혹은 여성에게 미친 영향력을 지울 수는 없다. 베르길리우스의 서사시를 바탕으로 탄생한 르 귄의 작품만 생각해 봐도 그렇다. 하지만 미토콘드리아 메타포로 접근해 보면 모두 남성으로 구성된 문학사의 모델은, 아니 러스가 92~95퍼센트라고 밝힌 남성 모델의 비율은 무언가 심각한 문제가 있다는 의미가 된다.

제임스 팁트리 주니어 문학상(2019년에 아더와이즈상으로 바뀌었다)은 이런 논의를 지속적으로 이어가는 역할을 한다. 문학에서 미토콘드리아 연결성에 대한 인식을 높이는 것이야말로 이 문학상의 중요 성과 중 하나다. 이 상과 이를 중심으로 형성된 커뮤니티는 새로운 이야기를 환영할 뿐 아니라 작품에 혈통과 맥락을 부여해 새로운 방식으로 읽고 가치를 평가하는 계기를 마련한다. 미토콘드리아 유전 암호는 읽기의 암호이기도 하다.

러스의 책은 문학사에서 지워진 어머니들에 대해 이야기한다. 반대로 남성 작가들은 명맥을 유지했지만 어떻게 그럴 수 있었는지는 알려지지 않았다. 글라이어의 연구는 창의력이라는 주제와 관련해 등장한 '고독한 천재'라는 모델로 인해 남성 작가들의 집단에서 오간 대단히 중요한 상호 작용이 가려졌다고 지적했다. 상호 작용의 영향력을 남성 작가와 평론가 들이 부정하는 이유에 대해서도 언급했다. 남성들은 대체로 자신을 무엇으로부터 영향받는 존재나 다른 것의 일부라고 생각하기보다는 완전한 자아로 인식하려 한다. 헤밍웨이의 허구적 회고록《파리는 날마다 축제》는 자신이 지금껏 누구에게서 어떤 영향력을 받았는지를 지우고 새로운 역사를 쓰는 남성 예술가를 보여주는 훌륭한 사례다. 헤밍웨이는 특히나 자신의 문학적 대모인 거트루드 스타인의 흔적을 지우려고 했고, 마크 트웨인Mark Twain을 포함한 몇몇 문학적 아버지들과 일종의 오이디푸스적인 갈등 관계였다는 점만을 인정하고자 했다. 이는 (남성) 문학 비평의 일반적인 기조이기도 하다. 바로 이것이 해럴드 블룸Harold Bloom이 말한 '영향력의 불안Anxiety of Influence' 이론(선배 시인과 부자 관계에 놓인 후배 시인이 자신의 독창성을 부각하고자 하는 욕망에 사로잡혀 선배 시인을 존경함에도 불구하고 그의 업적을 왜곡하고 오독하는 현상-옮긴이)의 근본적인 토대다. 어떤 영향력이 재밌는 동시에 여성적일 수 있다는 가능성을 완벽히 간과한다. 우리에게는 미토콘드리아가 필요하다. 미토콘드리아가 없다면 우리는 단세포의 초기 단계를 벗어나지 못한다.

지금부터는 서로 관계 없어 보이는 두 가지 메타포를 함께 사용하려고 한다. 바로 북 클럽과 미토콘드리아다. 이 둘을 연결하려면 약간의 재주가 필요하다. 내가 거슬러 올라가던 가계도를 보면 그 기원에는 민속 문학에 뿌리를 두고 균사체를 뻗어나간 메리 셸리와 제인 오스틴이 있다. 이들은 자신의 미토콘드리아를 메리 할록 푸트와 마거릿 올리펀트^{Margaret Oliphant} 같이(두 작가 모두 르 귄이 〈사라지는 할머니들〉에서 언급한 이들이다) 과소평가되고 잊힌 여성 작가들의 세대에 전달했다. 이들이 전해준 DNA는 초기 SF 및 유토피아 작가 샬럿 퍼킨스 길먼^{Charlotte Perkins Gilman}, 아이네즈 헤인스 길모어^{Inez Haynes Gillmore}에게로, 그 이후로는 C. L. 무어^{Moore}와 리 브래킷^{Leigh Brackett}, 러스와 버틀러, 르 귄에게로 이어졌다. 이들의 작품에 날로 홉킨슨^{Nalo Hopkinson}, 켈리 링크^{Kelly Link}, 캐런 조이 파울러의 스토리가 생명력과 생동감을 불어넣었다. 이는 나이키 설웨이와 신인 작가들과 같이 이 장의 시작점이 된 이들로 이어졌다.

이것은 하나의 계보인 동시에 오랫동안 유지된 북 클럽이다. 미토콘드리아라는 생물학적인 메타포는 텍스트가 다른 텍스트 안에서 어떻게 기능하는지를 보여준다. 북 클럽이라는 메타포는 이 일련의 과정이 자동으로 발생하지 않고 북 클럽에 가입하겠다는 선택과 생각으로 이뤄진다는 점을 일깨운다.

그뿐만 아니라 북 클럽은 일종의 세포이기도 있다. 저항과 혁명의 도구가 되는 작고 비밀스러운 세포 말이다. 어슐러 K. 르 귄의 북 클럽과 캐런 조이 파울러의 북 클럽, 이 외에도 수많은 사람이 소속된 제임스 팁트리 주니어의 북 클럽이 서로 맞물려 세포들의 집합을 이뤘다고 할 수 있다. 이 집합더러 과거 의심 많은 한 남성 SF 작가(마이클 스완윅Michael Swanwick – 옮긴이)가 '비밀스러운 페미니스트 조직'이라고 부르기도 했다.

안타깝게도 지금은 저항이 필요한 시기다. 비밀스러운 조직들이 움직이며 서로 힘을 실어주고 문학뿐만 아니라 그보다 넓은 문화 영역에 적극적으로 개입해야 한다. 새로운 책은 독자 집단에게 닿을 때마다 집단적 DNA, 세포의 동력, 음모, 비밀 조직의 일부가 된다. 바로 이것이 캐런 조이 파울러가 〈내가 보지 못한 것〉에서, 나이키 설웨이가 〈캐런 조이 파울러 북 클럽〉에서 말하고자 했던 것이다. 이는 러스가 들인 노력에 마땅한 결과이자 여성의 글쓰기가 억압받지 않을 방법으로, 미토콘드리아, 인유, 영향력의 희열Exhilaration of Influence 등 뭐라고 부르든 상관없다. 우리는 저항하며 많은 것들을 되새기게 될 것이다. 여성 작가들의 환상 동화와 SF 소설을 계속 읽고 찬양해야 한다는 점과 여성의 작품을 읽는 남자들을 높이 평가해야 한다는 점, 여성들의 소설을 더욱 풍성하게 만들고 활기를 더하는 문인의 계보를 되짚어야 한다는 점 말이다.

… 6

더 나은 세계가 있다는 생각

유토피아 문학

✷

"이 성공에는 대가가 따른다.
자신의 삶을 완벽하게 만들거나 자신이 속한 공동체를
새롭게 만들려고 하는 독자들에게는 모델이 돼주지 못한다는 점이다.
혼자만의 유토피아는 배타적이고 대부분의 경우 모방이 불가능하다."
조슈아 코틴, 《혼자만의 유토피아<i>Utopias of One</i>**》**

유토피아 문학은 판타지가 정치와 만나는 지점이다. 어떤 식의 유토피아든 우리가 다르게 행동할 수 있고, 더 나은 계획을 세울 수 있으며, 사회를 조직하는 낡은 방식을 버리고 합리적인 방식을 도입할 수 있다는 전제에 기대고 있다. 이에 대한 결과물은 작가가 인간의 본성을 어떻게 생각하느냐에 따라 대단히 좋을 수도 있고 대단히 처참할 수도 있다. 이 중 전자의 경우를 '유토피아utopia'라고 한다. '좋은 곳'을 의미하는 그리스 어원에 따라 'eutopia'라고 적기도 한다. (토머스 모어Thomas More가 만든 이 단어에는 '아우토피아outopia', 즉 '어디에도 없는 곳no where'이라는 의미도 포함돼 있다.) 후자는 '디스토피아dystopia'라고 하는데, 어원상 '나쁜 곳'이 아니라 '병들거나 망가진 곳'이라는 의미에 가깝다. 두 곳 모두 자연스럽게 진화한 사회가 아니라 이성적으로 구상한 사회다. 판타지라는 사실이 명백히 드러나지는 않아도 두 곳 모두 본질적으로 '판타지'적인 공간이다. 다만 여기서 판타지는 대부분 지극히 불가능한 일, 마법 같은 변화가 아니라 가상적인 기술에 근거할 때가 많다.

　　유토피아가 그리 판타지처럼 보이지 않는 이유는 무엇일까? 유토피아는 기본적으로 신의 개입이나 마법보다는 인간의 노력과 인간이 세운 제도로 이뤄지는 이상향이기 때문이다. 그렇지만 SF를 포함한 모든 계열의 환상 문학에서 세계 구축의 동력, 즉 일관되고 설득력 있는 반사실적 세계를 단순한 배경 이상의 것으로 만들려는 노력은 동일하다. 또한 SF와 유토피아는 각각의 장르 역사에서 오래전부터 밀접하게 연관이 있었다. 온갖 과학 장치가 등장하는 프랜시스 베이컨Francis Bacon의 《새로운 아틀란티스》(1626)부터 플라톤의 《국가》를 재해석한 조 월튼Jo Walton의 《공정한 도시The Just City》(2015)까지 말이다. 월튼을 포함해 많은 작가가 환상 문학의 여러 분야를 탐험했다. 새뮤얼 R. 딜레이니와 조애나 러스, 옥타비아 버틀러, 킴 스탠리 로빈슨, 어슐러 K. 르 귄 등 유명 SF와 판타지의 작가들이 20세기 중반에 사망 판정을 받은 희망찬 유토피아를 다시 부활시키는 데 큰 역할을 했다.

　　유토피아 문학은 환상 문학의 한 갈래로, 집단행동을 변화시키는 거대한 힘이 (적어도 뚜렷한 야망이) 담겨있다. 행동의 변화를 이끄는 데는 주로 두 가지 방법이 있다. 이 방법들은 전제, 바탕이 되는 세계관, 빌헬름 딜타이가 말한 '벨트안샤웅'이 서로 다르며, 그 차이에 따라 행동을 변화시키는 방식이 달라진다. 첫 번째 전제는 이 세계에 잘못된 것이 너무 많고 우리가 더욱 나은 세상을 만들 수 있다고 말한다. 불의와 불행은 기존 사회가 잘못 설계됐기에 비롯됐다. 또 다른 전제는 이런 오류들이야말로 인간 본성의 일부이므로 바로잡으려는 시도는 상황을 더욱 악화할 수밖에 없다고 말한다. 첫 번째 전제를 수용할 때 우리는 더 나은 세상이 가능하다고 믿는다. 두 번째 전제를 수용할 때는 유토피아를 향한 노력조차 결국 끔찍한 결과를 부를 뿐이라고 믿는다. 소설의 세계에서는 두 가지 전제 모두 타당하다. 흥미로우면서도 통찰을 주는 사고 실험이 가능하기 때문이다. 디스토피아는 캐릭터에게 문젯거리를 암시적으로 제시할 수 있다는 점에서 유토피아보다 내러티브적인 이점이 있다. 특히나 내러티브의 흥미가 갈등에서 비롯된다면 더욱 그렇다. 긴장과 불안이 내재하고 폭력이 있을 가능성도 높다. 반면 유토피아는 소설의 주제로는 대단히 지루하다. 시작부터 평화로우며 언뜻 보기에는 플롯이 자리할 공간이 없어 보인다.

      소설이 아니라 역사를 보자면, 유토피아적인 사회 실험은 영구적이고 안정적이며 조화로운 상태를 달성하는 것이 목표일 때 항상 실패했다. 하지만 사회 문제의 혁신적인 해결책을 찾는 등 다른 목표가 있었을 때 몇몇 유토피아적 공동체는 훨씬 좋은 성과를 남겼다. 로버트 오언Robert Owen이 뉴래너크와 뉴하모니를 각각 구세계, 신세계로 삼아 진행한 실험들은 노동, 위생, 교육, 건축 분야를 크게 개혁했다. 물론 성공 여부에 대해서는 여전히 논쟁 중이지만 미국의 민주주의가 유토피아적 실험이라는 점만은 분명하다. 한편 역사상 가장 끔찍한 대규모 범죄가 유토피아적 야망에서 비롯됐다(또는 그렇게 주장했다). 나치의 독일, 스탈린의 러시아, 마오의 문화 대혁명이 그렇다. 이런 실제 사건들은 유토피아라는 문학 장르와 다르지만 가상으로 만들어진 사회에 대한 우리의 반응에 영향을 미칠 수밖에 없다. 역사적 기록을 찬성 혹은 반대의 근거로 삼을지는 개인의 세계관은 물론이고 현재 세계의 상황에 따라 달라진다. 유토피아와 디스토피아 장르에서 문학적 이점을 논하는 담론은 결코 순수하게 미학적일 수 없다.

디스토피아가 영 어덜트에게 선택받는 이유

지난 세기 동안 디스토피아는 문학적 논쟁에서 우위를 점

해왔다. 요즘 가장 인기 있는 형태의 대안적 사회는 영 어덜트 디스토피아인 듯 보인다. 서점은 10대 주인공이 악몽 같은 사회에서 벗어나기 위해 분투하는 내용의 소설과 시리즈물로 가득하다. 수잔 콜린스의 〈헝거 게임〉 3부작이 가장 유명한 사례겠지만 이 외에도 베로니카 로스Veronica Roth의 〈다이버전트〉 시리즈, M. T. 앤더슨Anderson의 《피드》(2002), 스콧 웨스터펠드Scott Westerfeld의 〈어글리〉 시리즈 등 여럿이 있다. 10대 독자는 자신들을 위해 쓰인 디스토피아 작품뿐만 아니라 조지 오웰George Orwell의 《1984》(1949), 올더스 헉슬리Aldous Huxley의 《멋진 신세계》(1932), 레이 브래드버리Ray Bradbury의 《화씨 451》(1979)과 같이 높은 연령대를 위한 책을 찾는 경우도 많다.

아동 문학가 마이클 레비는 "물론 영 어덜트 독자들은 디스토피아를 좋아한다. 그들이 사는 곳이 디스토피아이기 때문이다"라고 설명했다. 〈뱀파이어 해결사Buffy the Vampire Slayer〉에도 같은 원칙이 적용됐다. 고등학교라는 장소가 지옥 그 자체였다. 다만 나는 여기서 마이클의 통찰을 좀 더 발전시키고자 한다. 청소년기는 단지 감정 변화가 크고 정서적으로 과장되며 독단적인 규칙을 따르기만 하는 시기가 아니다. 많은 10대가 이 시기에 자신을 둘러싼 커다란 세계에서 최선과 최악을 인지하기 시작한다.

훌륭한 생각들과 멋진 도구들, 자신들이 믿었던 어른이자 정의를 향해 나아간 사람이 결과적으로 위선과 불의를 저지르는 거대한 역사의 흐름까지 말이다.

영 어덜트 디스토피아의 어린 영웅들은 이런 모순 안에서 살아간다. 모순을 해결할 인물들은 아주 특별한 위치에 놓여있다. 자신의 능력을 새롭게 깨달았지만 아직 성인 역할을 하기에는 부족한 상황이다. 사회학자 카를 만하임^{Karl Mannheim}의 이론처럼 유토피아가 이데올로기의 반대 개념이라면, 아직 주변의 이데올로기에 길들지 못한 어린 성인이야말로 완벽히 유토피아적인 인물이라고 할 수 있다.

청소년기의 뇌는 유아기 이후 그 어느 때보다도 뛰어난 적응력을 발휘한다. 대중문화가 호르몬 탓이라고 주장하는 일의 대부분은 대뇌 피질의 변화 때문에 일어난다. 10대의 뇌는 끊임없이 새로운 시냅스를 형성하는 동시에 사용하지 않는 연결망을 쉴 새 없이 잘라낸다. 사회가 요구하고 보상하는 일들은 무엇이든 뇌 구조에 새겨지고 사회가 억압하거나 부정하는 일들은 삭제된다. 이런 특성을 신경 가소성이라고 하는데 이것이 이뤄지는 시기는 마치 경계 지대와 같다. 모든 변화와 통과 의례의 과도기이자 강력하고도 위험한 중간 상태다. 성숙 과정에 있는 인간은 자신이 어떤 문턱을 넘고 있는지, 문을 넘어서면 어떤 정체성이 자신을 기다리고 있는지 아직 알지 못한다.

그리고 성^性이 있다. 청소년기는 성인의 성생활과 관련해 그간 체계적으로 속고 있었다는 사실을 알게 되는 시기이기도 하다. 성생활에 대해 무엇을 어떻게 배우든 실상은 우리가 들려주는 것보다 훨씬 더 지저분하고 모호하다. 청소년들은 지금껏 속아왔다는 분노와 함께 새로운 욕망이 눈을 떠 저항할 수 없을 정도의 혼란을 경험한다. 하지만 성은 보다 거대한 힘의 일부일 뿐이다. 바로 격정이다. 청소년기에는 그 어느 때보다도 깊이 상처 입고 뜨겁게 갈망한다. 퓰리처상을 수상한 시인 월리스 스티븐스Wallace Stevens는 캠프 중 모친에게 보낼 편지에서 형의 만돌린 연주에 대해 이야기하며 청소년기의 격정을 표출했다. "날카롭게 튀어 오르는 띵-아-띵-띵-띵-아-아-아." [렌싱Lensing, 2018, p. 122] 스티븐스가 장차 어떤 시인으로 성장할지 보여주는 단초가 된 이 글은 터무니없는 악기 소리로만 채워져 있지 않았다. 그는 튀어 오르는 연주자와 청자의 감정까지 포착했다. 칼처럼 날카롭고 수류탄처럼 폭발적이다.

청소년기는 현재보다 미래의 가능성이 중요한 시기다. (확실하지 않지만) 정치사상가이자 철학자 한나 아렌트Hannah Arendt

의 격언으로 전해지는 말이 있다. "모든 문명은 그만의 야만적인 침략자들을 기른다." 이 말은 보수적인 관점을 강화하기 위해 인용될 때가 많다. 청춘의 거친 힘을 파괴와 연관 지어 가능한 한 빠르고 철저하게 아이들을 사회화해야 한다고 경고하기 위함이다. 하지만 문명에 야만적인 침략자들이 필요할 때도 있다. 젊은 이들은 나이 든 사람들에 비해 안정을 중요한 가치로 생각하지 않기에 안정을 위해 어떤 타협도 할 필요가 없다. 시인 로빈슨 제퍼스Robinson Jeffers가 말했듯, 문명이 "천박이라는 틀에 갇혀 점차 무섭게 몸집을 불리며 제국을 형성한다면" 이에 변화를 가져올 수 있는 사람은 젊은이들밖에 없지 않을까?[제퍼스, 2001]

  디스토피아적 글쓰기는 억압의 수단으로 변질될 가능성이 있는 현재의 경향을 드러내는 도구다. 비평의 한 형태인 이런 글쓰기는 욕망, 권력자를 향한 분노, 정의를 향한 열망, 폭력성, 개선 가능성 등 나이 많은 성인뿐만 아니라 영 어덜트에게도 적절한 내러티브 훅(독자의 관심을 사로잡아 내러티브에 빠져들게 하는 요소-옮긴이)을 다양하게 갖추고 있다. 우리는 디스토피아 작품들이 제공한 용어로 현대에 마주한 악몽들을 이해하고 이름 붙일 수 있었다. 헉슬리의 '소마soma'와 '포드주의Fordism', 오웰의 '빅 브라더Big Brother'와 '뉴스피크Newspeak', 애트우드의 '핸드메이드

handmaids'와 '성 배반자gender traitors'가 그렇다.

그럼에도 유토피아에서만 가능한 것

이와 대조적으로 유토피아적 글쓰기는 자주 묵살되지만 결코 사라지지는 않는, 상상 속 이상적이고 희망적인 모습을 그린다. 완벽한 국가에 대한 비전은 플라톤으로 거슬러 올라가고 '유토피아'라는 용어는 16세기 토머스 모어의 풍자 소설에서 탄생했지만 유토피아적 글쓰기와 사고가 특히나 전성기를 맞은 것은 19세기 미국에서였다. 당시 미국은 종교 집단의 거주지와 사회주의 공동체로 어수선했고 에드워드 벨러미Edward Bellamy의 《뒤돌아보며》가 베스트셀러에 오르면서 수많은 속편과 이에 반박하는 소설이 뒤를 이었다. 소설의 배경이 되는 합리적이고 평등하며 온갖 기계가 가득한 사회, 욕심과 부패로 가득한 도금 시대의 완벽한 해결책처럼 보이는 사회에 열광한 이들이 벨러미주의 집단을 여럿 형성했다. 벨러미주의 집단들이 초기 진보 운동으로 진화한 바, 《뒤돌아보며》가 실제로 세상에 변화를 이끌어냈다.

하지만 유토피아 학자 톰 모일런에 따르면 "20세기에 유토피아적 글쓰기는 힘든 시기를 마주했다."[1986, p. 8] 무슨 일이 있었던 것일까? 사람들은 텍스트가 선사하는 꿈이 아니라 텍스트 그 자체에 관심을 두기 시작했다. 19세기 소설들은 거의 예외 없이 끔찍하게 지루했다. 유토피아에서는 단 두 가지 일만 벌어졌다. 유토피아에 입성한 새로운 사람들이 (항상 새로 온 사람이 등장한다) 그곳을 둘러보고 그곳이 얼마나 멋진지 일장 연설을 듣는다. 신참은 연설에 필요한 청중으로, 1950년대 SF 영화 속 고독한 여성 캐릭터처럼 개성과 생각이 거의 다 비슷하다.

이런 강연은 섬을 둘러보는 투어보다는 대체로 흥미롭다. 적어도 변화가 등장하기 때문이다. 설명자들은 방문자가 속한 끔찍한 현실에서 단조로울 수는 있지만 이토록 즐거운 현실로 어떻게 바뀔 수 있었는지 들려준다. 이때 유토피아는 이미 완벽한 사회이므로 어떤 변화도 필요하지 않다. 어떤 식으로든 변화는 현실을 악화시킬 뿐이다. 여기는 우리의 학교이며, 저기는 공동 식당이고, 풍경은 이렇게 푸르고 아름다우며, 여기에 이렇게 병원도 있지만 그 누구도 병에 걸리지 않는다.

저자는 이런 소설에서 흔히 찾아볼 수 있는 가장 흥미로운 점을 독자가 알아채지 못하게끔 숨겨둔다. 바로 이 모든 것이 얼마나 강압적인가 하는 문제 말이다. 유토피아는 변화에 저항하듯이 다양성에도 저항한다. 당신이 윌리엄 모리스의 《에코토피아 뉴스》(1890) 세계에 들어갔고, 크래프트맨 스타일의 주택보다는 가령 브루탈리즘 건축 양식이 당신의 취향에 더욱 가깝다고 생각해 보자. 이는 안타까운 상황으로 그치지 않는다. 당신은 아마도 심각한 재교육을 받게 될 것이다. 20세기에 유토피아적 글쓰기를 가로막는 여러 역사적인 요인이 존재하기는 했지만 이렇게 글 자체의 잘못도 어느 정도 있었다고 볼 수 있다. 하지만 지루한 플롯과 억압적인 비전에도 불구하고 유토피아 소설에는 여전히 특유의 매력이 있다. 적어도 우리에게 다른 방식이 존재한다는 사실을 떠올리게 해준다는 점이다. 차이나 미에빌이 깨달았듯이 환상 스토리는 "좋은 생각거리"고[2002, p. 46], 유토피아는 어둡든 밝든 환상의 한 줄기다. 우리는 유토피아를 통해 어떻게 상황이 더욱 악화되거나 나아질 수 있는지 생각할 수 있다.

반유토피아로서의 디스토피아

유토피아는 진보와 보수 두 진영 모두에서 적을 맞닥뜨려 왔다. 보수주의자들이 전통적인 관행과 제도가 전복되는 것을 위험하게 여기는 한편, 진보주의자들은 마르크스의 말처럼 유토피아는 그저 "소망 성취"에 불과하고 개혁이나 혁명을 위해 실질적으로 해야 하는 일들에 집중하지 못하게 할 뿐이라고 일축한다. 유토피아적인 사고의 영역에서도 사회를 위한 계획이 끔찍하게 잘못될 수 있다. 유토피아를 만든 창조자들이 자신에 대한 믿음이 클수록 그들의 생각이 잘못된 방향으로 전개될 가능성 또한 커진다. 플라톤의 《국가》가 바로 이와 같은 사례다. 시라쿠사의 폭군 디오니시오스의 초대로 "철학적인 생활 양식을 전파한다는 목표"에 대해 이야기를 나누던 플라톤은 왕이 "학살 없이 이런 사상을 전 영토에 전파할 수 있을 것이라고 잘못된 기대"를 품은 탓에 대단히 잘못된 조언을 하고 말았다. [아라우주Araújo, p. 154]

디스토피아를 '반유토피아anti-utopia'라고도 하는 이유가 바로 이 때문이다. 디스토피아 사회에는 비참함과 불의가 가득할 뿐 아니라 대중을 위한다는 명목의 계획적이고 체계적인 탄압이 존재한다. 유토피아와 관련한 격언으로 '유토피아가 성공하기 위해서는 성인군자들로 구성돼야 하거나 천사들이 통치해야 한다'는 말이 있다. 이들 중 타락하지 않은 천사를 경계해야 한다. 19세기의 유토피아주의는 20세기의 전체주의를 낳았다. 마르크스주의를 받아들인 볼셰비키Bolsheviks의 등장으로 1921

년에 최초의 디스토피아 소설인 예브게니 자먀찐Yevgeny Zamyatin의 《우리들》이 탄생했다. 1905년에 출간돼 지나치게 열정적인 유토피아주의를 보여준 H. G. 웰스의 《모던 유토피아A Modern Utopia》, 1920년대의 테일러리즘Taylorism(경영학자 테일러가 만든 개념으로, 과학적인 노동 관리 기법-옮긴이)을 바탕으로 한 대량 생산, 약물 사용과 함께 번진 빛나는 청춘들의 쾌락주의에 대한 반응으로 올더스 헉슬리의 《멋진 신세계》(1932)가 탄생했다. 그리고 1953년, 레이 브래드버리의 《화씨 451》은 미국의 민주주의 실험이 사람들을 멍하게 만드는 엔터테인먼트 시장의 발전과 매카시즘(본래 공산주의자 색출 열풍을 뜻했으나 현재는 광적 선동, 지식인 숙청 등을 가리키는 의미로도 쓰인다-옮긴이)에서 비롯한 광적인 분서 사태로 변질되는 모습을 보여줬다. 이 모든 악몽은 더 나은 세상을 바라는 누군가의 꿈에서 비롯됐다.

반디스토피아로서의 유토피아

한편 유토피아 학자 프랭크 E. 마누엘Frank E. Manuel과 프리치 P. 마누엘Fritzie P. Manuel은 그 반대도 가능하다고 말한다. "모든 유토피아의 배경에 반유토피아가 있다면, 유토피아의 창작자가 비판적인 시선으로 기존의 세계를 바라보다 그곳에서 반유토피아를 발견한 것이라면, 역으로 디스토피아의 배경에 비밀스러운 유토피아가 있다고 볼 수도 있다."[1979, p. 6] 이와 같은 흥미로운 반전의 사례로 헉슬리의 《아일랜드》(1962)를 들 수 있는데, 작가는 《멋진 신세계》 속 독특한 발상을 그대로 가져오되 이를 사회적 미덕으로 재창조했다.

  몇 년 전, SF의 단일 성별 유토피아에 대해 이야기하던 중 나는 음각에 비유해 관점의 착시를 설명했다.[2002, p. 116] 음각은 크게 보면 저부조 기법이지만 역부조의 형태다. 카메오(석재 표면에 인물이나 풍경을 양각으로 조각한 것 – 옮긴이) 브로치는 평평한 면 위에 얼굴이 도드라지게 조각하는 반면, 인장 반지는 이미지를 오목하게 파내는 음각 형태로 만든다. 그래서 뜨거운 왁스 위에 반지를 찍으면 그림이 다시 입체적으로 나타난다. 음각 기법이 놀라운 이유는 형상이 새겨진 상태인지 돌출된 상태인지 정확히 가려내기 어려울 때가 있기 때문이다. 같은 이미지의 양각과 음각을 나란히 놓고 보면 그림자의 방향을 제외하고는 완벽히 똑같아 보인다. 이는 유토피아와 반유토피아의 관계를 함축적으로 보여준다. 유토피아와 반유토피아는 빛의 각도에 따라 다르게 보일 뿐 본질적으로는 같은 개념이다. 이런 관계의 전체적인 구조를 설명하기 위해서 네 번째 용어가 필요하다. 유토피아에서 반유토피아가 파생했듯 디스토피아를 반전시키면 '반디스토피아anti-dystopia'가 될 수 있다. 《아일랜드》는 《멋진 신세계》의 음각 버전이다. 그러나 헉슬리의 새로운 버전에도 그가 앞서 웰스의 소설에서 지적했던 결점들, 이를테면 단조로움, 숨은 강제성, 저자의 목소리를 대변하는 작위적인 캐릭터가 그대로 담겨있기 때문에 반전시킨 것을 또 한 번 반전시킨다고 해서 유토피아의 함정에서 탈출할 수는 없었다. 이는 1970년, 페미니즘에 대한 반응으로 새로운 형식의 유토피아적 글쓰기가 등장한 후에야 벗어날 수 있었다.

비판적 유토피아의 등장

페미니즘과 유토피아는 SF와 유토피아처럼 자연스러운 조합을 이룬다. 19세기 여러 유토피아 작품이 여성들을 고된 가사에서 해방시키려고 시도했다. 그러다 페미니즘의 두 번째 물결이 일자 이번에는 가족 구조에서부터 성별로 구분된 신체까지 모든 것을 재조명하고 재구성했다. 1970년대와 1980년대에는 유토피아 부흥의 일부로 샬럿 퍼킨스 길먼의 유토피아 소설《허랜드》(1915)와 캐서린 버디킨Katharine Burdekin의 디스토피아 소설 《스와스티카의 밤Swastika Night》(1937) 같은 작품들을 재출간하는 바람이 불었다. 남성 특권과 여성 억압이 불의의 근원이라고 매섭게 몰아붙이지만 출간 당시에는 관심받지 못했던 작품들이었다. 하지만 유토피아 장르 자체에 더욱 급진적으로 접근했던 작품은 70년대와 80년대에 새롭게 등장한 소설들이었다. 조애나 러스, 새뮤얼 R. 딜레이니, 마지 피어시Marge Piercy, 어슐러 K. 르 귄 같은 작가들은 방문자들이 유토피아를 둘러보고 설명을 듣는 기존의 소설 구조에 갇히기에는 너무 뛰어났다. 이들은 스토리를 어떻게 전달해야 하는지 알았고, 미에빌의 말처럼 스토리로 생각을 불러일으키는 방법을 알았다. 톰 모일런은 이런 작품들을 기존의 유토피아 혹은 디스토피아라는 이름으로 부르는 대신 이분법을 깰 수 있는 새로운 이름을 붙였다. 바로 '비판적 유토피아critical utopia'다. 모일런은 다음처럼 설명했다.

> 비판적 유토피아의 본질은 유토피아 전통의 한계를 인식하는 것이므로, 비판적 유토피아 텍스트들은 유토피아를 꿈이자 청사진으로 바라보는 시각을 거부한다. 그뿐만 아니라 원래의 세계와 그에 반대되는 유토피아 사회 간의 갈등을 조명해 사회가 변화하는

과정을 보다 직접적으로 표현한다. 마지막으로 이 텍스트들은 유토피아 사회에도 여전히 차이와 불완전함이 존재한다는 사실에 초점을 맞춰 더욱 명확하고 역동적인 대안을 제시한다. [1986, p. 10-11]

여기서 몇 가지 중요한 점을 강조하고자 한다. 먼저 모일런은 동시대 작가 집단을 대표해 유토피아가 반드시 사회적 청사진에 불과하다고 생각하기를 거부한다. 내러티브가 빚은 결과물만이 아니라 내러티브에 담긴 변화의 과정을 좀 더 면밀하게 살펴봐야 한다고 제안한다. 둘째로 그는 유토피아가 현 세계, 즉 독자들의 세계와 항상 대화를 나누고 있다고 본다. 텍스트에 내포된 진정한 의미는 텍스트에 국한되지 않고 그것을 읽는 상황과도 관련이 있다. 젠더 정치로 예를 들면 페미니즘 유토피아는 가상의 대안에 문제가 있다고 할지라도 여성에게는 기존의 체계가 이미 너무나도 끔찍하다는 사실을 일깨운다. 이런 상황에서는 어떤 식의 변화든 (마거릿 애트우드의 《시녀 이야기》까지는 아니어야 하지만) 좋은 쪽으로 작용할 수밖에 없다. 어떤 대안이든 가정과 규범, 상식이라는 횡포에 맞서기 마련이다.

다시금 월리스 스티븐스를 떠올리게 되는 지점이다. 이번에는 어린 시절이 아닌 시인이 된 성인 시절의 그가 떠오른다.

그가 피카소의 〈기타 치는 눈먼 노인〉(1904)에 영감을 받아 지은 〈푸른 기타를 치는 남자 he man with the blue guitar〉(1937)는 상식이라는 횡포에 대해 말한다. 상식이라는 집단의 목소리는 시에서 단순히 "그들"로 등장하는데, 그들은 피카소의 그림이 현실과 동떨어졌다는 이유로 탐탁지 않아 한다. "그들이 말했다. '당신에게는 푸른 기타가 있는데, 당신은 사물들을 본모습대로 연주하지 않고 있소.'"[1972, p. 133]

시의 나머지 부분에서는 기본적으로 '왜 본모습대로 연주해야 하는가?'라는 메시지가 다채로운 표현으로 거듭 반복된다. '본모습에서 벗어난' 영역에서 마음이 자유롭게 연주할 수 있도록 할 때 우리는 시가 말하는 "생각의 무리, 꿈의 무리 / 접근할 수 없는 유토피아"라는 곳에 이른다.[p. 146] 유토피아는 출발점을 지금 이곳으로 삼을 때는 결코 닿을 수 없는 곳이다. 스티븐스는 지금 이 순간이 아닌 다른 지점에서 출발하라고 말한다. 상상의 해안에 닿기 위해서는 상상이 휩쓸고 지나간 해변에서 출발하기만 하면 된다.[p. 145] 프레드릭 제임슨은 정통 마르크스주의에서 벗어나 이를 보다 일상적인 비유로 표현한다. 유토피아는 "다른 세계의 햇빛이 갑자기 이 세계를 쨍하니 비추며" 우리에게 "다른 체계들이, 다른 공간들이 있을 수 있다"라고 사실을 알려주는 것과 같다고 높이 평가했다.(2009, p. 612) 그의 견해는 디스토피아에도 적용된다.

젊은 독자를 사로잡기 위한 내러티브 전략

이렇게 유토피아를 재건하려는 여러 시도가 있었음에도 특히나 젊은 독자들에게 찬사받고 소비되는 것은 계속해서 디스토피아였다. 유토피아 연구자 라이먼 타워 사전트Lyman Tower Sargent의 권위 있는 유토피아 문학 목록(2016)을 보면 흥미로운 통계를 찾아볼 수 있다. '영 어덜트 디스토피아'라고 검색하면 296개의 결과가 나오지만 '영 어덜트 유토피아'를 검색하면 단 열네 개의 결과가 나온다. 부정적인 이야기가 긍정적인 이야기보다 스무 배 넘게 많다. 후자에 속하는 작품으로 레이디 플로렌스 딕시Lady Florence Dixie의 《글로리아나; 또는 1900년의 혁명Gloriana; or, The Revolution of 1900》이 있다. 1890년에 출간되고 벨러미 이후의 유토피아 붐이 일던 시기에 쓰였는데, 그 시대의 영 어덜트라는 기준이 의문스러워지는 작품이다. 또한 웹사이트는 다른 열세 권의 책을 하나같이 "결함이 있는 유토피아"로 소개하는데, 그중 몇 작품은 로스의 〈다이버전트〉 시리즈와 같이 반유토피아로 분류될 수 있다. 반대의 경우도 마찬가지다. 디스토피아 작품 중에서 '희망적'이라거나 심지어 '성격이 모호하다'고 소개된 책은 없었지만 몇 가지는 사실 충분히 그렇게 볼 수 있을뿐더러 오히려 반디스토피아에 가깝다고 할 만한 작품도 있다.

따라서 디스토피아 작품이 사람들의 관심을 사로잡고, 청소년기 독자에게 잘 맞으며, 대단히 강렬한 인상을 남길 때가 많다는 점을 마땅히 인정한다고 해도 유토피아를 가리키는 영 어덜트 문학이 부족하다는 점만은 분명하다. 이와 대조적으로 아동 독자를 대상으로 한 작품 중에는 유토피아를 지향하는 작품도 있는데 아동 문학의 고전 세 편이 이에 해당한다. 1906년에 출간된 에디스 네스빗의 《부적 이야기》는 페이비언 사회주의 (혁명적 변화가 아닌 민주적이고 점진적이며 유기적인 사회 개혁을 강조하는 사회주의-옮긴이) 유토피아이자 H. G. 웰스가 "위대한 개혁가"로 추앙받는 곳으로 시간 여행하는 이야기다. 1947년 뉴베리상을 수상한 윌리엄 페네 뒤 부아 William Pène du Bois의 《21개의 열기구 The Twenty-One Ballons》는 탐험가와 잃어버린 세계라는 주제를 《새로운 아틀란티스》(프랜시스 베이컨의 유토피아 소설-옮긴이)풍의 과학 기술을 바탕으로 한 유토피아와 재치 있게 결합했다. 프랭크 바움의

〈오즈〉 시리즈 후반부 작품 가운데 특히나 1910년에 출간된 《오즈의 에메랄드 시》에서 저자는 동화 속 나라를 다름을 용인할 뿐 아니라 적극적으로 환영하고 축복하는 화합의 장소로 묘사한다. 디 미셸Dee Michel이 《도로시의 친구들Friends of Dorothy》(2018)에서 밝혔듯이 오즈가 오랫동안 수많은 유형의 이방인들, 특히나 남성 동성애자들에게 유토피아적 은신처 역할을 할 수 있었던 이유 중 하나가 바로 이것이다.

한편 10대 독자들을 사로잡기 위해서 영 어덜트 유토피아는 몇 가지 변화를 모색해야 한다. 첫째, 유토피아가 주장하는 바를 제한해야 한다. 너무 쉽게 전체주의로 치달을 수 있는 경향성을 지우고 규모를 축소하기 위해 노력해야 한다. 둘째, 1970년대의 비판적 유토피아를 따라 스토리를 더욱 잘 전달할 수 있는 새로운 방법을 찾아야 한다.

두 번째 사안부터 다뤄보자. 모일런과 그 뒤를 잇는 후계자들의 비판적 유토피아에는 몇 가지 유망한 내러티브 전략이 있다. 3장에서 언급했듯 갈등을 내러티브의 흥미 요소로 삼는 방식은 소설의 일반적인 모델이지만 이는 범주의 오류다. 시간의 흐름에 따라 특정 동기로 유발된 변화가 스토리의 유일하고도 절대적인 요건이라면 유토피아 소설과 디스토피아 소설도 이 기준을 충족한다. 하지만 유토피아와 디스토피아 모두 개인적이기보다는 사회적인 동기를 지니며, 이것은 아무리 훌륭한 유토피아 플롯이라고 해도 작품에서 개인의 비극이나 깨달음을 추구하는 비평가들에게 인정받지 못하는 이유다. 내러티브의 흥미를 부여하기 위해 우리는 세상과 스토리 내에서 저항의 근원을 설명할 다른 방식을 찾아야 한다. 마찰이든, 불화든, 춤을 추다 삐끗하는 스텝이든, 마법 같은 힘을 방해하는 무언가든 말이다. 이런 관점에서 생각해 본다면 유토피아 내에서 스토리를 더욱 잘 전달할 방법을 떠올릴 수 있고, 보이지 않았던 여러 사회적 상호작용과 사회의 변화도 인식할 수 있다.

비판적 유토피아에서 큰 성공을 거둔 내러티브 전략이 무엇인지 파헤치면서 여섯 가지 콘셉트의 기본적인 스토리라인을 찾아냈다. 각각에는 저항, 불화, 엄폐 등 어떤 메타포로 불리든지 간에 스토리에 필요한 긴장감과 몰입을 유발하는 장치가 포함돼 있다. 이 여섯 가지 스토리라인에 내가 붙인 이름은 '유토피아에서 온 대사', '유토피아의 부적응자', '유토피아를 향한 위협', '예비 이민자', '유토피아 건설', '끝없는 혁명'이다.

유토피아에서 온 대사

유토피아에서 온 대사라는 콘셉트는 윌리엄 딘 하우얼스William Dean howells의 《알트루리아에서 온 여행자A Traveler from Altruria》(1894)와 함께 19세기로 거슬러 올라간다. 이 콘셉트의 이점 중 하나는 작가가 한 사회의 전체적인 상을 상상해 내거나 어떤 사회가 우월하다고 설득력 있게 표현할 필요 없이 우리가 사는 결점 가득한 세상을 관찰하는 눈 하나만 상상하면 된다는 것이다. 조애나 러스는 1975년의 대작 《여자남성》에서 이 콘셉트를 차용했다. 여성으로만 구성된 미래 세계 와일어웨이에서 온 방문객이 여성과 젠더에 관한 모든 가정을 날카롭게 비판하는 내용이다. 해당 작품은 다른 대안 미래를 여럿 제안하기도 했는데, 여성과 남성이 전쟁을 벌이는 디스토피아도 그중 하나였다. 유토피아에서 온 대사를 활용한 최근 사례는 앤디 덩컨의 《유토피아의 첩자An Agent of Utopia》(2018)로, 주인공이 토머스 모어의 머리가 잘린 사건과 관련한 음모에 휘말리고 이 과정에서 간접적으로 사회를 비평한다.

유토피아의 부적응자

유토피아의 부적응자라는 콘셉트를 가장 훌륭하게 활용

한 사례 중 하나는 르 귄의 〈오멜라스를 떠나는 사람들〉(1973)이다. 이 단편 소설에는 겉보기에는 목가적인 도시를 떠나려는 사람들이 등장하는데, 이들은 타인의 불행으로 자신의 행복을 유지하는 일은 피하고자 한다. 더욱 큰 규모의 작품을 짚어보자면 새뮤얼 딜레이니의 1976년도 대작 《트리톤^{Triton}》이 있다. 해왕성의 위성 중 한 곳에 자리한 자유분방한 사회를 그린 작품이다. 다양한 성 정체성과 성적 선택지가 주어지지만 그럼에도 주인공은 불행하다. 그가 어느 곳에서도 행복을 느낄 수 없다는 사실과 행복을 느끼려면 다른 이들의 행복이 희생돼야 한다는 사실이 분명해지며 역설적으로 그의 불행은 유토피아를 존재하게 하는 힘으로 작용한다.

르 귄이 1985년에 출간한 《언제나 집으로 돌아오기》는 유토피아의 부적응자가 등장하는 또 다른 사례다. 여기서는 더욱 큰 상상력으로 그려진 유토피아 사회가 펼쳐진다. 이곳에 사는 사람들은 케시족으로, 인류 역사가 끝난 이후의 캘리포니아 북부에서 "지금으로부터 멀고 먼 미래에 살고 있을지도 모를" 이들이다.[르 귄, 2019, p. 7] 이곳의 부적응자는 노스 아울이라는 젊은 여성이다. 가정의 붕괴, 불확실한 정체성(부친은 호전적인 콘도르 출신의 외부인이다), 청소년기에 누구나 경험하는 혼란 때문에 불행한 그녀는 부적절한 짝사랑에 빠지고는 아버지의 종족을 찾기 위해 집을 떠난다. 콘도르에서의 삶은 노스 아울을 빠르게 성장시킨다. 콘도르와 관련한 플롯은 유토피아를 향한 위협이라는 또 다른 콘셉트와도 관련 있다. 르 귄은 케시족이 지닌 평화로운 시각을 해치지 않으면서 위협의 해결책을 설득력 있게 제시한다. 재정적으로 불안했던 콘도르의 군대는 침략을 벌이기도 전에 기아와 내분으로 무너진다.

유토피아를 향한 위협 · 예비 이민자

유토피아를 향한 위협과 이민자라는 콘셉트는 르 귄에게 강한 영향을 준 작품에도 등장한다. 오스틴 타판 라이트[Austin Tappan Wright]의 《아일랜디아[Islandia]》(1942)는 19세기 말 유토피아의 유행이 끝나던 시기와 1970년대 비평적 유토피아가 출현하던 시기 사이에 등장한 몇 안 되는 진정한 유토피아 작품 중 하나다. 남반구의 어느 아대륙에 존재하는 평등을 추구하고 지구에 친화적인 상상의 나라를 배경으로 한다. 아일랜디아로 이민을 가려는 존 랭은 미국의 식민주의적이고 자본주의적인 착취라는 위협을 동반하고 있는데, 그는 자신이 사랑하게 된 문화에 정착하기 위해 이를 반드시 버려야 한다.

이와 유사하게 길먼의《허랜드》에도 자신이 제2의 조국에 위협이 된다는 점을 인정해야만 하는 화자가 등장한다. 그는 가부장제가 없는 사회에 자리를 잡게 된 세 명의 남성 탐험가 중 하나다. 세 남성의 운명은 여성의 지배에 적응하는 능력에 전적으로 달려있는데, 그중 화자의 친구 제프만은 새로운 동반자 셀리스와 함께 허랜드에 영구적으로 정착하고 테리는 강간죄를 저질러 강제로 추방당한다. 화자인 밴과 그의 허랜드인 동반자 엘라도르는 테리와 함께 '문명'으로 돌아가기로 결정하고, 작품은 유토피아에서 온 대사라는 콘셉트로 전환된다. 제임스 팁트리 주니어라는 필명으로 1976년에 앨리스 셸던이 발표한 〈휴스턴, 휴스턴, 들리는가?〉도 이와 기본적으로 동일한 이야기를 들려준다. 하지만 이 작품에서는 그 어떤 남성도 허용되지 않고 남성성이 그 자체로 위협이다. 팁트리 소설에 등장하는 '착한' 남성마저도 자제력을 낮추는 약물의 영향으로 폭력적인 성향을 드러내면 미래를 위해 죽임을 당해야 한다.

유토피아의 불씨를 지키기 위해 대단히 노력했던 킴 스탠리 로빈슨은 〈세 개의 캘리포니아^{Three Californias}〉 3부작의 마지막 작품인《태평양의 끝^{Pacific Edge}》(1990)에서 축소된 유토피아를 보여준다(나머지 두 작품은 서로 다른 형태의 디스토피아에 대해 이야기한다).

여기서 플롯이 될 위협은 내부에서 발생하는데, 이 위협은 토지 개발업자와 관련돼 있지만 모든 사람이 지닌 개인적인 결점과도 관계가 있다. 로빈슨의 유토피아는 성인聖人이 사는 곳이 아니라 타협과 임시방편으로 유지되는 곳이다.

유토피아 건설

이번 장의 서두에서 언급했듯 조 월튼은 《공정한 도시》(2015)와 후속편 《철인왕 The Philosopher Kings》(2015), 《불가피한 일 Necessity》(2016)을 통해 플라톤으로 거슬러 올라가 유토피아적 사고 자체에 관해 흥미로운 견해를 제시한다. 플라톤의 국가를 구현한 고대 지중해 국가들이 미래의 다른 행성으로 시간 이동을 하는 설정의 마지막 작품에는 내부적인 위협과 외부적인 위협이 모두 등장한다. 국민들이 분열해 소외된 자들이 생겨나는 동시에 인간이 아닌 침입자들과 맞서야 하는 위기에 빠진다. 첫 번째 작품은 아직 진행 단계에 있는 사회를 제시하며 유토피아 건설이라는 콘셉트를 보여주는데, 이런 설정은 불행한 결과로 이어질 수 있는 사건이 벌어지기 전의 희망적인 시기를 스토리의 시작점으로 삼을 수 있다는 큰 장점이 있다. 그의 《붉은 화성 Red Mars》을 비롯한 화성 3부작(1992-1996)처럼 말이다. 유토피아 건설이라는 틀을 변형한 르 귄의 단편 소설 〈혁명 전날〉(1974)은 《빼앗긴 자들》(1974)에 등장하는 무정부주의 유토피아가 아직 생겨나지 않은 시기의 이야기다. 《빼앗긴 자들》 이후에 집필된 이 단편 소설은 철학자 오도의 추종자들이 고향 우라스를 떠나 척박하지만 자유의 가능성을 지닌 아나레스 위성으로 떠나는 내용이다. 뇌졸중으로 장애를 입고 죽어가는 여성 오도가 그간의 고난이 결실을 맺는 순간을 마주하고 힘들었던 과거를 회상하며 이야기가 전개된다. 그녀는 약속의 땅을 눈앞에 두고도 입성하지 못하는 모세다. 직접 지적 구조의 설계를 마쳤으나 이를 실행하는 일은 다른 사람들의 몫이 됐다. 유토피아 건설이라는 콘셉트의 보다 역설적인 버전을 이번에는 라쿠나 셸던Raccoona Sheldon이라는 필명을 쓴 앨리스 셸던의 작품에서 찾을 수 있다. 〈너희 얼굴이여, 오 나의 자매들이여! 너희 얼굴은 빛으로 가득 차 있구나!〉에서 유토피아가 곧 생겨날 것이라고 예고하며 전국을 여행하는 여성이 예지력을 지닌 인물인지 아니면 망상에 시달리는 사람인지 독자는 알 길이 없다.

끝없는 혁명

《빼앗긴 자들》은 비평적 유토피아를 가장 완벽하고도 설득력 넘치게 표현한 작품 중 하나다. "모호한 유토피아"라는 부제와 더불어 스토리의 이중적인 구조에서 비평적인 성격의 유토피아가 드러난다. 두 세계와 두 내러티브가 등장하는 이 작품은 주인공 셰벡이 아나레스에서 우라스로 향하는 과거의 여정과 이후의 이야기를 장별로 번갈아 보여준다. 물리학자인 셰벡이 시간의 이중적인 성질을 발견하며 이야기 구조는 더욱 복잡하고 타당해진다. 그의 이야기는 동시적이면서도 순차적이다. 그뿐만 아니라 셰벡은 학문 기관의 완고한 저항과 아집을 마주하는데 이는 오도가 만든 시스템에서는 가능할 수 없는 일이었다. 그가 발견한 과학적 혁신이 가능하려면 사회적 혁신이 함께 일어나야 하는데 아나레스에서 혁명은 정체 상태에 있었다. 개혁과 투쟁이 필요한 상황이었으나, 이는 위협으로 여겨졌다. 셰벡의 동료들과 이들이 꾸린 새로운 계획의 혁명 단체 이야기는 유토피아 건설이라는 콘셉트를 색다르게 풀어냈다. 의도치 않게 셰벡은 유토피아의 부적응자가 됐다가 이후 유토피아에서 온 대사가 된다. 소설의 결말에서 아나레스라는 폐쇄적인 사회가 셰벡을 다시 받아주는지는 알려지지 않으므로 그는 예비 이민자이기도 하다. 이렇듯 르 귄은 모든 함정을 피하는 동시에 모든 유토피아 콘셉트를 작품에 포함했다. 이 소설은 본모습, 즉 기존의 틀에서 벗어나 살아가고 존재하는 방법이 여럿 있을 수 있지만 그런 대안들도 결코 완벽할 수 없으리라는 사실을 설득력 있게 보여 준다. 노력을 기울여야 하는 문제들은 항상 있을 것이다. 유토피아 혁명은 결코 끝나지 않는다. 혁명이 끝난다면 더는 유토피아가 아니다.

여섯 가지 콘셉트의 내러티브 전략은 영 어덜트 독자만큼 성인 독자에게도 좋은 반응을 끌어낼 수 있다. 10대와 20대 초반의 독자를 겨냥한 비판적 유토피아 소설이 서가에 가득한 모습을 보고 싶다. 이 시기에는 좋은 책 한 권이 인생의 새로운 길을 열어줄 수 있기 때문이다. 하지만 현재로서는 이런 책들이 자리할 틈새가 없다. 디스토피아 소설이 모든 서가와 출판 시장을 점령하고 있다. 디스토피아적인 이야기들은 좋은 생각거리를 마련해 주기도 하지만 세상이 더욱 나은 방향으로 새롭게 나아갈 수 있다는 생각을 가로막기도 한다. 레이 브래드버리는 《화씨 451》에 대해 이런 말을 했다. "책을 태우는 방법은 한 가지가 아니다. 세상은 불붙은 성냥을 들고 돌아다니는 사람으로 가득하다." [1979, p.176] 모든 유토피아가 나쁜 방향으로 흘러가거나 오직 유토피아의 결점만을 보려 한다면 우리는 긍정적으로 변화하려는 생각을 멈추게 될 것이다.

성공적인 유토피아: 음의 유토피아

　　영 어덜트를 위한 유토피아 작품을 쓰려고 한다면 앞서 제시한 내러티브 전략들을 이용해 매력적인 스토리를 만들 수 있을 것이다. 하지만 유토피아에는 독자를 흥미로운 내러티브에 빠뜨리는 기술 이상이 필요하다. 실질적인 세계 구축과 유려한 스토리텔링이 필요하다. 유토피아가 디스토피아로 전환되지 않으려면 유토피아의 주장을 제한해야 한다. 이를 비판적 유토피아에 대해 모일런이 한 말로 정리할 수 있다. "유토피아 사회에서조차 계속해서 존재하는 다름과 불완전함에 초점을 맞춰야 한다." 이로써 유토피아는 자신의 전제를 비판해야 한다. 무엇보다 대승적인 전제를 접어두고 작은 승리를 향해 나아가야 한다. 성공적인 유토피아는 사실 핵심적인 한두 가지 차이점을 제외하면 역사상 존재했던 세계와 똑같은 모습일지도 모른다. 성공적인 유토피아는 단 한 번의 주기 혹은 단 일 년만 존재할 수도 있다. 마을이나 시설, 심지어 한 가정만큼 규모가 작을 수도 있다.

　　유토피아 소설을 쓰며 다양한 생각을 했던 르 귄은 도교의 개념인 뜨겁고 남성적인 '양陽'과 차갑고 여성적인 '음陰'에 대해 이야기하며 크고 야망 넘치는 유토피아와 소박하고 절제된 유토피아를 구분했다. 그녀는 1982년 "캘리포니아를 차가운 곳으로 보는 비非유클리드적 관점"이라는 강연에서 이렇게 말했다. "유토피아는 거대한 '양'의 모터사이클 여행이었다. 밝고, 건조하고, 명료하고, 강하고, 확고하고, 능동적이고, 공격적이고, 선형적이고, 진보적이고, 창의적이고, 확장적이며, 전진적이고, 뜨겁다."[1983, p. 713] 그렇다면 그 반대는 어떨까? "어둡고, 습하고, 불분명하고, 약하고, 유연하며, 수동적이고, 참여적이고, 원형적이고, 순환적이며, 평화롭고, 인정 넘치고, 후퇴하고, 수축하고, 차갑다."[p. 714] 그뿐만 아니라 이렇게 전하기도 했다.

> 유토피아가 존재하지 않는 곳이라면 (노자의 사상을 바탕으로 접근하자면) 마땅히 길이 아닌 길을 통해야 닿을 수 있을 것이다. 같은 맥락으로 내가 그리고자 하는 유토피아의 본질은 이미 존재해야만 실현될 수 있다. [p. 717]

그녀가 그린 케시족의 사회는 이미 존재한다는 점에서마저 철저하게 음의 성격을 띤다. 르 귄은 이를 구상하기 위해 원주민 사회를 참고했다. 수천 년 동안 주변 환경에 피해를 입히지 않고 살아왔으며, 물질에서 행복을 찾기보다 인류학자 빅터 터너Victor Turner가 '커뮤니타스communitas'라고 말한 원칙과 목표 중심의 공동체에서 행복을 찾았던 사람들을 참고했다. 케시족은 가볍고 작게 살며, 풍요롭게 산다. 유머가 함께하는 관계와 의식儀式을 중요시하는 덕분에 성인으로 구성되지 않은 유토피아에 살며 경험하는 옹졸한 질투와 오해를 잘 해결해 나간다.

가정이 하나의 작은 유토피아가 될 수도 있을까? 이 문제를 두고 르 귄은 〈모든 행복한 가정〉이라는 에세이에서 《안나 카레니나》의 유명한 도입부, "모든 행복한 가족은 비슷하다"라는 톨스토이의 말에 문제를 제기한다.

> 그가 모두 비슷하다고 자신 있게 말하는 행복한 가족들은 전부 어디에 있을까? 19세기에는 그런 가정이 매우 흔했을까? 그는 러시아 귀족이나 중산층, 소작농 중에 모두 똑같은 모습으로 행복한 가족을 여럿 알고 있었던 것일까? (…) 그는 상당한 기간에 걸쳐 하나의 전체로서, 그리고 구성원 각각이 진정으로 행복하다고 말할 수 있는 가족을 하나라도, 단 하나라도 알고 있었을까? [p. 35]

유토피아도 마찬가지다. 오랫동안 기능하지 않을 수도 있고, 하나의 전체로서 성공하지 못할 수도 있으며, 불행한 구성원이 포함돼 있을 수도 있다. 하지만 유토피아가 적어도 우리가 사는 세상과 대비되는 교훈적인 사례로 기능한다는 점은 사실이다.

제한적이거나 음의 성격을 띠는 유토피아가 영원히 존속돼야 할 필요도 없고 전 지구를 아울러야 할 필요도 없다. 모든 형태의 사회적 병폐와 불의를 해결해야 하는 것도 아니다. 그저 기존의 세계와 다른 정도거나 왜 지금의 상황이 됐는지 잠시 멈춰 생각하게 할 만큼만 다른 정도면 충분하다. 그렇다면 유토피아가 어느 정도로 작아도 의미를 지닐 수 있을까?

두 사람

조슈아 코틴Joshua Kotin은 《혼자만의 유토피아Utopias of One》에서 자신만의 고립된 비전을 구축한 여러 작가에 대해 말한다. 헨리 소로Henry Thoreau, W. E. B. 뒤부아Dubois, 월리스 스티븐스다. 코틴은 다른 유토피아와 달리 혼자만의 유토피아는 실패하지 않는다고 설명하며 다음과 같이 전했다.

이 성공에는 대가가 따른다. 자신의 삶을 완벽하게 만들거나 자신이 속한 공동체를 새롭게 만들려고 하는 독자들에게는 모델이 돼

주지 못한다는 점이다. 혼자만의 유토피아는 배타적이고 대부분의 경우 모방이 불가능하다.[p. 2]

혼자만의 유토피아는 절대적으로 제한된 유토피아다. 이곳에서는 '한목소리로' 노래하는 합창단처럼 모두가 한마음이 된다. 저서의 결론에서 코틴은 유아론의 극단에서 벗어나 마지막 장의 제목인 "둘만의 유토피아"로 돌아간다. 독자는 늘 존재하는 만큼 텍스트로 전해지는 유토피아는 진정으로 혼자만의 것일 수 없다. 월리스 스티븐스의 시에서 행이 나뉘는 지점은 실로 이를 반영한 것이리라. 이는 작가의 자기표현과 독자의 이해 사이, 소통이 사라지고 언어는 너무도 사적이라 차마 자리할 수 없는 여백이다. 나 또한 코틴과 비슷하게 유토피아는 둘로 구성된 집단이라는 결론에 이를 것 같다. 유토피아는 근본적으로 가족이나 기관, 민족과 같은 사회적 구성체이기 때문이다.

민속학자 엘리엇 오링Elliott Oring은 둘로 구성된 집단은 "사회에서 오래 지속되는 관계로서 가장 최소한의 집단"이라고 설명했다.[1984, p. 19] 한 쌍의 형제자매, 친구, 배우자 등은 둘끼리 공유하는 언어와 농담, 별명, 신념, 외부 세계와의 차별감과 같이 민속 집단이 지닌 모든 특징을 가질 수 있다. 하지만 개인이 이런 특징을 지닐 수는 없다. 작가 제이 메클링^{Jay Mechling}은 민속 문화를 한 개인이 행할 수도 있다고 지적하지만[2006, p. 435], 개인이 혼자 생성할 수는 없고 타인과 공유하지 않으면 의미를 얻을 수 없음이 사실이다. 이와 마찬가지로 혼자만의 대화는 유토피아가 아니다.

사회적 변혁

그렇다면 유토피아에는 최소한 한 쌍을 이룰 두 사람이 필요한 셈인데, 그 외에 또 무엇이 필요할까? 기존의 세계를 바꾸는 심오한 변화, 일종의 사회적 변혁이 필요하다. 가족이라는 세계에서는 가족이란 어떻게 성립돼야 하는지를 다른 방식으로 보여줘야 한다. 더욱 평등하고, 협력적이며, 독창적인 가족의 모습 말이다. 커플이라는 세계에서는 세상을 바꿀 관점을 공유해야 한다. 마을이나 학교, 교회라는 세계에서는 예배와 교육, 관리법에서 완전히 새로운 방식을 보여줘야 한다. 다만 대단히 오래 지속할 필요는 없다. 유토피아는 한순간이 될 수도 있다. 삶을 변화시키고 세상을 바꾸는 시각을 제시하는 단 한순간이면 된다.

유토피아를 이루기 위한 진정한 조건

나는 준전문적인 오케스트라에서 첼로를 연주한다. 학생과 교직원, 다른 직업을 가진 지역 주민 등 다양한 사람으로 구성된 이곳에는 다른 이보다 연주 실력이 뛰어난 사람도 있고, 조용한 사람도 있고, 농담을 잘하는 사람도 있다. 나이, 성별, 직업, 출신 지역도 다양하다. 하지만 이런 것들이 중요하지 않은 순간들이 있다. 이를테면 연주 도중, 악보에 적힌 음표를 드보르자크 혹은 코플런드가 처음 상상했던 소리로 옮기는 작업에 모두가 몰두할 때가 그렇다. 이 순간 변혁적인 무언가가 벌어진다. 우리는 집중하고 귀를 기울인다. 지휘자와 콘서트마스터, 한 개의 악보대를 공유하는 파트너를 의식하고 곁눈으로 바라본다. 그렇게 우리는 개개인이 아니라 하나의 효과적인 집단, '초개체superorganism'가 된다. 일부 진화 생물학자는 음악이 집단을 한마음 한뜻으로 만드는 수단으로 진화했다고 본다. 음악이 텔레파시에 가장 가까운 개념인 셈이다. 연주로 하나가 되는 순간 우리는 이질적인 개인들이 음정과 리듬으로 하나가 돼 만들어낸 유토피아가 된다. 이 유토피아는 오래 지속되지 않고, 한 곡 혹은 곡의 절반만큼도 지속되지 않을 때도 있다. 하지만 오래 지속될 필요가 없다. 그 순간이 유토피아라는 사실을 우리도 알고 청중도 알고 있으니까.

유토피아 문학이 존재해야 하는 이유가 바로 이와 같다. 유토피아 문학은 우리가 조화의 순간들을 깨닫고 이를 가치 있게 여길 수 있게 해준다. 이런 순간들을 유토피아로 망명하거나 이민한 자들의 이야기, 사회의 메커니즘을 더욱 나은 방향으로 재구성하고 만들어가는 이야기로 엮을 방법을 찾아야 한다. 그리고 특히나 그것을 젊은 세대에게 제공해야 한다. 변화를 가능하게 할 열정과 가소성을 지닌 젊은이들에게 말이다. 유토피아에는 신경 가소성과 같은 사회적 가소성이 필요하다.

존재하지 않는 문학에 대해 이야기하는 일이 이상하게 느껴질 수 있지만, 사실 상당히 구조주의적으로 접근하고 있다. 결국 '선택지는 이것이냐 이것이 아닌 것이냐인데, 이것이 아닌 것이 세상에 존재하는가는 그리 중요하지 않다'는 말이다. 두 선택지 중 사라진 하나, 즉 내가 말하는 '이것이 아닌 것'은 영 어덜트 반디스토피아다. 음의 유토피아를 두고 르 귄이 말했듯 길이 아닌 길로만 이를 수 있는 대상이라면, 우리가 이미 그곳에 닿아있다고 보는 관점이 불가능한 역설은 아닐 것이다. 젊은 독자를 위한 유토피아는 분명 존재한다. 그러나 작은 공동체에서 한마음을 지닌 한 쌍의 사람들처럼 아주 작은 집단에서 유토피아를 발견하려고 해야만, '좋은 곳'의 모델이 돼줄 조화의 순간을 찾으려고 해야만 유토피아를 인식할 수 있다.

따라서 관점만 바꾼다면 적어도 영 어덜트 디스토피아 몇몇 작품을 그 행간에 숨어있는 유토피아로 전환할 수 있다. 끔찍한 스토리를 보는 대신 유토피아의 잠재력을 지닌 작품을 읽는 것이다. 그 예시로 알라야 돈 존슨Alaya Dawn Johnson의 《섬머 왕자The Summer Prince》(2013)를 들 수 있다. 재난 이후 첨단 기술로 발달된 미래의 브라질을 배경으로 하는 존슨의 이야기는 디스토피아의 모든 요소를 갖췄다. 팔마레스 트레스라는 이름의 거대한 생태 도시는 경제 원칙에 따라 공간이 분리돼 있다. 부자들은 꼭대기에, 노동자들은 아래에 자리한다. 여성 원로들이 엄격하게 통제하는 곳이다. 정보는 은폐되고 위선이 만연하며 해당 도시와 특권에 대한 접근은 앤티가 통제한다. 그뿐만 아니라 〈오멜라스를 떠나는 사람들〉처럼 전체 시스템이 단 한 명의 희생으로 지속되는데, 이 작품의 경우 그 대상은 학대받은 아동이 아니라 책 제목에 등장하는 왕자다.

좋은 디스토피아 작품이 그렇듯, 이 책에도 세 명의 반란자가 등장한다. 귀족 가문 출신의 신예 예술가 준과 그녀의 가장 오랜 친구 길, 도시 최하층 출신이지만 왕자로 선택된 엔키다. 반란군 연합을 이룬 이들은 삼각관계에 빠지지만 그 결과는 〈헝거게임〉이나 〈스타워즈〉와는 다르다. 길과 엔키는 길가메시와 엔키두의 유대감을 연상하게 하려는 저자의 의도가 엿보이는 이름이다. 이 둘을 주축으로 러브 라인이 형성되고, 엔키는 오래 지속될 변화를 이끌어내기 위해 희생양이라는 역할을 받아들인다. 이 청소년기의 영웅들은 정권을 전복하는 대신 팔마레스 트레스가 지능형 도시라는 특징을 활용해 도시를 개혁한다. 이들은 음의 성격을 띠는 작은 유토피아인 동시에 거대한 변화의 씨앗이기도 하다. 디스토피아에 유토피아가 숨어있다는 설정 때문인지 《섬머 왕자》는 사전트의 유토피아 문학 목록에 올라있기는 하지만 어느 범주에도 속하지 않았다. SF 작가 니시 숄[Nisi Shawl]은 이 소설이 상상하는 과학 기술의 놀라운 잠재력에 주목하며 팔마레스 트레스는 기존의 어떤 사회보다 인종적으로 포용적인 곳이라고 설명했다. 그녀는 이 소설이 지닌 문제점에도 불구하고 "나는 팔마레스 트레스를 갈망한다. 이 미래를, 희망과 절망, 즐거움과 혼란, 노력과 변화가 혼재하는 이곳을 갈망한다"라며 해당 소설의 소감을 밝혔다.

    숄은 우리가 위험에 대한 경고보다는 희망을 발견하겠다

고 택할 수 있으며, 디스토피아를 파헤쳐 반디스토피아라는 쌍둥이를 찾아낼 수 있다고 암시한다. 독자가 원한다면 유토피아는 SF, 판타지, 심지어 디스토피아에서도 발견할 수 있다. 명시적으로는 유토피아가 아니지만 기존의 사회와는 다르고 교훈이 되는 모델이자 상호 작용의 도식으로 존재할 수 있다. 그렇다면 유토피아를 이루는 진정한 조건은 독서라는 행위와 그에 따른 독자의 변화라고 할 수 있겠다. 우리가 찾고 있는 유토피아는 바로 우리 자신일지도 모른다.

7
환상 동화 속 소년 찾기

남성성 모델

✱

"나는 푸른 수염이 아니다.
살인을 저지르는 바람둥이가 아니다.
소시오패스도, 인간을 혐오하는 사람도,
눈물로 가득 찬 자신의 성으로 신부를 유혹하기 위해
숲을 나서는 비극적인 야수도 아니다.
그렇다면 나는 이 이야기 속의 작은 신부라는 말인가?"
마이클 메히아,《형제들과 야수들 *Brothers and Beasts*》

판타지 작품은 상당 부분에서 성장과 정체성을 찾는 여정의 로드맵 역할을 한다. 전통적인 환상 동화는 심리 치료사들이 환자가 개인적인 통찰을 얻고 트라우마에서 벗어날 수 있도록 신화와 이야기를 활용하기 전부터 이 같은 역할을 수행했다. 그리고 현대 판타지가 이 역할을 계승했다. 환상 동화에 등장하는 영웅 및 피해자와 자신을 동일시하는 현상은 상당히 복잡한 사안이고 브루노 베텔하임Bruno Bettelheim 같은 작가들의 왜곡으로 잘못 알려지기도 했지만, 내러티브 치료는 실제 현장은 물론이고 대중 심리학에서도 잘 확립돼 있는 치료법이다. 프로이트와 융이 등장하기 훨씬 전에 사람들은 위안과 지침을 얻고 이루 형언할 수 없는 감정들을 분출하기 위해 이야기에 기댔다. 그러나 이런 위안과 해방이 모두에게 동일하게 허락되지는 않았다. 지난 한 세기 동안 특히나 환상 동화의 개인적, 예술적 활용은 신화나 다른 집단적 구전 내러티브와 달리 대체로 여성의 특권으로 자리 잡았다. 남성도 환상 동화를 읽고 쓰는지 묻는다면 이상한 질문이 될 것이다. 한스 크리스티안 안데르센이나 샤를 페로$^{Charles\ Perrault}$의 독자라면 하지 않을 질문이다. 하지만 20세기 중반 이후 환상 동화가 여성의 예술적 표현이자 자기 성찰, 정치적 운동의 주요한 도구가 된 반면, 남성 작가와 소비자 들은 환상 동화의 영역에 발을 들여놓을 때면 침입자가 된 듯한 기분을 자주 느꼈다. 환상 동화에 평생을 바쳐온 사람으로서 이런 불균형이 당혹스러웠던 나는 몇 년 전 이런 현상이 어떻게 생겨났고 남성 작가들이 이야기의 세계에서 자신의 권리를 지키기 위해 어떤 전략을 취했는지 탐구하기 시작했다. 이 탐험의 결과로 탄생한 논문을 2018년에 학술지에 실은 바 있다. 이번 장에서 해당 논문을 인용하겠지만 그대로 옮기지는 않을 것이다.

미리 경고하자면, 남성과 환상 동화에 대해 이야기하는 일은 위험하다. 남성 인권 운동의 대열에서 강인함을 드러내듯 가슴을 두드리는 사람들의 뒤를 따르는 것처럼 보이기 때문이다. 로버트 블라이$^{Robert\ Bly}$가 〈무쇠 한스$^{Iron\ Hans}$〉를 《무쇠 존$^{Iron\ John}$》으로 바꿔(국내에서는 《무쇠 한스 이야기》로 출간됐다-옮긴이) 악몽 같은 살인자를 수호자 역할의 야성 넘치는 남자로 바꿔놓은 경우를 생각하면 된다.[자이프스, 1992, p. 16] 나는 전통 이야기를 이용해 남성의 특권을 다시 확인시키거나 원시적인 삶을 살아야 한다고 충고할 생각은 없다. 나는 페미니즘을 기반으로 젠더를 바라보며, 페미니즘으로 소녀와 여성뿐 아니라 남성과 소년 또한 다채롭고도 나약한 존재로 인식될 수 있다고 믿는다. 따라서 디즈니 애니메이션을 논한 페미니스트들에 대해 먼저 이야기하고자 한다. 탐정 소설의 관점으로 생각해 보자면 디즈니 애니메이션은 가장 먼저 해결해야 할 범죄 사건이다.

여성 캐릭터의 재발견

케이 F. 스톤의 1975년 에세이 〈월트 디즈니가 우리에게 절대로 말하지 않는 사실들〉과 더불어 캐런 로$^{Karen\ Rowe}$의 1979년 에세이 〈페미니즘과 환상 동화$^{Feminism\ and\ Fairy\ Tales}$〉는 〈백설 공주〉부터 〈잠자는 숲속의 공주〉까지 애니메이션 영화 속 수동적인 여자 주인공들에게서 배운 교훈에 의문을 품어야 한다고 말한다. 동화의 애니메이션 버전에 더해진 반페미니즘적 요소는 대단히 끔찍하며 한번 인식하기 시작하면 대단히 명백하게 보인다. 잭 자이프스의 《동화의 정체》와 마리아 타타르$^{Maria\ Tatar}$의 《그림 형제의 환상 동화에 대한 사실들$^{The\ Hard\ Facts\ of\ the\ Grimms'\ Fairy\ Tales}$》 등 그림 형제에 대한 연구는 편집을 거치며 어떻게 강한 여성 캐릭터들이 점차 도태되고, 폭력의 수위가 높아지고, 능동적이었던 여성 영웅들이 착하거나 조용하거나 심지어 오래전 독일 여성성을 상징하는 모델로 변해갔는지를 보여준다. 이후 출판사들은 그림 형제의 뒤를 이어 우리가 디즈니 영화에서 흔히 볼 수 있는 조용하고 가정적인 여자 주인공을 선호했다. 여성 캐릭터를 침묵시키는 기조는 편집자와 각색자의 영역을 넘어 점차 확장됐다. 로와 스톤이 처음 이런 현상을 지적하고 몇 년 후, 민속학자 토보그 룬델Toborg Lundell은 민속학의 표준 색인집에서 겉으로 보기에는 객관적인 듯한 주제어들을 조사했다. 또한 같은 행동이라도 그 주체가 남성인지 여성인지에 따라 완전히 다르게 표현된다는 사실을 발견했다. 〈똑똑한 시녀Mestermø〉라는 노르웨이의 환상 동화를 예로 들어보겠다. 주인공은 자신감 넘치는 아주 특별한 하녀로, 자신을 가둔 트롤을 속여 한심하기 짝이 없는 왕자를 구하고 그와 결혼한다. 이 이야기가 속한 카테고리는 '아르네-톰슨' 유형 색인에서 "영웅의 탈출을 돕는 소녀"로 분류돼 있다.[룬델, 1986, p. 153] 안티 아르네Antti Aarne와 스티스 톰프슨이 의도적으로 기록을 왜곡하려 하지는 않았겠지만 유형 색인명을 작성할 때 소녀가 영웅일수도 있다는 사실은 생각조차 못한 것 같다.

따라서 이야기 속 여성들을 재발견하는 과정은 디즈니와 그림 형제의 여성 혐오를 확인할 수 있는 이야기들을 한데 모으는 과정이기도 하다. 에설 존스턴 펠프스Ethel Johnston Phelps의 《태터후드와 다른 이야기들Tatterhood and Other Tales》(1978)과 앤절라 카터의 《여자는 힘이 세다》(1990) 같은 모음집은 구전 설화에 항상 등장했던 영리하고 결단력 있는 소녀의 존재를 입증하는 책들이다. 모든 잠자는 숲속의 공주 곁에는 똑똑한 시녀가, 케이트 크래커넛츠가(스코틀랜드 민담 〈케이트 크래커넛츠Kate Crackernuts〉에서 케이트는 마녀의 마법에 걸린 아름다운 동생 앤을 구해준다-옮긴이), 거인을 죽인 몰리 후피가, 위험에서 스스로 빠져나오며 아름다움보다는 재치로 위기를 헤쳐나가는 여성들이, 젊은 여성들을 억압하기보다는 지혜롭게 이끄는 나이 든 여성 캐릭터들이 함께한다. 더 나아가, 특히 린다 데그Linda Dégh의 《민담과 사회Folktales and Society》(1989)와 마리나 워너Marina Warner의 《야수에서 금발의 미녀로From the Beast to the Blonde》(1994)를 비롯한 이후 연구들은 나이 든 여성이라는 여성 화자의 전통적인 이미지이자 시조인 마더구스의 이미지가 틀리지 않았다는 사실을 보여준다. 대부분의 문화에서는 여성과 남성 모두 이야기를 들려준다. 물론 이야기와 그것을 듣는 대상이 늘 같지는 않지만 말이다. 이때 여성 이야기꾼은 당연하게도 여성 주인공을 선호하기 마련이다.

    출판물에서 이런 전통이 되살아나던 시기에 제인 욜런^{Jane} ^{Yolen}, 앤절라 카터 같은 작가들이 샤를 페로의 〈잠자는 숲속의 공주〉와 〈푸른 수염〉 등의 억압적인 이야기들을 인내, 나아가 승리의 이야기로 바꿔 그들만의 내러티브를 만들었다. 카터의 시적이면서도 불쾌한 이야기 모음집 《피로 물든 방》이 1979년에, 욜런의 재치 넘치는 동화 《잠자는 숲속의 추녀 $^{Sleeping\ Ugly}$》가 1981년에 출간됐다. 두 작품은 내용이 상당히 다르지만 젊은 여성들에게 순종을 가르치기 위해 사용하던 이야기를 새롭게 구성하고 변형했다는 점은 동일하다. 여기에 앤 섹스턴과 실비아 플라스 $^{Sylvia\ plath}$의 시적이고 자기 탐구적인 작품들, 데그의 헝가리 여성 스토리텔러에 대한 맥락 연구, 자이프스와 타타르의 그림 형제 작품에 대한 조사, 베텔하임과 그보다 덜 문제적인 평론가들이 적극적으로 임했던 정신 분석학적 접근까지 더해져 여성과 환상 동화의 담론에서 창의적이고 학문적인 골드러시의 조건이 갖춰졌다.

소년을 위한 환상 동화는 없다

그렇다면 여기서 남성들의 역할은 무엇이고, 내 역할은 무엇이었을까? 내 경우 기본적으로 혜택을 마음껏 누리는 쪽이었다. 페미니즘이 전성기를 맞았던 1970년대, 나는 민속 문학에 관심이 많은 학생이었다. 여성 주인공들을 재발견하는 분위기에 잔뜩 흥분했고, 앤드류 랭의 다양한 환상 동화에서 접했던 강한 여성 캐릭터들을 새삼 다시 떠올렸다. 물론 그때는 앤드류 랭보다 그의 아내 노라 랭Nora Lang의 기여가 더욱 컸다는 사실을 몰랐지만 말이다. 나는 익숙한 이야기를 반전시켜 판타지와 접목한 작품들을 좋아했다. 로빈 매킨리Robin McKinley의 《미녀Beauty》(1978), 태니스 리Tanith Lee의 《피처럼 붉은Red as Blood》(1983), 엘런 댓로우Ellen Datlow와 테리 윈들링Terri Windling의 《백설 공주, 붉은 피Snow White, Blood Red》(1993)에 담긴 스토리와 시, 윈들링이 자신의 환상 동화 시리즈에 차용한 소설화된 이야기들 말이다. 내가 특히 좋아했던 작품으로는 요정 대모에 의해 뱀파이어가 된 신데렐라를 상상한 수전 팰위크Susan Palwick의 〈그 후의 이야기Ever After〉(1987), 여성에게 주도권이 있고 여성 중심의 이야기인 한스 크리스티안 안데르센의 《눈의 여왕》에서 영감을 받은 켈리 링크의 〈눈의 여왕과의 여행Travels with the Snow Queen〉(1997), 델리아 셔먼Delia Sherman의 1995년도 시이자 마지막 연에서 기존 동화 속 가족의 역학을 완전히 재구성한 〈백설 공주가 왕자에게Snow White to the Prince〉 등이 있다. 셔먼의 시에서 백설 공주는 "내가 그녀를 몰랐을 것 같나요"라고 되물으며 이렇게 설명한다.

> 당연히 그녀가 준 독이 든 선물을 받았죠.
> 내 머리를 빗어주는 그녀의 손길을 느끼고 싶었고,
> 옷을 입혀주기를 바랐고,
> 그녀의 손에서 사과를 가져가고 싶었고,
> 그녀의 입술에 번지는 미소를 보고 싶었으니까.
> 내가 어렸을 때처럼 말이에요. [1995, p. 41]

원작들과 역사 수정주의에 대한 담론을 지켜보며 페미니즘의 미학적, 사회적 이점에 대한 내 신념은 강해졌고, 장르뿐만이 아니라 젠더를 함께 탐구하는 방향으로 나아가게 됐다.

1999년, 홀린스대학교에서 "젠더와 판타지: 남성과 여성과 용"이라는 강의를 개설했다. 젠더라는 부등식에서 용이 변수로 작용하는 세 번째 항일지도 모른다는 막연한 생각에서 탄생한 강의였다. 여기서는 여성 작가와 여성 캐릭터만을 다루지 않았다. 로버트 먼치Robert Munsch의 《종이 봉지 공주》(1980)는 디즈니 작품을 전복하는 세계의 입문작으로 유명했고, 더욱 거슬러 올라가 케네스 그레이엄Kenneth Grahame의 《싸우기 싫어하는 용The Reluctant Dragon》(1898)은 전통적인 남성성을 멋지게 해체했다. 르 귄의 《어스시의 마법사》(1968)에는 남성 영웅이 등장하고 가부장적인 마법사의 사회가 배경이지만, 《테하누》(1990)로 다시 어스시를 찾은 르 귄은 영웅과 사회 모두에 의문을 제시했다. 두 작품 사이에 흐른 세월 동안 르 귄의 용은 젠더라는 개념에 수많은 변화를 이끌어냈다.

　　이 강의를 두 번째로 진행했을 때 만난 한 학생은 환상 동화의 치료적 역할을 조사하고 싶어 했다. 이 학생은 소녀와 환상 동화에 관한 1차, 2차 문헌 자료가 상당히 많다는 사실을 발견했다. 근친상간이나 강간의 위협을 받는 여자 주인공이 학대를 이겨내는 수많은 스토리는 환자가 트라우마를 극복하고 삶의 시나리오를 다시 쓰는 과정에 활용됐다. 스토리의 이런 활용은 여성 작가들의 발언으로 더욱 힘을 얻었다. 그중에서도 특히나 테리 윈들링이 환상 동화에 담긴 구원의 힘을 직접 느끼고 이에 대해 전한 경험담은 강렬했다. 그녀는 이를 자신의 선집 《팔이 없는 여자*The Armless Maiden*》(1995) 서문에 실었다.

> 어린 시절, 깊고 어두운 숲을 지나본 사람의 관점에서 보자면 이런 스토리에서 중요한 점은 "그 후로 오래오래 행복하게 살았답니다"라는 해피 엔딩이 아니다. 변화를 거쳐 그 결말에 이르기까지의 과정이 더욱 중요하다.[p. 15]

이런 사실을 바탕으로 학생은 학대당한 소년들에 대한 환상 동화를 찾아보고 치료에 도움이 될 가능성에 대해 조사했다. 하지만 아무것도 찾지 못했다. 계부의 질투에 맞서는 남자 신데렐라나 백설 공주 이야기, 근친상간하려는 모친이나 부친에게서 도망쳐야 하는 당나귀 왕자 이야기는 어디에 있을까? 우리는 궁금해졌다. 여자아이들에게 그러했듯 남자아이들에게 도움을 주는 스토리는 세상에 없는 것만 같았다. 있다고 해도 잘 알려지지 않았고, 지금껏 이를 파헤쳐 보려 한 사람은 없는 것 같다. 소년 영웅들이 신체적, 정신적으로 학대당하는 모티프를 몇 가지 찾기는 했지만, 민속 전통에는 남성이 성적 학대의 피해자가 될 수 있다는 인식 자체가 없었고 적어도 2000년대 초반까지는 남성 환자들을 대상으로 한 비슷한 도서나 논문이 전혀 없었다.

남성을 고립시키는 남성성

이 지점에서 나처럼 독서 치료의 신뢰도에 대해 의구심이 들거나, 학대당했다는 환자들의 이야기를 부정했던 프로이트를 떠올리거나, 남자아이들을 피해자로 보지 않는 문화적 무지가 어떤 이유 때문인지 궁금해질 것이다. 다만 당장 집중해야 할 문제가 있는 만큼 이런 사안들은 자칫 논점을 흐릴 수 있다. 전문성을 요하기에 내가 감히 손댈 수 없는 문제들이기도 하다. 내러티브라는 분야에 국한해서 이야기하자면 나는 증거의 불균형에 충격을 받았다. 여성과 동화에 대한 자료는 무척이나 많았지만 남성에 대한 자료는 너무도 적었다. 이는 너무도 오랫동안 남성을 표준이자 기준으로 삼았기 때문이다. 페미니즘의 개입과 여성성에 대한 물음 없이는 남성성 또한 마찬가지로 형성된 개념이라는 사실과 여기에도 마찬가지로 문제가 많다는 사실을 깨닫기 불가능할 정도다. 남성과 소년이 매우 오랫동안 보편적인 기준으로 인식됐던 나머지 베텔하임은 진심을 담아, 하지만 아무런 근거 없이 다음처럼 이야기할 수 있었다.

이런 영웅들의 운명을 보며 아이는 세상에서 소외되고 버려진 기분을 느낄지라도 (…) 이 영웅들처럼 (…) 누군가의 안내를 받아 한 단계 한 단계 나아가게 될 것이고 필요한 순간에 도움을 받게 되리라는 믿음을 갖는다. 고립됐지만 그럼에도 주변 세상과 의미 깊고 가치 있는 관계를 맺는 일이 가능한 남성의 이미지가 주는 안도감은 과거보다 현재의 어린이에게 더욱 필요하다.[1977]

이런 '고립된 남성'이 베텔하임이 예시로 든 〈백설 공주〉와 〈빨간 망토 소녀〉, 〈신데렐라〉에도 등장한다는 점을 반드시 기억해야 한다. 여성들은 남성성의 일반화로 불이익을 받는다. 그리고 많은 경우 남성들 또한 마찬가지인데, 특히나 남성성이라는 보편적인 기준이 지침도 위안도 주지 못할 때 더욱 그렇다.

마음 한구석에서 이런 생각들을 굴리며 다른 연구를 진행하다가 SF 속 젠더를 다룬 책 한 권을 접했다. 이 프로젝트의 일부로 SF의 페미니즘적 비평에 관한 글과 젠더화된 정체성과 의미를 기호학적으로 연구한 글을 읽었다. 남성성 연구의 새로운 분야를 접하기도 했다. 마이클 키멀Michael Kimmel과 R. W. 코널Connell의 연구였다. 코널은 '헤게모니 남성성'이라는 개념을 소개했는데, 사회적으로 용인된 젠더 역할에 개인이 얼마나 부합하는지에 따라 권력이 주어지거나 철회되는 현상을 살펴보는 개넘이었다. 이런 현상이 소년들에게 의미하는 바는, 지배력이라는 이상이 손에 잡힐 듯 눈앞에서 흔들리고 있지만 자신감 넘치게 지배력을 발휘할 기회는 영원히 유예된다는 것이다. 코널과 키멀 그리고 이들의 추종자들은 남성의 특권을 낱낱이 설명하고 남성적 정체성의 균열을 폭로했다. 남성성이 개인에게 내재된 여성적인 면은 무엇이든 억압하고, 억압했다는 증거마저도 지우는 방식으로 유지된다는 사실을 밝혔다.

  이 모든 연구를 계기로 환상 동화처럼 단순해 보이는 텍스트를 완전히 새로운 차원에서 탐정처럼 조사하는 연구를 시작했다. 그리하여 몇 년 전 "남성과 여성과 용" 강의를 할 당시에 품었던 질문들과 내 학생이 진행했던 프로젝트를 통해 알게 된 불균형을 다시금 살펴봐야겠다는 생각이 들었다. 남성성과 환상 동화에 대한 학회 논문을 구상했다. 누구나 그렇듯이 학회가 개최될 즈음이면 사례도 찾았을 것이고 해야 할 말도 준비가 돼있을 것이라고 생각하며 초록을 작성했다. 앞으로 무엇을 발견하게 될지는 전혀 몰랐지만 몇 가지 사례가, 심문해야 할 몇몇 용의자가 떠오르기는 했다. 애팔래치아의 〈잭 이야기Appalachian Jack Tales〉, 남자 신데렐라 스토리라고 불리는 노르웨이의 〈아셰라드Asklad〉, 노르웨이 민담을 현대적으로 재해석한 닐 게이먼의 〈트롤 다리〉

(1993), 모리스 샌닥Maurice Sendak의 그림이 더해진 그림 형제의 작품집, 디즈니 고전 만화에서 알맹이 없는 모습으로 등장하는 왕자들 말이다.

참고 사례와 자료를 찾던 중 케이트 베른하이머Kate Bernheimer의 작품들, 그중에서도 여러 전통 설화를 주제로 작가들의 이야기를 모은 선집 두 권을 접했다. 첫 번째 책 《거울아, 거울아: 여성 작가들이 자신이 가장 좋아하는 환상 동화에 대해 이야기하다 Mirror, Mirror on the Wall: Women Writers Explore Their Favorite Fairy Tales》(1998)는 마거릿 애트우드와 A. S. 바이엇Byatt 등 작가들의 성장에 환상 동화가 미친 영향력을 이야기하는 도서로 상당한 찬사를 받았다. 그 후 남성과 환상 동화가 주제인 두 번째 책을 기획한 베른하이머는 대놓고 이런 이야기를 들었다. "남성이 환상 동화를 주제로 무슨 이야기를 하든 아무도 관심 없을 것입니다."[베른하이머, 2007, p. 5] 그녀가 원고를 모으고 출판사를 설득해 《형제들과 야수들: 환상 동화에 대해 말하는 남성들 Brothers and Beasts: An Anthology of Men on Fairy Tales》(2007)을 출간하기까지 몇 년이 걸렸다. 닐 게이먼, 잭 자이프스, 그레고리 맥과이어Gregory Macquire를 비롯한 기고자들이 공통적으로 전하는 바는, 물론 소년들이 환상 동화를 찾아 읽기는 하지만 그러기 위해서는 대단한 사회적 압력에 맞서야 한다는 사실이었다. 소설가 크리스토퍼 바르작Christopher Barzak은 자신이 처음 환상 동화를 접했을 때 경험한 감정에 대해 이렇게 전했다.

> 어린 시절을 떠올려보면, 나는 어린 나이에도 불구하고 같이 어울리는 남자아이 중 책을 많이 읽는 친구가 없다고 생각했다. 그들은 특히나 환상 동화를 보지 않았다. 어렸을 때는 디즈니 정도는 시청해도 괜찮았지만 10대에 가까워질수록 그조차 금기시됐다.[2007, p. 27-28]

환상 동화를 읽는 남자아이들은 표준에서 멀어진, 일반적인 사회적 역학을 뒤집는 특이한 사례가 된다. 남성 독자가 어떤 이야기를 가장 의미 있게 느낄지는 아직도 정확히 알려진 바가 없다.

베른하이머는 남성과 환상 동화에 대해 파고들지 말라는 경고를 하나의 도전으로 받아들였다. 나도 마찬가지였다. 탐정 소설에서 누군가 탐정에게 조사를 멈추라고 경고하는 순간과도 같다. 해서는 안 된다고 경고를 듣는 일이야말로 조사해야 하는 대상이니까. 하지만 수사를 어디서부터 시작해야 할까?

내가 어떤 일에 시간을 쓰고 싶지 않은지는 알았다. 섹스턴과 카터가 암시적으로 다룬 여성 캐릭터들을 직접적으로 차용한 남성 작가들의 작품이었다. 기본적으로 도널드 바셀미Donald Barthelme와 로버트 쿠버는 다루고 싶지 않았다. 바셀미의 《백설 공주》(1967)를 대단히 싫어했고, 이미 크리스티나 바킬레가Christina Bacchilega가 《포스트모던 환상 동화Postmodern Fairy Tales》(1997)에서 이들의 문화적 업적을 훌륭하게 분석한 바 있었다. 또한 나는 〈신데렐라〉 속 마부가 된 쥐들처럼 주변 캐릭터의 시각으로 여성 중심의 이야기를 간접적으로 바라보는 소설에도 초점을 맞추고 싶지 않았다. 따라서 안타깝게도 그레고리 맥과이어와 데이비드 헨리 윌슨David Henry Wilson, 필립 풀먼 같은 작가들의 흥미로운 작품들이 제외됐다. 또 아쉽게도 랜들 자렐Randall Jarrell이 환상 동화를 재해석한 작품들도 포기해야 했는데, 여기에는 그림 형제의 동화를 변형시킨 이야기들과 그가 직접 쓴 《동물 가족The Animal Family》(1965)등이 포함돼 있었다. 자렐만큼은, 특히나 그의 시 〈흑조The Black Swan〉(1969)만큼은 포기하고 싶지 않았지만, 둘 중 한 명이 백조이거나 백조로 짐작되는 자매의 이야기를 다루는 만큼 내가 모으던 자료와는 어울리지 않았다. 하지만 미스터리 소설에서는 무시하고 지나친 단서가 해결의 열쇠가 될 때가 많기 때문에, 남성 시인이 여성의 목소리를 이용하고 이후 그 목소리가 백조의 목소리로 달라지는 정체성의 계층화에 대해서는 생각해 볼 가치가 있었다. 자렐의 시는 습지의 배경과 소리가 화자의 침실로 밀려 들어오는 몽환적인 이미지로 끝난다. 백조와 인간, 야생적인 것과 길들여진 것, 하늘과 호수 같은 범주의 경계가 흐려지고 변질되는 가운데 화자는 자매이자 자기 자신이기도 한 백조의 검고 부드러운 날개에서 위안을 받는다. 환상 동화 속의 남성성과 관련해 최종적으로 생각을 정리하는 동안 이 아름답고도 섬뜩한 시가 마음 한구석에 자리하고 있었다. 앞으로 설명하겠지만 백조는 환상 동화와 남성성에 중요한 역할을 한다.

현대 및 전통 환상 동화의 보물 창고나 다름없는 하이디 앤 하이너Heidi Anne Heiner의 '쉬르라룬 환상 동화SurLaLune Fairy Tales' 웹사이트에서 정리한 리스트와 베른하이머의 선집들, 댓로우와 윈들링의 작품들과 더불어 댓로우와 나눈 서신들로 무장한 나는 소설과 이야기가 담긴 책들을 수집하기 시작했다. 이 과정에서 한 가지 깨달은 사실이 있는데, 이를 너무도 늦게 깨달았다는 데서 탄성이 나올 정도였다. (여러 의미에서) 퀴어성과 환상 동화에 대한 애정 사이에 상당한 교집합이 있다는 사실이었다. 앞서 에세이를 인용했던 크리스토퍼 바르작이 둘의 연관성을 언급한 바 있다. 창작되거나 각색된 환상 동화 가운데 동성애자의 삶과 정체성을 이야기한 작품이 여럿 있다. 피터 카소랄리Peter Cashorali의 《환상 동화: 남성 동성애자들을 위한 이야기Fairy Tales: Traditional Stories Retold for Gay Men》(1995), 로런스 시멀Lawrence Schimel의 《엘플랜드의 여장 남자The Drag Queen of Elfand》(1997), 스티브 버먼Steve Berman의 《빨간 모자: 평범하지 않은 독자들을 위한 새로운 환상 동화Red Caps: New Fairy Tales for Out of the Ordinary Readers》(2014), 내가 모아둔 자료를 정리하던 중 우연히 발견한 마이클 커닝햄의 《백조 왕자와 다른 이야기들A Wild Swan and Other Tales》(2015)을 예시로 들 수 있다.

이렇게 살펴봐야 할 상당한 양의 증거가 있었고, 엄청난 자료들에 파묻힌 채 내가 개발한 방법으로 꼼꼼하게 조사하며 패턴을 읽어내려고 했다. 여러 패턴이 저절로 드러났다. 문화적 정서에 반하는 기조, 신데렐라의 쥐 마부 같은 조연 캐릭터와의 동일시, 이야기 초반부에 언뜻 등장하는 특이한 욕망이 후반부에서 핵심적인 동력으로 작용하는 현상 등이었다. 결국 대안적 남성성의 세 가지 모델에 집중하기로 결정하고 이에 해당하는 이야기들에 초점을 맞췄다. 사실 이런 이야기들을 찾게 되리라고 딱히 기대한 적이 없었다. 당시만 해도 제안하고자 하는 세 가지 남성성이 서로 어떤 연관성이 있을지, 코널의 헤게모니 남성성 같은 이론적 개념과 어떤 관련성이 있을지 확신할 수도 없었다. 이 질문들에 대해서는 잠시 후에 다룰 예정이다. 응접실에 모든 용의자를 한데 모아놓고 엄청난 사실을 공개하는 순간이 되리라. 우선 여기서는 학회에서 긍정적인 반응을 얻었고, 이 주제에 대해 더욱 구체적인 논문을 써보라고 격려받았다는 점만 밝히겠다. 다시 말해 탐정으로서 훨씬 체계적으로 접근해야 한다는 의미였다.

재해석된 환상 동화 속 남성성 모델

학회용 논문으로 썼던 원고를 학술지에 보냈고 얼마 후 수정 요청을 받았다. 학술지 위원들은 페미니즘과 문학보다는 남성성 연구와 민속 문학에 대한 내용을 더 보고 싶어 했다. 문제될 것은 없었다. 오히려 디즈니와 환상 동화의 간극에 대한 케케묵은 논쟁을 반복하지 않아도 돼서 좋았다. 또한 수정 요청으로 몰랐던 자료들을 발견하게 돼 기쁘기도 했다. 그중 하나는 지나 조르겐슨Jeana Jorgensen이 2012년에 발표한 논문 "고전 유럽 환상 동화 속 젠더와 신체Gender and the Body in Classical European Fairy Tales"로, 남성과 여성의 신체를 아름다움과 취약성의 관점에서 바라보는 시각을 다룬 논문이다. 루이스 사이페르트Lewis Seifert의 《프랑스의 환상 동화와 성, 젠더, 1690-1715Fairy Tales, Sexuality, and Gender in France, 1690-1715》(1996)에 대해서도 처음 알게 됐다. 특히나 제임스 M. 태가트James M. Taggart가 구세계와 신세계 속 두 공동체의 스토리텔링을 연구해 1997년에 출간한 《곰과 그의 아들들: 스페인과 멕시코 민담 속 남성성The Bear and His Sons: Masculinity in Spanish and Mexican Folktales》에 크게 매료됐다. 새롭게 접한 참고 자료 중 어떤 것도 내 생각을 바꾸는 데 영향을 미치지는 못했지만 아이디어의 근거를 더욱 신중하게 찾고 학문적 맥락에 어울리도록 정리하는 계기가 됐다. 성급한 결론이나 경솔한 현장 조사에 책임을 묻는 일은 탐정에게 이롭게 작용한다.

첫 번째 논문은 위원들에게 마땅한 이유로 반려됐다. 탐정이라면 난관을 경험하기 마련이다. 이후 논거를 새롭게 구성하고, 수사법 활용 방식을 바꾸고, 자료를 보강해 내 주장에 더욱 힘을 실을 전략을 취했다. 하지만 몇 가지 조사 결과에 대해 질문을 받았고, 다시 각주를 정리하고 주장을 다듬는 과정을 거쳐야 했다. 위원들이 적극적으로 반응을 보여준다는 것은 환상 동화에 우리가 위기의식을 가질 만한 문제가 있다는 뜻이었으므로 기쁘게 받아들일 일이었다. 이야기는 성별 정체성을 포함해 우리가 어떤 사람인지를 알려준다. 이야기의 전파와 재구성이 지닌 문화적 의미는 단순히 개인의 활용에 관한 문제에 그치지 않는다. 이야기는 사회가 구성되고 권력이 분배되는 방식과 관련 있다.

그래서 결국 내가 찾은 패턴이란 무엇이고 이에 대해 어떻게 주장을 전개했을까? 앞서 말했듯 환상 동화를 재해석한 여러 작품에 세 가지 패턴의 남성성이 존재한다는 사실을 감지했다. 이 패턴들이 문학에서 어떻게 표현되는지 설명하기 위해 한 가지 이상의 이야기 유형과 그 유형에서 변형이 더해진 이야기도 찾아야 했기에 결국 여섯 개의 원본 텍스트를 살펴봤다. 〈잭과 콩나무〉와 〈용감한 꼬마 재봉사〉는 검토하게 되리라고 예상했던 작품이었다. 반면 〈푸른 수염〉, 〈룸펠슈틸츠헨〉은 생각지 못했다. 〈장화 신은 고양이〉나 〈알라딘〉, 〈애쉬래드 Teh Ashlad〉를 재해석한 작품들이 있으리라 생각했지만 찾지 못했다. 나는 세 가지 패턴에 '작은 남자', '괴물 신랑', '에로틱한 백조'라는 이름을 붙였다. 이 모든 패턴에서 주인공은 일종의 헤게모니 남성성과 맞서 싸우고 강한 남성이라는 상상 속 이상향을 회피하거나 변화시키거나 물리친다.

그럼 이제부터 용의자들을 소개하겠다. 가장 먼저 작은

남자가 있다. 바로 앞에서 〈용감한 꼬마 재봉사〉를 언급했는데, 이 이야기를 모르는 사람도 있겠지만 1983년에 디즈니에서 미키마우스를 주인공으로 해 단편 만화로 제작한 바 있다. 조셉 제이콥스Joseph Jacobs가 재구성한 영국 버전은 〈한 방에 열두 마리A Dozen at One Blow〉라는 제목으로, 이야기가 이렇게 시작한다.

작은 남자

꼬마 재단사가 다리를 꼬고 앉은 채 바느질에 여념이 없었을 때 한 여성이 길에서 외쳤다.

"홈 메이드 잼 사세요. 홈 메이드 잼 사세요!"

재단사가 그녀를 불러 세웠다.

"여기요, 아가씨. 4분의 1파운드를 사겠소."

그녀가 잼을 주자 그는 잼을 빵과 버터에 바른 후 점심 식사용으로 옆에 뒀다. 그런데 여름인지라 파리들이 빵과 잼 주변으로 모여들기 시작했다. 이를 알아챈 재단사는 가죽끈을 휘둘러 한 번에 열두 마리를 죽였다. 그는 자신의 모습에 우쭐해졌다. 그래서 '한 방에 열두 마리'라고 새긴 어깨띠를 만들어 둘렀다. 어깨에 두른 띠를 내려다보며 그는 이런 생각을 했다.

"이런 일을 해내는 사내는 집에만 머물러서는 안 되지. 세상을 정복하러 나가야 마땅하다고."[1916]

여기서 몇 가지 짚어야 할 내용이 있다. 먼저 이 작품 속 영웅은 성인 남성이지만 꼬마처럼 묘사된다. 또한 그는 소작농도 왕자도 아니고 노동자다. 파리들을 죽이는 그다지 영웅적이지 않은 행동에 자랑스러워하는 모습으로 이후 그가 모험에서 파리가 아니라 거인을 상대로 같은 행동을 하다 곤경에 처할 것이라고 미리 짐작할 수 있다. 하지만 기발한 재주와 용기, 천연덕스럽게 거짓말하는 능력으로 그는 결국 왕국의 절반과 공주를 얻는다.

이야기에는 나오지 않지만, 재단사의 이름은 영국과 미국의 전통 이야기에서 항상 약자이지만 영웅으로 등장하는 '잭'일 가능성이 크다.[매카시McCarthy, 1994] 〈거인 사냥꾼 잭Jack the Giant Killer〉의 잭과 콩나무를 오르는 잭을 포함해 거의 모든 잭은 사실 작은 남자 모델에서 파생했다. 1986년에 제작된 제임스 라핀James Lapine과 스티븐 손드하임Stephen Sondheim의 뮤지컬 〈숲속으로〉에서 잭은 통과 의례를 거치는 청소년으로 등장하는데, 그가 부르는 노래들은 그의 모험에 성적인 면이 있음을 암시한다. 땅으로 내려온 그는 "하늘에 거인들이 있어요"라고 외치며 "덩치가 크고 무서운 여자 거인이 거대한 가슴을 들이밀며 꼭 끌어안았어요. 이제는 알게 됐어요. 전에는 결코 알지 못했던 것들을…"이라고 전한다.

라핀과 손드하임은 몇몇 정신 분석학적 개념을 비판하고 축소하기도 했지만 뮤지컬 전반에 블라이와 베텔하임의 영향을 받은 정신 분석학적 해석을 더했다. 두 사람은 잭을 아직 미성숙한 남성으로, 콩나무 줄기를 남근으로, 남자 거인과 여자 거인을 각각 괴물 같은 아버지와 욕망의 대상인 어머니로 그리며 오이디푸스적 해석으로 접근했다. 게다가 여성 거인이 남편의 죽음을 복수하려는 설정으로 상황을 복잡하게 만들었지만, 이는 또 다른 이야기다.

현대판 작은 남자 모델을 수집하던 중 기본적으로는 같은 설정이지만 굉장히 다른 버전이 또 하나 있다는 사실을 깨달았다. 작은 남성 노동자가 돈이 많고 강한 남성에게 맞서는 이야기로, 더욱 부유하고 나이가 많고 덩치도 큰 남성과 함께하는 여성이 그의 협력자로 등장하기도 한다. 내가 떠올린 이야기에서 작은 남자의 직업은 재봉사가 아니라 방직공이고 이름은 룸펠슈틸츠헨이다. 룸펠슈틸츠헨은 잭이나 재봉사처럼 호감 가는 캐릭터는 아니지만, 성실하게 자신이 말한 바를 지키고 아이를 바라는 마음이 가장 중요한 동기라는 점 때문에 현대 작가들은 룸펠슈틸츠헨에 대해 평가를 달리한다. 이와 대조적으로 이야기 속 왕은 욕심이 많고 신부가 될 여자 주인공이 금실을 짓지 못하면 처형할 생각까지 한다. 그럼에도 이야기에서 왕과 여자 주인공의 결혼은 해피 엔딩인 것처럼 제시된다.

작은 남자를 모델로 한 모든 이야기는 남성 권력에 맞서는 내용이다. 거인들의 힘과 왕들의 부에 맞서 작은 남자는 약간의 속임수와 상대의 힘을 역으로 이용하는 심리적 유도 기술, 매력을 발휘해 거인의 아내를 자신의 편으로 만드는 능력을 갖고 있다. 커닝햄은 이렇게 설명했다.

> 잭이 콩나무에 올라가자 거인의 아내가 그를 집 안으로 들였고, 잭이 거인의 금을 훔친 후 또 한 번 올라가자 이번에도 거인의 아내가 그를 안으로 들였다. 아내는 남편의 물건을 훔친 청년에게 또 한 번 입장을 허락했다. 거인 부부의 결혼 생활에 무슨 문제가 있었던 것일까? [2015]

잭은 만족스러운 결말을 맞았지만 룸펠슈틸츠헨은 분노와 좌절로 자신의 몸을 반으로 가르는 결말을 맞았다. 이 이야기를 재해석한 작품으로 케빈 브록마이어 Kevin Brockmeier의 〈반쪽 룸펠슈틸츠헨의 어느 하루〉는 원작의 결말 이후 몸이 반으로 나뉜 그의 이야기를 다룬다. 또 다른 작품으로는 커닝햄의 《백조 왕자와 다른 이야기들》에 실린 단편 〈작은 남자Little Man〉가 있는데, 그가 각색한 룸펠슈틸츠헨 이야기의 제목만 봐도 두 이야기 유형의 연결 고리를 확인할 수 있다. 이 단편에서 그는 생물학적인 경로로 부모가 될 수 없는 데서 비롯되는 비애를 이야기하며 아이를 갖는 일을 "술에 취한 남자와 술집에서 일하는 여자가 음습하고 타락한 술집의 어두운 구석에서 만나 3분이면 해낼 수 있는 일"이라고 표현했다.[p. 60] 이후 "지금껏 바랬던 그 무엇보다도 아이를 간절히 바라는 지점에 이르렀다고 상상해 보기를 바란다"라고 말하지만 이내 현실을 지적한다. "입양 기관은 독신이거나 마흔 이상이면 의사와 변호사도 꺼린다. 그러니 계속해 봐라. 200살 먹은 난쟁이의 몸으로 아기 입양을 신청해 봐라."[p. 60] 이 같은 인용이 현대 작가들이 환상 동화가 지닌 기묘한queering 특성을 보여주는 방식이라고 생각한다. 익숙한 것은 낯설게, 낯선 것은 공감할 수 있게 제시하는 환상 동화의 힘이다. 제인 욜런은 룸펠슈틸츠헨이 반유대주의의 상징이라는 점을 설득력 있게 주장했다.[2000, p. 107] 커닝햄은 룸펠슈틸츠헨이 동성애자의 부성애를 의미한다고 마찬가지로 설득력 있는 주장을 펼쳤다.

괴물 신랑

비헤게모니 남성성의 두 번째 모델은 괴물 신랑이다. 명칭만 봐도 〈미녀와 야수〉가 떠오르는데, 해당 작품은 실제로 내가 생각해 뒀던 전통적인 이야기 유형 중 하나였다. 큐피드와 프시케 이야기의 한 버전이자 〈곰 가죽을 입은 신랑과 신부〉, 〈태양의 동쪽 달의 서쪽〉과 같이 동물이 신랑으로 등장하는 이야기 중 하나다. 페로와 동시대 작가인 잔 마리 르프랭스 드 보몽Jeanne-Marie Leprince de Beaumont의 버전으로 가장 널리 알려진 〈미녀와 야수〉는 진정한 사랑이 있다면 폭력적인 동반자를 길들일 수 있다는 신념에 대해 연구하는 여성 작가들에게 특히나 유용한 스토리 패턴이다. '어린이는 집에서 절대 따라하지 마세요' 범주에 속하는 그런 신념 말이다. 하지만 내가 살펴본 남성 작가들은 같은 이야기에서 다른 의미를 발견했다. 특히 야수와 또 다른 위협적인 신랑 캐릭터를 함께 두고 본다면 새로운 의미가 보이기도 한다. 바로 푸른 수염이다.

푸른 수염은 야수와는 좀 다른 괴물이다. 닐 조던Neil Jordan과 앤절라 카터의 1984년 영화 〈늑대의 혈족〉 속 할머니의 표현대로 푸른 수염은 "안에 털이 많은(포식자 또는 도덕성이 낮은 사람을 의미한다-옮긴이)" 사람이다. 부유하고 잘생긴 그는 젊은 여성들을 유혹하고 살해한다. 페로의 버전에서는 비밀의 방으로 등장하고 카터의 선집 제목에서는 '피로 물든 방'으로 등장하는 그곳을 열지 말라는 지시를 신부들이 계속 어겼기에 푸른 수염의 폭력성에는 나름 이유가 있었다. 마리나 워너는 이렇게 전했다.

> 〈푸른 수염〉의 초반 흐름을 통해 독자는 어린 아내를 훈계하는 남편에게 공감하고, 아내에게 복종을 바라는 그의 요구를 합리적으로 느끼며, 아내가 자신의 운명을 깨닫고 경험하는 공포를 마땅한 죗값이자 함부로 어딘가에 침입하는 행위는 위험하다는 경고로 받아들인다.[p. 243]

푸른 수염을 향한 공감은 벨러 버르토크Bela Bartok의 오페라 〈푸른 수염의 성〉(1918)에서도 드러나는데, 여기서 성은 푸른 수염 그 자신이고 호기심 많은 아내는 그의 영혼 속 사적인 비밀을 침해하는 침입자다.

한편 작가 마이클 메히아Michael Mejia는 베른하이머의 선집에 이런 해석에 도전하는 글을 실었다. 페로와 버르토크에 대해 이야기한 그는 자신은 푸른 수염이 난 악인이 아니라고 밝히며 에세이를 맺었다. "나는 푸른 수염이 아니다. 살인을 저지르는 바람둥이가 아니다. 소시오패스도, 인간을 혐오하는 사람도, 눈물로 가득 찬 자신의 성으로 신부를 유혹하기 위해 숲을 나서는 비극적인 야수도 아니다."[2007, p. 132-133] 다만 이런 것들이 아니라면 무엇이 될 수 있는지 그도 알 수가 없다. "그렇다면 나는 이 이야기 속의 작은 신부라는 말인가?"[p. 133]

작은 남자 이야기들이 속임수와 도둑질로 헤게모니 남성성에 맞서는 내용이라면, 괴물 신랑 이야기들은 남성 주인master이 야수가 되기를 거부하는 내용이다. 하지만 쉬운 일이 아니다. 페로의 〈푸른 수염〉에는 야수를 대체할 남성 모델이 등장하지 않는다. 앤절라 카터는 〈피로 물든 방〉에 호감 가는 남성 캐릭터를 추가했지만 시각 장애인이자 피아노 조율사인 그는 무력한 인물로 그려진다. 그림 형제의 〈피처의 새Fitcher's Bird〉와 영국판 〈미스터 폭스Mr. Fox〉 등 〈푸른 수염〉을 모티브로 한 다른 전통적인 이야기에는 형제들이나 친척들이 등장해 신부를 도와준다. 이런 이본들에는 페로의 버전에 등장하고 심지어 베텔하임 같은 여러 평론가가 동의한, 신부가 학대당할 만한 짓을 저질렀다는 뉘앙스가 담겨있지 않다. 다만 이 스토리에서 비헤게모니 남성성을 찾자고 해도 일반적인 가족상 외에는 아무것도 없다. 형제들은 별다른 특징이 없고, 신부에게 구혼하는 다른 남성도 등장하지 않는다.

　　하지만 어떤 텍스트에는 〈푸른 수염〉의 캐릭터 중 누구에게 자신을 투영해야 할지 묻는 메히아의 질문에 답변이 될 중요한 남성 캐릭터가 등장한다. 윈들링의 환상 동화 시리즈 중 하나로 그림 형제의 이야기를 바탕으로 한 그레고리 프로스트Gregory Frost의 《피처의 신부들Fitcher's Brides》(2002)이다. 이 작품은 사악한 설교사인 피처의 세 아내 중 한 명이 다른 남성을 좋아하게 되면서 시작한다. 푸른 수염이나 야수와 동일시하고 싶지 않은 리텔러 reteller(오리지널 이야기를 재생, 확장, 변형시키는 작가-옮긴이)라면 캐릭터와 사건을 두세 배로 확장 가능한 환상 동화의 성격을 활용할 수 있다. 또한 남성 역할을 분할할 수도 있다. 〈미녀와 야수〉에서 이미 이 방식을 채택했다. 야수 캐릭터와 야수가 변신한 후의 캐릭터를 남성의 여러 유형 중 일부로 볼 수 있다. 이 작품을 각색한 유명한 영화 장 콕토Jean Cocteau의 〈미녀와 야수〉(1946)에는 미녀를 흠모하는 아브낭이라는 캐릭터가 더해졌는데 유명 스타 장 마레가 1인 2역을 맡았다. 아브낭은 야수와 반대되는 인물이다. 외모는 아름답지만 야수와 달리 이타적인 사랑에 대한 능력이 결여됐다. 마지막에 야수가 변신해 아브낭의 모습이 되는데, 콕토는 모든 영화적 트릭을 동원해 주인공이자 자신의 실제 연인의 매력이 스크린에서 대단히 멋진 모습으로 비춰지도록 했다.

에로틱한 백조

영화의 이 장면은 남성성의 세 번째 모델로 이어진다. 그 전에 먼저 초기 디즈니의 환상 동화 이야기로 잠시 돌아가고자 한다. 앞서 고전 디즈니 영화에서 남성 주인공들이 알맹이 없는 모습으로 등장한다고 이야기했다. 남자 주인공들에게 무언가 부족하다는 점을 디즈니 스튜디오의 아티스트들 또한 알고 있었다. 이들은 남성 주인공에게 어떤 움직임을 취하게 해야 할지 몰라 최대한 화면 밖으로 왕자의 모습을 숨겼다. 디즈니 애니메이션을 연구한 애니메이터 프랭크 토머스Frank Thomas는 "예쁜 소녀와 잘생긴 왕자의 로맨틱한 상황을 보여줄 때는 두 캐릭터가 '스트레이트straight'하게 인식돼야 하고, 현실적이고 신중하게 그려야 한다"[1981, p. 326]라고 설명했다. 토머스가 말한 '스트레이트'는 캐리커처답지 않게 사실적으로 표현해야 한다는 의미도 있지만 다른 의미도(이성애자같이 표현돼야 한다는 의미-옮긴이) 포함돼 있다. 사실적으로 인식되기 위해서는 사회 규범이 용인하지 않는 남성적 행동과 욕망이 드러나지 않도록 신중해야 하고 경계해야 하며 은폐하기도 해야 한다.

디즈니 왕자는 '소거적 남성성'(여성적인 것과 남성적인 것을 엄격히 구분해 여성적인 측면을 제한하는 남성성―옮긴이)이라는 젠더 부호화의 한 사례일 뿐이다. 가부장제의 사회적 이점을 누리려면 남성은 여성적이라고 분류될 모든 특성을 포기해야 한다. 남성성이란 일차적으로는 여성스럽지 않다는 의미고, 이차적으로는 나약하지 않다는 의미이기 때문이다. 이 둘은 서로 약간의 차이가 있을지라도 같은 공포증에서 비롯됐다. 여성적이지 않은 모습을 충분히 갖추지 못할까 봐 두려워하는 마음이다. 이는 특히 영미 문화권에서는 남성이 춤추거나, 울거나, 손짓하거나, 무언가를 따뜻하게 돌보거나, 공감하는 등 어떤 유형의 취약함도 보이면 안 된다는 뜻이다. 이보다 더욱 많은 것들이 가능한 표현의 범위에서 제외된다. 로맨틱한 남성을 시각적으로나 서사적으로 흥미롭게 표현하기가 어려울 수밖에 없다.

하지만 콕토의 영화처럼 동성애적인 호감이 더해지면 이야기가 달라진다. (로라 멀비Laura Mulvey가 1975년에 발표한 뛰어난 에세이 〈시각적 쾌락과 내러티브 영화Visual Pleasure and Narrative Cinema〉에서 다룬 영화적 시선을 전환시켜) 남성이 여성의 욕망이 향하는 대상이 될 수 있을 뿐 아니라 다른 남성에게도 호감을 얻을 수 있다면 신체적 우아함같이 소거적 남성성이 용인하지 않는 것들을 드러내는 일이 가능할지도 모른다. 적어도 사람이 아닌 백조라면 충분히 가능하다.

커닝햄 선집의 제목과 동명인 소설 〈백조 왕자〉는 그림 형제의 책에 수록돼 있지만 안데르센이 각색한 작품으로 가장 잘 알려진 이야기를 바탕으로 한다. 앙심을 품은 계모에 의해 예닐곱 혹은 열두 명의 형제들이 백조로 변했고, 혼자 남은 누이가 쐐기풀을 엮어서 상의를 지어야 형제들이 인간으로 돌아올 수 있다. 누이의 영웅적인 행동에 초점을 맞춘다면 이 이야기는 〈눈의 여왕〉같이 강한 여성 캐릭터가 등장하는 안데르센의 다른 이야기들과 같은 맥락으로 볼 수 있다. 하지만 여기서는 형제들의 이야기와 이들이 후대 작가에게 어떤 의미인지에 초점을 맞추고자 한다.

안데르센 평전의 작가 재키 울슐라거Jackie Wullschlager는 "백조는 안데르센이 환상 동화를 쓰기 전부터 미스터리와 장엄함의 상징으로 그의 서신에 자주 등장하던 대상이자 그만의 신화 일부였다"라고 말했다.[2000, p. 189] 안데르센은 〈미운 아기 오리〉에서 백조의 아름다움과 강렬함을 찬미하는 일종의 찬가를 적기도 했다.

새끼 오리는 그토록 아름다운 것을 본 적이 없었다. 백조들이었다. 특이한 울음소리를 내며 장대한 날개를 활짝 펴고는 추운 지역을 벗어나 따뜻한 땅과 넓은 바다를 향해 날아갔다. 어찌나 높이 올라가는지, 새끼 오리는 설명하기 어려운 이상한 기분을 느꼈다. 아, 저렇게 아름답고 행복한 새들을 결코 잊지 못할 것 같았다.

[1945, p. 79]

안데르센의 성 정체성이 모호하다는 사실, 백조는 그가 푹 빠졌던 댄서 해럴드 샤르프Harald Scharff를 의미한다는 사실은 안데르센 학자 사이에서 공공연한 비밀이었다. 〈백조 왕자〉와 〈미운 오리 새끼〉 모두 공개적으로 인정받을 수 없는 욕망을 표출하려는 시도로 해석할 수 있다. 새끼 오리가 백조들을 보며 "설명하기 어려운 이상한 기분"을 느끼는 것은 당연하다.

내가 찾은 비헤게모니 남성성의 두 가지 모델과 마찬가지로 에로틱한 백조 모델 또한 여러 텍스트에서 발견했다. 콕토의 전기와 필모그래피, 안데르센의 이야기 두 편, 안데르센의 이야기를 재해석한 커닝햄의 이야기, 랜들 자렐의 〈흑조〉 속 형체가 달라진 백조 아가씨가 남성의 목소리로 전하는 이야기, 차이콥스키Tchaikovsky의 〈백조의 호수〉에 나오는 흑조와 백조 등에서 말이다. 이 중 마지막 작품은 가장 극적인 버전의 에로틱한 백조로 이어진다. 1995년 〈백조의 호수〉를 제작한 안무가 매튜 본 Matthew Bourne은 튀튀를 입은 기존의 여성 백조들을 출현시키지 않기로 했다. 대신 차이콥스키의 삶과 그에게 영감을 준 사람이자 '백조의 왕'이라 불리는 루트비히Ludwig의 삶을 반영해 남성 무용수가 백조를 연기하도록 했다. 실제 백조들처럼 강렬하고 위험한 동시에 아름다운 남성 백조들은 안데르센 이야기에 담긴 정신과 아주 흡사했고, 커닝햄은 자신의 버전에서 이 정서를 수면 위로 끌어 올렸다. 커닝햄의 이야기에서 누이가 상의를 마저 짓지 못해 왕자의 한쪽 팔이 날개로 남은 결말은 일종의 '레다Leda 판타지'(레다에게 반한 제우스는 백조로 변신해 레다에게 접근했다-옮긴이)가 있는 여성들에게 페티시즘의 대상이 됐다.[커닝햄, 2015, p. 11] 왕자는 스스로를 이렇게 묘사했다. "근육질의 건장한 남성의 육체가 90퍼센트고 눈이 부시게 아름다운 새하얀 천사의 날개가 10퍼센트였다."[p. 11]

　　　본의 백조들은 스티븐 돌드리Stephen Daldry가 제작한 환상 동화 같은 구성의 영화 〈빌리 엘리어트〉(2000)의 해피 엔딩에 등장해, 우아함과 아름다움, 강렬함과 취약함을 부정하지 않아도 성립할 수 있는 남성성을 구축하기 위해 사회적 규범에 반하는 남성 동성애자 아티스트의 모습을 표현했다. 〈빌리 엘리어트〉가 영화는 물론이고 뮤지컬로도 꾸준한 인기를 지속하는 현상은 잃어버린 남성 패러다임을 에로틱한 백조가 대신할 수 있다는 점을 시사하기도 한다. 이 모델은 규범을 따르지 않거나 학대당한 소년들이 공감하고 그 안에서 자신의 모습을 발견할 수 있는 스토리, 이들을 자유롭게 할 스토리가 될 수 있다.

결국 나는 내 미스터리를 해결할 세 가지 해결책을 찾아냈다. 이것들은 모두 서로 다른 방식으로 헤게모니 남성성에 도전한다. 작은 남자는 항상 여자 또는 아이를 얻지는 못하지만 거인을 속이고 거인의 보물을 훔치는 방법을 보여준다. 괴물 신랑은 사회의 요구에 응한 결과물일지라도 되고 싶지 않은 모습을 상징한다. 에로틱한 백조는 서구 문화가 제시하는 남성성 모델에서 소거된 무언가를 되찾을 수 있다는 유토피아적 가능성을 제시한다.

탐정으로서 내가 사건을 제대로 해결했는지는 모르겠지만 세 가지 모델이 유일한 해결책이 아니라는 점만은 확신한다. 전통적인 이야기와 이를 각색한 이야기에는 다양한 남성성이 존재한다. 그 예로 안데르센의 〈춤추는 열두 공주〉에서 가장 어린 공주가 아니라 첫째 공주를 신부로 맞이하겠다고 결정한 노련한 군인, 《대부가 된 죽음》 속 죽음의 대자^{godson}, 동물 또는 괴물 신랑 유형에 속하지만 결혼하기 전의 인생사가 큰 비중을 차지하는 〈고슴도치 한스〉를 들 수 있고, 아시아 및 아프리카 이야기, 아메리카 토착민을 비롯한 다른 토착민의 문학 또한 마찬가지다. 모든 문화권에서는 서로 다른 방식으로 성별을 부호화하고 그 방식은 역설적일 때가 많다. 하지만 전혀 예상치 못한 전개와 더는 이상할 수 없는 기이함 속에서 전통적인 이야기들은 젊은 청중과 독자, 소년과 소녀 모두에게 지배적이고 헤게모니적인 현재 모델의 대안을 제공한다. 미스터리의 진정한 해결책은 독자들 각자가 새롭게 시도하는 과정에서, 그리고 여러 단서를 모아 개인적이거나 사회적이며, 성이 바뀌었거나 성 정체성이 없는 자아를 배워나가는 과정에서 찾을 수 있다.

8
익숙한 과거를 재구성하는 공간
판타지의 정치성

*

"전설은 본질적으로 정치적인 영향력을 미친다."

빌 엘리스, 〈현대 전설의 진화 속 '**가짜 뉴스**' 'Fake News' in the Contemporary Legend Dynamic〉

1991년에 국제 환상 예술 학회에서 "판타지의 정치(라는 것이 만약 있다면)"를 주제로 이야기한 적이 있다. 이후로 판타지와 정치 모두 변화했다. 전자는 더욱 긍정적인 방향으로, 후자는 더욱 부정적인 방향으로 말이다. 1991년, 판타지에는 네 가지 유형이 있었다. 톨킨과 잉클링스 구성원의 고전 작품들, 진 울프와 퍼트리샤 매킬립 같은 작가들의 창의적이고 야심찬 새로운 소설들, 로이드 알렉산더와 수잔 쿠퍼를 비롯한 수많은 작가가 남긴 훌륭한 아동 문학 유산들이 있었고, 상징성이나 철학적 의미가 거의 없는 정형화된 판타지 모험물이 점점 늘고 있었다. 그로부터 30년이 흐른 지금, 유색 인종 작가가 더욱 많아지고 유럽 전통에 속하지 않는 여러 관점이 더해지면서 판타지는 더욱 풍성해지고 다듬어졌다. 인정받을 자격이 있는 (혹은 그렇다고 용인되는) 작가들에게서 탄생되며 영화, 텔레비전, 만화, 게임 등 미디어로 크게 확장돼 출판업계를 넘어 성장을 이뤘다. 그에 반해 정치는 뭐, 새로운 단락으로의 전환이 필요한 시기다.

21세기의 정치는 시어도어 파커Theodore Parker가 강조하고 마틴 루터 킹 주니어Martin Luther King Jr가 "도덕적 우주의 호弧는 (…) 정의를 향해 구부러진다"라고 이어서 설명했던 이상주의적 주장에 도전하고 있다. 미시적인 수준에서 거시적인 수준에 이르기까지 권위주의, 위선, 위협적이고 노골적인 폭력으로 정의가 훼손되는 중이다. 서로 교집합을 이루기도 하는 인터넷 트롤과 파시스트 정권은 시민 의식을 좀먹고 민주적 제도를 부패시키거나 전복하는 데 몰두한다. 흥미 위주의 짤막한 기사를 생산하는 타블로이드 저널리즘은 선전의 역할을 한다. 돈은 자유로운 정치적 표현으로 간주된다. 기업은 하나의 인격체로 여겨지지만 사람들이 조화를 이루며 살게끔 하는 그 어떤 제약이나 의무도 부과되지 않는다. 대립하던 우파와 좌파라는 낡은 정치적 진영은 역할과 DNA를 교환했고 각각의 경계가 흐려졌다. 나쁜 돈이 선한 돈을 몰아내듯, 두려움과 불신이 정치적 선의를 몰아냈다.

하지만 저항의 움직임은 여전하고 개혁 또한 진행되고 있다. 세속적인 사회에서는 가족이라는 작은 조직이 더욱 공정하고, 규칙에 덜 얽매이며, 다양한 필요와 욕망에 적응하고 대응할 수 있다. 생물학적 가족이 실패한 역할을 '선택한 가족'이 대신하는 경우도 많다. 선주민들은 법의 지지 여부와 관계없이 약속된 권리와 문화적 자율성을 위해 싸운다. 사회의 용광로 모델은 통일성을 덜 강조하는 메타포들에게 자리를 내줬다. 제국의 서부 개척이나 프롤레타리아 혁명의 필연성같이 지배적이었던 문화적 신화들이 흔들리고 있고, 역사적으로 중요한 여러 플롯에 다른 서사들이 제시되고 있다. 이런 신화와 메타포의 원천 중 하나가 바로 환상 문학이다.

판타지의 어포던스

판타지는 사회 안에서만 존재할 수 있는 만큼, 1차 세계의 정치는 필연적으로 판타지라는 2차 세계에 반영될 수밖에 없다. 그 때문에 일반적인 통념과 무의식적인 경향성을 다시 쓸 수 있는 판타지의 내러티브 구조는 허구 밖에 자리한 현실 세계를 끌고 올 수밖에 없다. 정치성이 가장 노골적으로 드러나는 판타지 유형은 6장에서 언급한 유토피아인데, 이는 낙관적 유토피아 단계와 침체된 디스토피아 단계에 놓인 유토피아 모두 해당한다. 하지만 1991년에 확인했듯 정치성이란 다양한 방식으로 표현될 수 있고, 어떤 가상 사회가 전달하는 메시지는 이를 받아들이는 상황에 따라 의미가 달라질 수 있다. 물론 당시 내가 했던 연설과 그 기록은 그때의 상황과 분위기와 떼려야 뗄 수 없는 관계에 놓여있지만, 또한 이전에 내가 한 말을 다듬고, 개선하고, 방향성을 수정하는 중이지만, 그럼에도 판타지라는 장르가 정치적 행위라는 관점에서 어떤 잠재력을 지니고 있다는 생각은 변함이 없다.

    판타지가 정치와 무관해 보일 수도 있다. SF와 유토피아 같이 판타지와 밀접한 관계에 있는 장르들과 대조적으로 판타지는 정치적인 변화에 영향받지 않는 듯 보인다. 현실이 아니기에 현실 세계에서 벌어지는 갈등에 관여할 필요가 없어 보인다. 용이 투표나 뒷거래와 어떤 관련이 있을까? 요정이 식민주의나 프로파간다와 과연 관련이 있을 수 있을까? 하지만 판타지 작가들과 독자들은 다른 이들과 마찬가지로 정치적 흐름에 영향을 받는다. 가상 세계의 창조와 수용은 모든 인간 활동이 그렇듯 정치적인 불안과 희망을 바탕으로 한다. 다만 정치적 소망과 두려움이 내러티브로 전환되는 메커니즘과 풍자나 허구적인 폭로가 탄생되는 메커니즘이 다를 뿐이다. 또한 판타지가 정치적으로 활용되는 방식은 《톰 아저씨의 오두막집》이 미국에 내전을 촉발한 경우와 달리 직접적이거나 투명하지 않다.

판타지는 정치적인 문제를 직접적으로 묘사할 때 과거의 갈등과 원인에 빗대 표현할 때가 많다. 톨킨이 자신의 허구 공간인 가운데땅에서 군주제를 재현하고, 조지 R. R. 마틴이 《왕좌의 게임》에서 장미 전쟁을 재현하듯이 말이다. 톨킨이 군주제를 장려하려고 했던 것일까? 마틴이 정치적인 전략으로 암살이나 사악한 주술을 제안하려는 의도였을까? 이런 해석은 틀렸다기보다는 적절하지 않다. 판타지는 현실 세계의 갈등을 직접적으로 묘사할수록 빈약한 상상력의 틀에 갇히게 된다. 르 귄 또한 판타지 문체에 대한 에세이 〈엘프랜드에서 포킵시까지〉(1973)에서 이 점을 지적했다. 요정들과 마법사들이 불가사의를 마주하는 대신 에런 소킨Aaron Sorkin의 드라마 〈웨스트 윙〉(1999-2006)의 인물들처럼 전략에 대해 이야기하며 화려한 복도를 거니는 모습을 봐야 하는 것이다. 물론 이런 판타지를 만들 수야 있지만 굳이 그럴 필요가 있을까?

판타지도 물론 정치적 책략과 권력 투쟁을 재료에 더할 수는 있다. 불가사의한 이야기와 초자연적인 신화 같은 구전 설화와 19세기 사실주의가 더해져 탄생한 장르가 판타지이기 때문이다. 애초에 소설이라는 형식 자체가 성기게 짜인 괴물과 마찬가지이므로 그 안에 무엇이든 담을 수 있다. 캐스린 흄이 《환상과 미메시스》(1984)에서 밝혔듯, 판타지는 사실주의의 반대가 아니라 상호 보완적인 양식이다. 대부분의 판타지 텍스트는 현실 세계 속 권력의 역학처럼 현실적인 것과 불가사의한 것을 적절히 뒤섞는다. 하지만 정치적인 사안보다 더욱 잘 다룰 수 있는 것이 많고, 특히나 경제적 토대를 비롯한 사안을 논하는 데는 판타지보다 더욱 적합한 장르가 많다. 디스토피아적인 풍자 소설, 정치의 요지 워싱턴을 배경으로 한 실화 소설roman à clef, 심지어 《동물농장》으로 대표되는 동물 우화 모두 정치의 현실을 생각하게 하는 훌륭한 장치다. 반면 판타지는 그렇지 않다. 판타지의 어포던스가 그에 적합하지 않기 때문이다. '어포던스'란 심리학자 제임스 G. 깁슨James G. Gibson이 고안한 용어로, 어떤 장치의 설계가 활용에 적절한가의 경향성을 의미한다. 증기 엔진을 시계에 사용할 수야 있겠지만 그렇게 되면 엔진의 에너지를 크게 낭비하게 된다. 게다가 시계라는 목적에 더욱 적합한 기술은 많다.

정치란 정부나 정당 그 이상이다. 판타지가 정치를 탐구하는 데 더욱 효율적인 수단이 되는 방법을 알고 싶다면 환경 정치, 젠더 정치, 인종 정치와 같은 합성어들을 떠올려보자. 이런 개념들은 권력이 공적인 조직 밖에서 통합되고 행사될 수 있음을 시사하고, 사람들을 신념과 정체성에 따라 집단화하는 다양한 방법을 제시한다. 또한 판타지가 만들어낼 수 있는 여러 종류의 내러티브에 대해 생각해 보게 한다. 이런 내러티브에서 권력은 정부가 아닌 다른 메커니즘으로 생겨나고 움직인다. 예를 들면 첫째, 표현 또는 표현의 억압으로 생겨난다. 둘째, 무의식적으로 자리 잡은 행동의 제약으로 생겨난다. 셋째, 집단적 내러티브의 형성과 촉발로 생겨난다. 이 세 가지는 헤게모니가 작동하는 주된 방식이자, 정치 제도를 도입하고 이를 집행하는 부담을 대중에게 돌리는 수단이다. 이 세 메커니즘은 잠시 후 다시 다루기로 하고, 우선은 1991년 연설의 시작점이었던 사안, 즉 판타지가 억압적이고 반동적인 정치와 연관성을 가진다는 인식에 대해 이야기하고자 한다.

톨킨은 극우파를 대변하는가

톨킨을 읽기 시작했을 때가 1960년대 중반이었고, 그로부터 한참이 지나서야 판타지와 정치의 연관성을 생각하게 됐다. 당시 우리 세대는 혁신적이고 사회적 의식이 높기로 유명했다. 겁 많고 욕심 많은 베이비 부머라는 지금의 인식은 아직 생겨나지 않았다. 톨킨을 읽는 일은 유토피아를 향한 희망과 환경에 대한 인식을 고취하기 위해 필요한 통과 의례였다. 톨킨이 큰 붐을 일으킨 시기와 맞물려 레이첼 카슨Rachel Carson의 《침묵의 봄》(1962)과 폴 에얼릭Paul Ehrlich의 《인구 폭탄The Population Bomb》(1968)이 전하는 교훈이 더욱 크게 울려 퍼졌고, 1968년에 베트남과의 세계적인 격동에 개입한 미국을 향한 반대 시위가 뜨거워졌다. 그로부터 얼마 후 1970년에 지구의 날이 처음 제정된 것은 우연이 아니다.

하지만 베이비 부머는 하나의 통일된 집단이 아니었고, 앞서 언급한 정신을 공유한 집단에서도 개선이 불가능한 인종차별주의자, 전쟁을 지지하는 맹목적인 애국주의자, 초기 주식 시장 교란자가 뒤섞여 있었다. 당연하게도 이들 대다수가 환경운동가만큼이나 판타지를 즐겨 읽었다. 이들은 톨킨에게서 무엇을 배웠을까?

톨킨의 또 다른 영향력에 대해 처음으로 다른 느낌을 받았던 때는 1988년 로마에서 몇 차례 강의를 진행하며 문학을 공부하는 학생들과 교류했던 시기였다. 앞서 말했던, 판타지와 정치의 연관성을 생각해 보게 된 계기이기도 하다. 학생들은 내게 판타지가 극우파와 연관이 있는 반면, SF는 좌파에 가까운 것 같다고 말했다. SF와 판타지를 연구하는 학자 살바토레 프로이에티$^{Salvatore\ Proietti}$는 이제 많이 사라졌지만 내가 이탈리아에 방문했을 당시에는 확실히 그런 인식이 있었다고 설명했다. 하지만 과거는 여전히 남아있다.

이탈리아의 우익 정치와 판타지에 대해 짧게 정리하자면, 새로운 세대의 독자가 등장하면서 상황이 달라졌다고 말할 수 있겠다. 하지만 1970년대 중반부터 1990년대까지 톨킨은 (그리고 그의 아류들은) 극우 서브컬처에 중요한 영감을 줬고, 우익 정치와 판타지를 연결 짓는 기조가 문학계 전반에 여전히 남아있다. 일부 집단에서는 톨킨의 작품을 좌파적으로 해석하는 사람을 반동분자만큼이나 독단적이라고 여기고, 과거 극우주의자와 지금의 일부 극좌주의자는 보수주의든 반전·반나치주의든 틸야드^{Tillyard}식의 단일화된 '톨킨적 세계상'을 가정해야 한다고 느끼는 것 같다.

극우가 톨킨에게서 자신들의 타당성을 찾았다는 것은 톨킨의 세계관이 권위적인 정권을 옹호하고, 반대 의견을 향한 탄압을 지지하며, 음모론과 같은 신념들을 믿고, 다른 인종이나 문화적 타자를 악마로 보는 행위를 두둔한다고 느껴졌다는 의미다.

내가 순진했는지 몰라도 이런 생각에 진심으로 놀라고 말았다. 다르코 수빈Darko Suvin 같은 마르크스주의 SF 비평가들이 판타지를 좋아하지 않는다는 점은 알고 있었다. 판타지는 디스토피아가 지닌 풍자도, 추정에 근거하지만 현실적인 미래 사회를 SF로 제시하는 로버트 블로흐Robert Bloch의 논리도 보여주지 못했다. 로즈메리 잭슨Rosemary Jackson은 《환상성》(1981)에서 톨킨과 '초자연적인 이야기'라는 범주에 속하는 일체를 인정하지 않았다. 그녀는 이런 이야기들이 환상적이지도 전복적이지도 않다고 여겼다. 이탈리아에서 내가 학생들과 나눈 대화는 판타지 소설의 전복이란 무엇인지 설명하고 환상적인 세계관 구축을 비판하는 2002년 차이나 미에빌의 글이 세상에 등장하기 전의 일이었다. 또한 호세 B. 몬레온José B. Monleón의 《유령 하나가 유럽을 떠돌고 있다: 환상 문학을 사회·역사적으로 접근하다A Specter is Haunting Europe: A Sociohistorical Approach to the Fantastic》(1990)가 출간되기 전의 일이었다. 그래서 로마에 다녀온 후에야 젊은 층의 이상주의적 미국인들을 사로잡은 톨킨의 매력이 확고한 특권과 오래된 귀족 계층에 대해 더욱 직접적인 지식을 가진 급진적인 영국이나 유럽의 독자들에게는 통하지 않을 수 있다는 사실을 깨닫기 시작했다:

판타지의 원죄와 구원의 가능성

마리아 사치코 세시르^{Maria Sachiko Cecire}는 《다시 마법에 빠지다: 20세기 아동 판타지 문학의 부상^{Re-Enchanted: The Rise of Children's Fantasy Literature in the Twentieth Century}》(2019)에서 톨킨의 비전과 그 이면에 숨겨진 의도들을 밝혔다. 톨킨과 그의 친구들, 모방자들에게서 파생한 환상주의가 곁든 중세 시대의 분위기가 2012년 런던 올림픽 개막식에서 문화적으로 활용되는 상황을 지켜보며 그녀는 이런 소감을 전했다.

> 활기찬 소작농들, 오월제 춤과 크리켓을 즐기는 사람들이라는 꿈 같은 중세 찬미적 과거에서 영국의 기원을 찾는 허구의 역사극은 신화적인 (하지만 실존하는) 글래스톤베리 토르 언덕을 배경으로 삼았다. 한 국가의 보기 좋은 '어린 시절'은 어딘가 애매한 전근대적인 복장의 실제 아이들이 경기장을 둘러싼 채 카운트다운과 함께 올림픽의 시작을 알리는 모습으로 그 상징성이 강조됐다. (…) '경이로운 섬'이라는 주제의 개막식은 국내외 청중을 대상으로 영국을 고대적인 동시에 영원토록 젊은 신비로운 땅으로 브랜드화했다. 개막식의 논리에 따르면 아동 판타지는 영국이 전 세계에 수출

하는 가장 중요한 상품이자 선물로, 개막식에서 거의 지워버린 과거의 거대했던 제국만큼 널리 퍼져있는 한편 더욱 크게 사랑받는 (아마도) 무해한 무언가다.[p. 19-20]

개막식은 경험하지 못한 과거에 대해 향수를 불러일으켰다. 톨킨과 루이스, 이후 조앤 K. 롤링Joanne K. Rowling과 케빈 크로슬리 홀랜드Kevin Crossley-Holland, 수잔 쿠퍼, 다이애나 윈 존스, 필립 풀먼의 상상력의 산물인 마법 같은 영국 말이다. 롤링을 제외한 이들 전부는 옥스퍼드대학교와 연관이 있고, 존스와 쿠퍼는 그곳에서 톨킨과 루이스 강의를 들었던 일에 대해 글을 쓰기도 했다. 이런 연유로 세시르는 판타지의 특정 분파를 '옥스퍼드 학파'라고 칭했다.

세시르는 이들의 작품에서 올림픽 개막식과 비슷한 일종의 역사극을 발견했다. 이는 단순히 즐거움을 주는 무언가가 아니다. 마법과 순수함의 민족 신화를 향한 믿음, 상상력을 발휘해야만 닿을 수 있는 오래된 과거를 향한 믿음이 담긴 의식儀式에 가깝다. 여기서 과거란 실제 역사의 한 순간이 아니다. 실제 과거는 난잡하고 폭력적이며 부당함으로 가득하기 때문이다. 따라서 이는 아동기와 관련한 과거다. 아동기는 성인들에 의해 순수함이 원시적으로 보존된 시기로 새롭게 쓰일 수 있다. 세시르는 아동 문학가이자 《피터팬의 이야기The Case of Peter Pan》(1989)의 저자 재클린 로즈Jacqueline Rose의 말을 빌려 아동 문학의 주요 독자는 자신에게 없는 순수함을 지닌 아이들을 보고 싶어 하는 성인이라고 설명했다. 아동 문학가 페리 노들먼Perry Nodelman은 이런 경향성을 성인의 아동기 식민지화로 봤는데[1992, p. 29], 이는 비서구권 사회에 '원시적'이라는 이름표를 붙이고 이런 사회가 인간 종의 아동기에 해당한다고 생각하는 것과 유사하다. 세시르는 또한 문학 연구자 헬렌 영Helen Young의 《인종과 대중 판타지 문학: 백인들의 습성Race and Popular Fantasy Literature: Habits of Whiteness》(2015)과 아동 문학가 에보니 엘리자베스 토머스Ebony Elizabeth Thomas의 《어두운 환상 문학The Dark Fantastic》(2019)을 이야기하며 고전 판타지 작품에서 인종적 타자성이 어떻게 긴장감을 형성하고 흰 피부의 영웅들을 향한 동정심을 유도하는 장치로 활용됐는지 설명했다. 토머스는 "환상 문학에서 본래 어둠은 불안, 긴장, 동요를 일으키려는 목적으로 존재한다. 어둠과 '어두운 타자'를 향한 원시적인 공포는 서구 신화에 너무도 깊이 뿌리내려 기원을 찾을 수 없을 정도"라고 설명했다.[2019, p. 19] 판타지에서는 원초적인 힘이 구체적이고도 지역적으로 표현되고 그 결과 내러티브는 토머스의 말처럼 "어둠이 의

인화되고 형상화되며 단언컨대 인종화"된다.[p. 20]

　　세세하고도 미묘한 의미를 잘 읽어내지 못하는 대중적 저널리즘과 팬들은 판타지에 대한 이런 재평가를 두고 "톨킨은 인종 차별주의자였다"라는 식의 밈을 탄생시켰는데, 이 중 어떤 비평가도 그와 같이 이야기한 적이 없다. 비평가들은 텍스트의 정치성이 저자의 정치성과 다를 때가 많고, 텍스트가 활용되는 방향 또한 의도와 달라질 때가 많다는 사실을 잘 안다. 톨킨이라는 작가와 그의 창작물에서 인종 차별의 흔적을 찾아낸 것이 아니라 그저 톨킨의 비전이 탄생한 뿌리에 대해 이야기하는 것이다. 중세 문학 자체가 인종 차별적이고, 유럽 문화와 그로부터 파생해 전 세계에 퍼진 문화가 인종 차별적이다. 민속 문화 역시 전체적으로 인종 차별의 성격을 띠지는 않더라도 적어도 내러티브에서 외부 집단에게 바람직하지 않은 성격의 악역을 부여한다. 그중 하나로 '피의 비방blood-libel'(유대인이 종교 의식을 위해 이교의 아이를 살해한다는 루머—옮긴이) 전설은 그때나 지금이나 반유대주의적인 폭력을 선동하는 빌미로 쓰인다. 이런 모든 이야기를 판타지 세계에 담아낼 때는 부정적인 측면을 포함시킬 수밖에 없다. 새로운 세대의 작가들이 그러하듯이, 인종 차별의 유산을 직접 마주하고 더 나은 방향으로 나아가기 위해 노력하는 방법밖에 없다.

　　　　이 상황은 이전에 내가 SF에 대해 논의하며 언급했던 상황과 이상할 정도로 유사하다. 당시 나는 과거 SF의 성차별적인 측면이 젠더 규범과 그에 따른 기대치에 도전하는 작가들에게 유용한 도구가 될 수 있다고 느꼈다. SF 장르에 젠더라는 개념이 이미 상당히 강력하게, 대부분의 경우 대단히 혐오적인 방식으로 제시돼 있었던 만큼 의구심을 품고 조사하거나 개선할 수 있는 대상으로서 눈에 띄는 요소였다. 마찬가지로 판타지라는 장르와 존 클루트가 《판타지의 백과사전 Encyclopedia of Fantasy》(1997)에서 '원뿌리 taproot'라고 지칭한 텍스트에서 인종이란 빠질 수 없는 요소다. 어둠의 타자는 유럽의 전설, 이야기, 로맨스, 서사시에서 의미를 형성하는 구조의 일부다. 고로 체계를 다시 그리고 뒤집을 수 있는 가능성 또한 내재돼 있다. 중세 텍스트에서 출발해 상상의 과거로 거슬러 올라가는 톨킨의 방식도 기존의 내러티브를 달리하는 방법이 될 수 있다. 《반지의 제왕》에서 재구성된 가운데땅을 톨킨학자 톰 시피 Tom Shippey는 '별표 현실 asterisk reality'이라는 개념으로 설명한다. 이는 인도·유럽 조어와 같이 사라진 언어에 빗댄 표현이다.[1983, p.15] 언어학에서는 어떤 조어가 가설에 근거했다는 의미로 별표를 붙인다. 언어학자들은 (언어학에 전문 지식을 갖춘 톨킨처럼) 후대의 문헌 증거를 정교하고도 방대한 기록이 보관된 기계에 통과시켜 언어의 변화를 역으로 추적하고, 어족의 한 분파에 아직 남아 전해지는 단어들로 다른 분파의 언어적 공백을 메운다. 언어는 세계관을 반영하고 형성하므로 언어를 재구하는 일은 세계를 재구하는 일과 같다. 그리고 세계를 재구하는 과정에서 판타지의 원죄를 구원받을 가능성이 탄생한다.

    인종 차별, 성 편견, 유럽 중심주의 같은 오래된 규범에 도전하는 다양한 SF 소설이 여럿 등장했다. 수지 매키 차너스와 조애나 러스 같은 작가들의 페미니즘 비평 소설은 이후 아프로퓨처리즘Afrofuturist(아프리카 디아스포라의 역사와 문화, 서구 사회 속 흑인의 경험을 중심으로 한 내러티브에 미래주의가 결합된 양식이다-옮긴이)과 토착민 퓨처리즘Indigenous futurist 작가들의 등장과 도전으로 이어졌다. 판타지가 정치 비평이나 유토피아적인 비전을 제시하기란 좀 더 까다롭다. 잃어버린 황금기를 재건하는 일, 특히나 간달프처럼 천사 같은 존재나 《나니아 연대기》 속 아슬란 왕처럼 신적인 존재가 다스리는 황금기를 제시하는 일은 현실적인 목표가 되기 어렵다. 경험해 보지 못한 대상을 향한 향수는 정치적 에너지원이기는 하지만 신뢰하기는 어렵다. 하지만 21세기 최고의 판타지는 이런 향수를 전복이라는 방식으로 대체하고, 테마파크 같은 중세주의를 여러 대안적인 과거로 대체한다. 위대한 남성이 만든 역사와 제국 승리주의 같은 기존의 거대 서사에 가려진 소재들을 바탕으로 세계를 구축한다. 역사가들이 고대와 중세, 근현대 세계를 재조명하며 그 당시에 여성과 유색 인종이 함께했고, 능동적이었으며, 의식이 높았고, 열정적으로 저항했다는 사실을 발견했듯이 말이다. 소년 영웅과 백인 구원자의 이야기가 계속해서 등장하더라도 이제는 자기 발견과 사회적 변혁을 다루는 더욱 강렬한 판타지들과 경쟁해야 할 것이다.

지금부터는 장르를 새롭게 재구성하는 데 기여한 훌륭한 작가들과 그들의 전복적인 텍스트를 일일이 나열하기보다는 다른 이야기를 하려고 한다. 앞서 판타지가 만들어낼 수 있는 내러티브이자 권력이 생기고 움직이는 메커니즘을 보여준다고 소개한 바 있는 세 가지 패턴 말이다. '강제적 침묵', '자기 제한적인 캐릭터', '집단적 내러티브의 변화'라고 이름 붙인 패턴들을 각각 살피고 몇 가지 대표적인 사례를 들어 분석하고자 한다.

강제적인 침묵

첫 번째 패턴은 여성 또는 그 외 억압받는 자들의 강제적 침묵으로, 모든 문학에 만연한 주제이기는 하지만 말과 글이 마법의 힘을 발휘하는 판타지에서 더욱 통렬하게 드러난다. 다른 이들 앞에서 표현을 금지당하는 것과 주문을 외우고, 스토리텔링으로 신화를 불러내고, 신과 교감하는 일을 금지당하는 것은 전혀 다른 문제다. 그림 형제의 〈여섯 마리 백조〉에서 오빠들에게 걸린 마법을 풀기 위해 쐐기풀로 옷을 짓던 누이가 남편이 자신에게 화형을 지시하는 상황에서 한마디조차 할 수 없었던 것처럼 전통적인 이야기에는 자발적이거나 비자발적인 자기 침묵이 자주 등장한다. 오비디우스의 《변신 이야기》에서 필로멜라의 이야기는 침묵과 성폭력의 연관성을 명확히 보여준다. 필로멜라는 형부에게 강간을 당하고 혀가 잘려 말을 할 수 없었다. 대신 자신의 이야기를 천에 수를 놓는 태피스트리의 형식으로 전달했고, 언니 프로크네는 복수를 다짐했다. 두 자매가 각각 나이팅게일과 제비가 되는 결말은 흥미롭게도 그림 형제의 이야기와 대척점에 선다. 등장인물이 새로 변신한다는 점은 서로 동일하지만 한 작품에서 이는 이야기의 시작이 됐고 다른 작품에서는 결말이 됐다.

내가 전과 달리 이런 이야기들을 정치적으로 읽기 시작한 것은 여성이 당하는 학대를 부부의 개인적인 문제나 남성의 정당한 특권으로 보기보다 가부장 제도와 피지배 계층의 문제로 접근하기 시작한 후부터다. 하지만 정치적인 의미는 사실 처음부터 내포돼 있었다. 대부분의 이야기에서 남자들이 왕이고, 그가 지배력을 행사하는 대상 중 가장 가깝고 취약한 존재가 여자들이라는 점이 우연은 아니다.

많은 현대 판타지가 이런 구전 이야기의 모델을 따른다. 그 시작으로 여겨지는 E. T. A 호프만Hoffmann의 〈모래 사나이〉(1817) 속 말 못하는 태엽 인형 올림피아부터 한스 크리스티안 안데르센의 목소리를 잃은 〈인어공주〉(1837), 제임스 서버의 《열세 개의 시계》(1950) 속 마법사 삼촌에 의해 "그가 잘되기를 바란다"라고밖에 할 수 없는 사라린다 공주까지 이런 모델은 변형을 거치며 이어졌다. "개인적인 것이 곧 정치적인 것이다"라는 구호로 유명한 제2 물결 페미니즘 이후로 이야기 속 누군가를 침묵시키는 행위를 명백하게 정치적으로 해석하는 움직임이 일었다. 어슐러 르 귄의 작품이 대표적인 사례인데, 초기 판타지들은 그녀가 페미니즘의 원칙을 이해하고 수용하기 전에 탄생했다. 《어스시의 마법사》(1968)는 여러 전통적 모티브와 개념을 엮는 동시에 그 안에 존재한 정치성에 도전하지 않고 판타지 세계를 창조했다는 점에서 옥스퍼드 학파의 작품과 닮았다. 남성은 마법사로, 여성은 나약한 존재나 사악한 마녀로 등장한다는 점이 그렇다. 해당 시리즈의 네 번째 작품 《테하누》(1990)가 출간되기 전까지 기존의 관습을 아무 생각 없이 수용했다는 이유로 페미니즘 비평가들에게 큰 비난을 받은 르 귄은 잠시 방어적인 모습을 보이다가 결국 기존의 설정에 어떤 모순도 없이 자신의 마법 세계를 훌륭하게 재구성하기 시작했다.

《테하누》의 여성 영웅 테나는 일찍이 언어와 관련한 마법사의 능력을 거부하고 농장을 관리하는 아내로서 조용한 삶을 누리고 있었으나 중년이 되고 자신이 자율성을 얼마나 많이 잃었는지 깨닫는다. 남편의 죽음 이후 아들은 테나가 홀로 잘 운영하던 가족 농장의 운영권을 주장한다. 마법사가 마법을 부릴 때 쓰는 '진정한 언어'를 배우지 않았던 테나는 남성들의 학대에 취약한 존재가 된다. 남성 마법사로 이뤄진 공동체는 악의적으로 그녀의 입을 막으려 하는데, 그중에서도 아스펜은 자신의 힘을 이용해 테나의 의지를 무력화하고 무엇보다 말을 할 수 없게 만든다. 그는 이렇게 조롱한다. "하지만 무엇보다 그녀가 하고 싶은 말이 있을지도 모르죠. 할 말이 아주 많은 여자거든요. 여자들은 늘 그렇잖아요."[p. 222] 전 세대의 가장 위대한 현자 게드는 여성들이 느끼는 분노의 근원을 이렇게 설명했다. "당신의 강점이 그저 타인의 약점에서 비롯됐다면 당신은 두려움 속에서 살게 될 것이다."[p. 198]

하지만 〈어스시〉 시리즈에서는 옥스퍼드 학파의 판타지에서 드러나는 백인의 전유물을 찾아볼 수 없었다. 르 귄은 남성 영웅이 표지에서 갈색 피부로 표현될 수 있도록 싸워야 했다. 이 작품에서는 야만적인 침략자들만이 창백한 피부색을 갖고 있었다. 또한 그녀는 부친 A. L. 크로버Kroeber와 함께 일했던 아메리카 토착민들의 문화적 전통과 더불어 브로니슬라브 말리노프스키Bronislaw Malinowski가 주술과 신비한 힘을 연구했던 태평양 섬의 여러 사회를 스토리에 반영했다. 르 귄은 판타지라는 '스토리 공간'이 더욱 포괄적이고 포용적이며, 권력 구조와 문화적 규범에 더욱 예리하게 도전할 수 있도록 변화하는 데 일조했다.

《테하누》 이후 침묵과 표현이라는 연속체를 계속해서 탐구한 르 귄은 도교의 가름침을 빌려 정적인 것을 긍정적으로 바라보며 이를 표현의 가장 중요한 조건으로 꼽았다. 또한 자기 혐오가 외부로 투영되면서 타인을 침묵시키려는 동기가 생겨난다는 게드의 통찰을 언급하기도 했다. 그녀의 〈서부 해안 연대기〉 시리즈에서 중반부를 장식하는 작품의 제목은 마땅하게도 《보이스》(2006)다. 마법의 악용에 대해 집중적으로 이야기하는 《기프트》(2004)와 《파워》(2007) 사이에 출간된 《보이스》에서 마법은 지배하는 힘이 아니라 증언하는 힘을 지녔기에 악용되기가 어려웠다.

    소설 속 정치 상황은 특히나 참담했다. 주인공 메메르는 점령당한 도시에 살았으며, 침략자들은 노예로 삼은 안술 사람들의 책을 불태우고 역사와 종교에 대해 입도 뻥긋하지 못하게 하며 문화를 말살하려고 했다. 메메르는 숨겨진 도서관을 지키는 인물이자 오라클에 접근할 수 있는 자이기에 저항 세력의 핵심 인물이었다. 오라클은 어떤 신성한 텍스트에 담겨있지 않고 그저 책을 통해 말을 전달할 뿐이다. 적임자, 즉 독자를 만나면 생명력을 얻은 과거의 목소리이자 문화라는 집단적 목소리를 전달한다. 메메르가 신탁을 전하듯 군중을 향해 글을 읽는 핵심적인 장면에서 메메르는 마치 혁명을 선동하는 듯 보이지만 나중에 알고 보니 그녀가 읽은 책은 아동용 우화였다. 힘은 책이나 독자에게서만 나오지 않고 텍스트와 연사, 상황이 모두 더해져서 발휘된다. 이 모든 것이 조화를 이룬다면 "나뭇잎 하나하나에 신이 깃들고, 당신의 활짝 열린 손에 신성한 것이 자리할" 것이다.

전시에, 즉 미국이 복잡한 동맹 관계를 맺고 명확하지 않은 명분으로 이라크를 침공한 시기에 쓰인 《보이스》는 종교적 근본주의와 폭력적인 식민주의에 관한 정치적 이야기로 해석할 수도 있다. 하지만 이 작품이 전달하고자 하는 메시지는 그렇게 직접적이지 않다. 이 이야기는 신탁처럼 단순하면서도 모호하다. 메시지의 의미는 독자와 문맥에 따라, 텍스트에 생명력을 불어넣는 이 두 가지 요인에 따라 달라진다. 물론 분명한 메시지도 있기는 하다. 과거를 아는 편이 무지한 것보다 낫다거나, 지혜는 한 권의 책에 담겨있지 않다거나, 약자가 가장 큰 고통을 겪게 되는 만큼 전쟁은 정당화될 수 있어도 정의가 될 수는 없다거나(메메르는 모친이 침략자에게 강간당해 태어난 아이다), 지식을 억압하는 일은 장기적으로 볼 때 분명히 실패하지만 그 억압의 시간이 참으로 길고 고통스럽게 느껴질 수 있다는 등의 메시지들은 의미가 분명하다. 또한 르 귄은 책과 독서를 중요하게 다루지만 이것들의 가치를 절대적으로 높게 평가하지도 않는다. 오렉은 여행 중인 시인이자 공연자인데, 글로 남겨지지 않은 그의 텍스트는 숨겨진 도서관에 소장된 책들만큼이나 강력하다. 저자는 캐릭터 이름에 숨은 말장난을 독자들이 알아봐 주기를 바랐던 것 같다. 오렉Orrec은 오라클Oracle의 메아리인 셈이다. 책은 일종의 말이고, 모든 말이 그렇듯 책 또한 침묵과 이야기를 들으려고 하는 청중이 필요하다. 이 모든 이야기는 판타지로 포장돼 있지만 우리가 실제 살고 있는 세상에 대한 명백한 진실이기도 하다. 판타지는 간극을 더욱 극명하게 강조하고 패턴을 더욱 명확하게 보여줄 뿐이다.

존: 대안적인 과거

나는 '스토리 공간'이라는 용어로 르 귄이 판타지 장르에 미친 영향력을 설명하고자 했다. 이는 미하일 바흐친이 창안한 어려운 신조어 '크로노토프'를 비슷한 의미로 번역한 표현이다. 바흐친에게 크로노토프는 단순히 시간과 공간이라는 설정을 의미하는 단어가 아니라 내러티브의 가능성을 의미하는 개념이다. 글로 정의된 공간에서 어떤 사건은 벌어질 수도 있고 심지어 필히 벌어져야 하는 반면, 어떤 사건은 상상조차 할 수 없다. 또 어떤 캐릭터는 그 공간에 속하지만 어떤 캐릭터는 그곳에 공존할 수 없다. 시간은 특정한 방식으로 전개되고, 이는 시간에 따른 필연적인 결과와 인과 또한 마찬가지다. 판타지의 스토리 공간은 장르가 달라짐에 따라 변화하지만, 상상의 과거로 회귀한다는 점에는 변함이 없다. 아서왕의 로맨스 문학들이 불러오는 상상 속 중세 영국이 될 수도 있고, 윌리엄 모리스가 상상한 산업화 이전의 노동자 낙원일 수도 있으며, 연금술사들의 신비로운 힘이 가득한 공간이자 존 크롤리의 메타 판타지 역사물 4부작의 제목이기도 한 〈이집트〉가 될 수도 있다. 약간 변형됐을 뿐 톨킨의 별표 가운데땅도 마찬가지다. 우리가 상상하는 역사이자 이전에 상상했던 과거의 파편으로 재구성한 역사다. 하지만 이런 과거에서 모두가 환영받지는 않고 모두가 그 시대의 정치 상황에 책임을 져야 하지도 않는다.

최근 판타지 트렌드에서 가장 흥미로운 점은 기존과는 다른 과거들이 등장하기 시작했다는 점인데, 특히나 옥스퍼드의 백인 남성 특권층이 아닌 다른 정체성의 경험을 지닌 작가들이 이를 이끈다는 점이 눈에 띈다. 새로운 이야기의 전달은 식민지화와 억압을 경험한 사람들이 그간 강요당한 침묵을 해소하는 하나의 방법이다. 에보니 엘리자베스 토머스는 팬 픽션과 만화책의 멀티버스에 등장하는 대체 역사와 대체 스토리 세계에서는 인종적 타자를 상대적으로 쉽게 등장시킬 수 있다고 설명했다.[2019, p. 156] 1970년대부터 1980년대에 걸친 새뮤얼 R. 딜레이니의 〈네베리욘Nevèrÿon〉 시리즈는 로버트 E. 하워드Robert E. Howard, C. L. 무어, 프리츠 라이버Fritz Leiber의 스토리 세계인 펄프 판타지(1970년대 이전의 판타지로 검과 마법이 등장하고 판타지적 설정이 눈에 띄는 장르-옮긴이)의 야만적 이국주의에 고고학적 수정주의와 모호한 기호학을 더한 이야기다. 그 결과 그는 흑인 동성애자이자 지식인이라는 본인의 시각에서 인종, 권력, 욕망을 탐구할 수 있었고, 동시에 검과 마법이 등장하는 소드 앤 소서리swords-and-sorcery 형식의 모험이 가능한 크로노토프를 완성할 수 있었다. 도시명인 '네베리욘'은 모어의 유토피아를 직역한 '어디에도 없는 곳No Place'의 또 다른 버전이 될 수도 있다. 라이버의 〈파퍼드와 회색 고양이Fafhrd and the Gray Mouser〉 시리즈에 등장하는 세계의 이름이 '노웬Nowhen'을 거꾸로 한 '네원Nehwon'이듯 말이다. 딜레이니의 판타지 세계는 미셸 푸코Michel Foucault의 '헤테로토피아heterotopia'(실존하지 않는 유토피아의 반대되는 의미로, 실존하는 유토피아적이고 이질적 공간이다-옮긴이) 개념을 이어받아 브라이언 맥헤일Brian McHale이 이론화한 '존Zone'과 같다.

작가 로저 럭허스트Roger Luckhurst는 존을 두고 "변칙적인 것들을 만들고, 범주를 파괴하며, 정체성을 해체하거나 재구성하는 이상한 위상학적 상태"라고 설명했다.[2011, p.23] 또한 존은 도나 해러웨이의 '사이보그Cyborg'에 비유할 수 있는 공간으로, 끔찍한 부당함에서 해방될 수 있는 곳이다. 소설에서 이 개념을 탐구한 사람으로는 대표적으로 《노변의 피크닉》(1972)의 스트루가츠키Strugatsky 형제들과 〈서던 리치〉 시리즈의 제프 밴더미어Jeff VanderMeer가 있다. 해왕성의 한 위성에서 존을 찾아낸 딜레이니의 《트리톤》(1976)은 "모호한 헤테로토피아"라는 부제로 푸코뿐만 아니라 르 귄과의 연관성도 함께 드러내는데, 딜레이니의 책이 출간되기 얼마 전 르 귄이 "모호한 유토피아"라는 부제로 《빼앗긴 자들》(1974)을 출간했다.

존은 하나의 장소라기보다는, 널찍하게 떨어진 공간들이 영화적 편집을 통해 하나의 연속된 장면으로 구성된 것처럼 공간들이 기괴하고도 이해할 수 없게 합체된 개념이다. 이런 가상의 존에서는 시간이나 공간이 하나의 고정적인 무대가 아니기에 사실주의 내러티브에는 존재할 수 없는 가능성이 열린다. 여기에는 이전에 들리지 않았던 목소리뿐만 아니라 새로운 행동과 정체성, 힘과 자기 결정권을 발휘할 수 있는 플롯 라인도 포함된다. 중심 캐릭터들은 기존에는 상상할 수 없었던 힘을 발견하며 내면화된 제약에서 해방된다.

자기 제한적인 캐릭터

퀴어적이며 인종적으로 복잡한 판타지 스토리 공간을 연 딜레이니의 과업은 카이 아샨테 윌슨Kai Ashante Wilson이 이어받았다. 몇 편의 단편 소설과 두 편의 중편 소설을 통해 윌슨은 로마 시대로 짐작되는 시기의 지중해 어딘가로 독자들을 안내했다. 분수가 마련된 뜰과 짐승이 출몰하는 황무지가 등장하는 세계다. 딜레이니와 마찬가지로 윌슨은 의도적으로 언어적, 문화적 코드를 뒤섞어 과거와 현재와 약간의 미래가 혼재하는 존을 만들어냈다. 아서 C. 클라크Arthur C. Clarke는 고도로 발달한 과학 기술은 마법과 구별할 수 없다고 말한 바 있다. 《꿀의 맛A Taste of Honey》(2016)과 《와일드딥스의 마법사Sorcerer of the Wildeeps》(2015) 모두에는 이런 평이 걸맞을 정도로 고도로 발달된 과학 기술이 등장한다. 윌슨은 자신의 판타지 배경에 대해 이렇게 설명했다.

> 작가인 스티븐 카터Stephen Carter가 한 저서에서 흑인 미국인의 집단적 지식과 의견을 가리키며 "아프리카계 미국"이라는('미국인'이 아니라 '미국'인 것이 맞다) 용어를 사용했다. 예를 들자면 "아프리카계 미국은 새 대통령의 정책을 부정적으로 바라봤다." 이를 처

음 마주한 이후로 상상 속에서 이 문구가 내내 요동쳤다. 다양하고도 충만한 아프리카계 미국인의 유산이 깊이 자리하고 점령한 신화 속의 조국이, 말 그대로 하나의 대륙 전체가 계속해서 떠올랐다. 내 첫 (중편) 소설은 당연하게도 그곳을 배경으로 해야 했다. 이 아프리카계 미국은 매일같이 온갖 종류의 영어가 한데 뒤섞여 울려 퍼지는 곳이다. 우아하고 정중한 영어, 익살스럽고 다채로운 느낌이 묻어나는 영어, 남미와 카리브 억양의 영어….

[스튜어트, 2015]

이렇게 야누스적인 혼종의 공간에서 윌슨은 다양한 가능성을 지닌 내러티브를 만들었다. 《꿀의 맛》의 주인공 아킵은 대조적인 두 개의 삶을 산다. 한쪽은 현실이고(다만 둘 중 어느 쪽인지는 확실치 않다), 다른 한쪽은 실현되지 않았지만 내러티브로 이어지는 삶이다.

아킵은 특권을 가진 동시에 억압당하는 인물이다. 반신반인 혈통의 귀족으로 그는 특권을 당연하게 누리지만 자신의 행동에 제약이 있다는 사실 또한 뚜렷하게 인식한다. 화자는 그가 무엇을 할 수 있고 또 무엇을 할 수 없는지에 대해 자주 언급한다. 그는 도시 어느 곳이든 아무런 방해 없이 다닐 수 있지만 원하는 상대와 결혼할 수는 없다. 자신의 마음을 터놓을 수도 없다. 동물의 마음은 직관적으로 이해하지만 하인들의 감정은 읽어내지 못한다. 그에게 남성성은 어려운 문제다. "남자다운 방식을 따르는 데 자주 실패했고, 그가 실수하면 혹독한 교정이 이어졌다."[p. 14] 그곳을 방문한 전사가 아킵의 욕망을 자극하자 자신의 감정이 무엇인지 혼란스러워진 그는 원칙에 충실하기로 했다. "안돼!" 그는 이렇게 생각했다. "남자들끼리는 키스하면 안 된다고!"[p. 19] 스스로를 속박했다.

하늘의 두 존재가(혹은 두 신이) 방문하고 난 뒤에야 동물과 관련한 아킵의 뛰어난 능력이자 그가 신성한 존재의 후예라는 징표가 완성됐지만 그 후에도 그는 마법의 힘을 부인한다. 그러다 신이 새를 불러오라고 명하자 그제야 능력을 발휘한다.

그녀의 손가락이 닿는 순간 이 세상의 풍요로움과 생생함이 곱절로 커졌고, 세 배가 됐다가 거기서 또 한 번 곱절이 됐다. 아킵의 지각이 완전히 다른 차원으로 확장됐다. 벌들이 윙윙대는 소리, 메뚜기와 새들의 울음소리는 더 이상 아무 의미 없는 소음이 아니었다. 노랫말이 담긴 음악이었고, 가사가 실린 노래였다.[p. 37-38]

아킵은 자신이 속한 문화에서 재능이나 사랑하는 능력을 발휘하는 법보다는 스스로를 제한하는 법을 배웠다. 그의 문화가 여성적인 능력이라고 여기는 과학과 수학, 심지어 글쓰기조차 할 줄 몰랐다. 이 작품의 대부분은 그가 자신의 한계를 극복하는 내용이며 그가 경험하는 거의 모든 고난이 이와 관련이 있다. 판타지에서 자주 등장하는 스토리 구조이자 판타지의 스토리 공간이 만들어낸 유산 중 하나는 기존에 무시당하던 캐릭터가 힘을 얻는다는 설정이다. 이런 설정은 캐릭터가 역사적으로 무시당했던 집단에 속하고 그런 홀대가 집단의 자존감에까지 영향을 미칠 때 좀 더 큰 울림을 줄 수 있다.

이와 유사하게 날로 홉킨슨의 《카오스 The Chaos》(2012)에도 스스로를 제한하는 캐릭터가 등장한다. 현대의 토론토라는 배경은 환상적인 스토리 공간으로 서서히 달라지고, 주인공 소저너 스미스이자 자칭 '스카치'는 그곳에서 마침내 자신의 두려움을 마주하고 강점을 받아들인다. 결말에 이르러 스토리 세계는 윌슨의 아프리카계 미국처럼 마법과 현실이 뒤섞인다. 다만 현대의 북미에 서아프리카의 전설이 덧입혀진 경우이기에 이 스토리 공간은 미국계 아프리카라고 할 수 있다. 소설 초반에 스카치가 경험하는 문제는 대부분 본인에게서 비롯된다. 대체로 평범하다고 할 수 있는 10대 소녀에게는 얼마 전부터 성 정체성과 관련해 고민이 생겼다. 게다가 자신 때문에 오빠가 교도소에 갔다는 죄책감, 백인 학생들의 괴롭힘 때문에 전학을 가게 되며 쌓인 분노, 부모님과 소통이 되지 않는다는 답답함에 시달리고 있다.

여기에 더해 스카치에게 좀 더 심각한 일이 벌어지고 있다는 징후가 몇 가지 있다. 공기 중에 부유하는 어떤 '존재'들이 눈에 보이기 시작한 것이다. 그녀는 이들을 '머리만 달린 남자'라고 부르면서도 환각으로 치부한다. 또한 피부에 끈적거리는 검은색 반점들이 생기기 시작해 민간 치유사에게 처방받은 연고로 치료를 해야 했다. 결국 예측 불가능한 일들이 전 세계에 퍼지고, 공중에 떠다니는 머리만 달린 남자와 더불어 수많은 환상적인 존재들이 등장하는 와중에 스카치의 몸이 변한다. 스카치는 온타리오 호수에 어느 날 갑자기 생겨난 화산에서 무사한 모습으로 나타난다. '정상'이라는 껍데기가 깨지자 젠더, 인종, 장애, 다양한 사고와 관련한 구조적 불평등이 드러나는데, '카오스'라는 책 제목은 사회의 불공평함을 드러내는 한편 잘못된 문제를 바로잡으며 생겨나는 혼란을 의미하기도 한다.

오빠 리치는 스카치가 흑인임에도 피부가 그리 어둡지 않고 부유하다는 점에서 다른 흑인보다 인종적 편견에서 자유로울 수 있었다는 사실을 상기시킨다. 리치는 교도소에서 들었던 말을 전한다. "내가 부자라 편안한 삶을 누렸다고들 했어. 그곳에는 글을 못 읽는 사람들도 있거든. 채소는 통조림에 든 것만 먹어본 사람들도 있었고 (…) 어떤 사람들은 상점에 가면 항상 보안 요원들이 따라 붙고."[p.50] 스카치는 흑인이라는 정체성으로 인식되기를 바라면서도 자신에게 주어진 특권과 제도를 누렸지만, 이 또한 검은색 반점이 온몸에 퍼져 피부가 더욱 어두워지기 전까지의 이야기였다. 연구자 크리스틴 쇼Kristen Shaw는 스카치의 몸 자체가 하나의 스토리 공간이자 식민지화된 영토로, 결국 억압적이고 지배적인 담론이 붕괴되는 땅이라고 설명했다. "카오스가 찾아오는 동안 스카치가 경험하는 것들은 여러 면에서 흑인 여성의 신체를 바로잡아야 할 대상으로 바라보는 현실을 비유적으로 보여준다."[p.447]

갑작스럽게 세상을 휩쓴 마법은 여러 면에서 파괴적이었고 각각의 현상이 무엇을 상징하는지 단 몇 마디로 정리할 수 없을 만큼 큰 혼돈이었지만, 스카치의 몸에 처음 나타난 증상들은 억누르던 감정들과 검열하던 생각들 때문에 발현했다고 이해할 수 있겠다. 영문학자 아망딘 H. 포슈Amandine H. Faucheux는 논문 〈날로 홉킨슨의 작품 속 인종과 성Race and Sexuality in Nalo Hopkinson's Oeuvre〉

에서 이 소설을 언급하며 "작품 전반에 걸친 스카치의 혼란한 여정은 인종적 배척과 인종 및 피부색 차별을 당한 유색 인종의 경험을 있는 그대로 담아냈다"라고 말했다.[p. 568] 카오스가 찾아오며 캐나다가 존, 즉 여러 문화가 맞닿는 공간이자 비예측성의 공간으로 변한 후에야 스카치는 자신의 강렬하고도 다중적인 본성을 말과 행동으로 표현하기 시작했다. 스토리 공간이 마련되자 자신에게 주어진 캐릭터로 변화할 수 있었다. 이런 변화는 단순히 성숙이나 심리적 통합만을 의미하지 않는다. 그녀에게 가해졌던 억압으로 인해 새로 얻은 정체성이 정치적인 성격을 띠는 것처럼 이 변화 또한 정치적이다.

과거: 정치에 대응하기 위한 스토리 공간

《꿀의 맛》과《카오스》속 이질적인 스토리 공간은 내러티브적인 실험일 뿐만 아니라 언어적인 실험이기도 하다. 앞서 인용한 인터뷰에서 윌슨은 의도적으로 방언과 고문체를 채택해 서로 대조되게끔 했다는 점을 밝히며 "매일같이 온갖 종류의 영어가 한데 뒤섞여 울려 퍼지는 곳"을 만들었다고 설명했다. 외부인과 소외당하는 사람에게 가해진 침묵에 대한 답변인 셈이다. 마찬가지로 홉킨슨은 '코드 슬라이딩code-sliding'이라는 기법으로 다양한 언어와 커뮤니티를 활용했다. 방언이라고 눈총받는 언어를 쓰는 사람들이 지배적인 문화에 맞춰 자신의 언어를 조정하는 '코드 시프팅code-shifting'보다 더욱 급진적인 코드 슬라이딩은 언어를 변화시키고, 그 언어가 소통되는 사회적 환경도 함께 변화시킨다. 홉킨슨은 이렇게 말했다. "강요된 언어를 분해하고 재조합한다는 개념이 무척이나 매력적으로 느껴졌다. 해킹된 언어로 말한다는 것은 단순히 어떤 억양이나 크리올어(다양한 언어적 배경을 지닌 사람들 사이에서 의사소통하기 위해 형성된 언어-옮긴이)를 쓴다는 의미가 아니다. 단어들을 소리 내 발화하는 일은 역사를 인용하는 일이자 그 공간에 대한 권리를 주장하는 일이다." 홉킨슨은 여러 유형의 영어와 카리브해 민속 문학의 서사적 전통들을 도입해 캐릭터가 다양한 정체성을 시도하고 이로써 그간 내면화했던 무력한 자아를 벗어던질 수 있는 스토리 세계를 창조했다. 이는 윌슨이 언어적, 내러티브적 도구를 제공해 캐릭터들이 먼 과거, 상상의 과거, 심지어 미래의 진화된 인류에게까지 닿을 수 있게 한 것과 유사하다.

    윌슨과 홉킨슨은 아프로퓨처리즘 작가로 분류되는데, 이 장르는 일반적으로 판타지보다는 SF에 속한다. 두 사람의 파격적인 문체는 장르 유형화에 저항하는 내러티브 전략에 걸맞다.

이들의 작품은 독자가 어떤 스토리를 선택하고 어떤 플롯을 따라가는지에 따라 판타지, 사이언스 판타지, SF, 마법적 사실주의로도 볼 수 있다. 딜레이니, 옥타비아 버틀러, 은네디 오코라포르, 앤드리아 헤어스톤Andrea Hairston, 캐런 로드Karen Lord, N. K. 제미신Jemisin, 테이드 톰프슨Tade Thompson 등 수많은 아프로퓨처리즘 판타지 작가의 작품 또한 마찬가지다. 미래와 과거 모두 정치에 대응하는 도구로 활용할 수 있는 만큼 이를 계속해서 다시 조사하고, 상상하고, 또 다른 이야기를 써나가야 한다. 과거와 미래 또는 판타지와 SF를 어떤 비율로 채택할지는 작가가 무엇을 찾고 싶은지에 달렸다. 어떤 집단의 경우 과거는 상대적으로 안정적이고 접근하기 쉽지만 미래는 싸워서 쟁취해야 하는 대상일지도 모른다. 이 집단에 속하는 작가들은 과거를 돌아보는 일보다 미래를 내다보는 데 더욱 관심이 크기 때문에 신화 속 영국이나 가운데땅 같은 판타지적 대안보다는 SF 소설의 설정을 따를 것이다. 또 다른 집단의 경우 식민 지배로 과거의 많은 부분이 대중의 기억과 단절되거나 지워졌다면 작가들은 사라진 역사를 복원하기 위해 판타지의 설정을 채택할 것이다. 작가들은 다만 자신이 가야 할 방향으로 향할 뿐이고, 장르의 범주는 끊임없이 달라지고 융합한다.

집단적 내러티브의 변화

현재 가장 유용한 내러티브 전략에는 익숙한 스토리의 경계선을 재정의해 적용 범위가 확장되도록 각색하는 방식이 있다. 이는 문화적 헤게모니에 대응하는 판타지의 세 번째 전략이라고 할 수 있다. 메타 내러티브를 노출하고 재구성하는 것이다. 메타 내러티브는 개별적 스토리들이 틀을 벗어나지 않도록 강제하고, 우리가 공식을 따른 스토리들만 인식하게끔 제한한다. 강압적이고 집단적인 스토리 패턴이다. 메타 내러티브를 가장 효과적으로 전복한 사례로 젠 초$^{Zen\ Cho}$의 《왕실의 마법사$^{Sorcerer\ to\ the\ Crown}$》(2015)가 있다. 초는 옥스퍼드 학파의 판타지적인 중세 시대같이 친숙하면서도 비밀스러운 허구의 세상을 만들어냈다. 다시 말해 제인 오스틴의 풍자 소설에서 파생해 여러 세대의 추종자들을 거치며 다듬어지고 미화된 상상 속의 영국 리전시 시대를 배경으로 한다. 이 가상의 리전시는 중세 판타지보다도 환경이 더욱 폐쇄적이다. 이 세계에서 하인들은 존재감이 거의 없고, 식민지들을 통해 불가사의하게도 막대한 부가 발생하며, 전쟁은 마을 근처에 편히 주둔하던 장교들을 제외하고는 모두에게 불편하며, 유색 인종은 존재하지 않는다. 스토리 세계로서의 리전시에는 제한적인 캐릭터와 플롯만이 존재한다. 이를테면 결혼 중매, 불쾌한 이모와 욕심 많은 사촌들의 재산이 마땅히 여자 주인공에게 돌아가는 이야기가 그렇다. 이런 리전시 로맨스를 리전시 판타지로 전환하는 데는 대단한 설정이 필요하지 않다. 집안에서 내려오는 가보에 마법의 힘을 부여하고, 여성 전유물로 인식되는 기술에 마법 능력을 추가하며, 성직자를 그 지역에 방문한 마법사로 대체하면 된다. 이 같은 설정을 효과적으로 담아낸 초기 소설이 퍼트리샤 리드Patricia Wrede와 캐럴라인 스티버머Caroline Stevermer가 주고받은 편지를 바탕으로 완성된 서간체 소설 《마법과 시실리아Sorcery and Cecilia》(1988)다.

이런 전통적인 설정을 모두 채택한 젠 초의 판타지에서 가난하지만 용감한 여자 주인공과 어둡고 음침한 영웅은 서로를 오해하는 상황으로 인연을 시작하지만 결국 무적의 팀이자 아름다운 연인 관계로 발전하며 만족스러운 결말을 맞이한다. 다만 이런 요소들이 지닌 사회적 함의와 사회상을 반영해 만들어진 스토리 공간은 작품의 첫 페이지부터 흔들린다. 마법의 등장 때문만이 아니라 인종적, 문화적 차이와 영국 사회를 지탱하는 착취적인 식민지 제도를 드러낸 덕분이다. 소설은 어린 노예이자 남자 주인공인 재커라이어스가 흑인도 마법을 부릴 수 있다는 사실을 보여주기 위해 왕립 비자연적 철학자 협회원들 앞에 선 장면으로 시작한다. 이는 흑인 여성 시인 필리스 휘틀리Phyllis Wheatley 같은 인물이 실제로 직면했던 도전과 M. T. 앤더슨의 역사 소설 《옥타비안 낫싱, 검은 반역자》(2007) 속 사회 실험을 떠올리게 하는 장면이다. 로맨스 작품인 만큼 재커라이어스는 마법 테스트를 통과한 뒤 단순히 마법사가 되는 데서 그치지 않고 왕실 마법사의 후계자로 성장한다. 이후 시간이 지나 운명의 상대이자 고아 출신의 영민한 프루넬라 젠틀맨을 만난다. 성씨를 통해 사실 그녀가 더욱 높은 계급에 속해있다는 점이 암시되지만, 아이러니하게도 프루넬라는 도베니부인학교의 학생에서 노예로 전락할 위기에 처해있다.

초는 리전시 로맨스의 전통적인 형식을 따르면서도 이를 꼬집는 요소들을 곳곳에 배치했다. 프루넬라는 재커라이어스만큼 인종적 특징이 드러나지 않지만 "약간의 노력이면 뺨이 선명한 색으로 물들 정도로 피부가 밝았지만, 따뜻한 피부색과 어두운 갈색 드레스 뒤쪽으로 흘러내린 짙은 곱슬머리에서 그녀가 순수한 유럽 가문 출신은 아니라는 사실을 알 수 있었다"라고 묘사된다. 돌아가신 어머니가 인도 왕실의 마법사였다는 사실이 중반부에서야 드러나지만, 여러 단서가 영국으로 사절단을 파견한 말레이 섬나라 잔다 바이크와 그녀가 관련이 있음을 암시한다. 잔다 바이크는 강력한 마녀들의 본거지이기도 한데, 그중 막깅강의 주문은 세계의 절반에 영향을 미칠 만큼 강력하다. 이렇게 소설에는 아프리카계와 아시아계의 마법사들이 리전시 시대 런던의 백인들과 함께하는 모습이 등장하고, 이는 영국 경제가 식민지 착취에 의존하고 있음을 드러낸다. 영국의 마법이 페어리 랜드에서 오는 한정된 자원이라는 설정 또한 이러한 맥락으로 이해할 수 있다. "페어리 랜드가 영국 마법의 원천인 만큼 영국에 문제가 생겼다는 것은 결국 페어리 랜드에도 문제가 있다는 거야." 이렇게 판단한 재커라이어스는 힘을 잃은 영국으로 마법의 힘이 계속 흘러들 수 있도록 페어리 랜드에 가기로 결심한다. 이렇듯 식민주의를 드러내는 두 가지 설정은 이후 서로 연관돼 있음이 밝혀진다. 잔다 바이크의 마녀들에 의해 페어리 궁정과의 협정이 파기됐고, 이들이 지닌 불만의 원인은 재커라이어스의 개혁을 방해하고 상류층 프루넬라의 지위를 위협하기도 했던 성차별과 인종 차별이었다. 페어리 랜드를 거쳐 영국에 온 막깅강은 자신의 관심사는 "당신네 왕이 착취하려 하는 내 조국의 운명"일 뿐이라고 선언한다.

다시 쓰기: 정치적인 영향력

복잡한 음모가 해결되고, 여성의 마법이 높이 평가되며, 다른 인종들이 영국 사회의 중심부로 들어오고, 잔다 바이크의 자주권이 보장되는 등의 설정들은 조젯 헤이어$^{Georgette Heyer}$의 로맨스를 살짝 변형한 듯하다. 이 소설을 통해 젠 초가 보여준 것은 수많은 판타지 작가가 하는 일이기도 하다. 익숙한 이야기의 정치적 배경을 드러내고 전복해 새롭게 전달하는 일 말이다. 수많은 환상 동화, 전설, 신화를 각색한 현대 판타지는 과거를 재조명할 뿐 아니라 과거가 서술된 방식에 의문을 제기한다. 역사는 (이미 사라진, 되돌릴 수 없는) 실제 과거가 아니라 과거에 대해 우리가 스스로에게 들려주는 스토리다. 그리고 모든 스토리가 그렇듯 역사에도 특정한 관점과 목적이 담겨있고 우리는 이 관점과 목적에 의구심을 품어볼 수 있다. 문화적 내러티브에 의문을 품는 가장 효과적인 방법은 회피가 아니라 다시 쓰기다. 과학과 마찬가지로 역사학에서는 늘 새로운 증거가 등장하고, 새로운 분석 방식이 개발되며, 새로운 질문이 제기되고 이는 주기적으로 변화를 거친다. 판타지에서도 이와 유사한 인식의 전환이 일어난다. 판타지는 다른 무엇보다 사람들이 세상을 어떻게 생각하는지에 대한 역사다. 판타지적인 과거는 아늑한 영국의 응접실, 동화 같은 중세 시대의 마을과 성만이 아니라 아프리카, 아시아, 아랍, 북아메리카, 태평양 섬, 호주 등의 전통 설화 속 장면과 인물로, 이 모든 별표 현실을 아우르는 범위로 확장됐다.

하지만 이런 움직임이 현실 세계에서 무언가를 바꿀 수 있을까? 판타지가 아무리 교묘하고 전복적이어도 정치 제도나 이를 지탱하는 신념에 영향을 미칠 수 있을까? 스토리가 강력한 정치적 도구라는 점에는 의심의 여지가 없다. 정치 과학자 마크 맥베스Mark McBeth는 적어도 두 종류의 정치적 내러티브가 있다고 밝혔다.

> 현대 정치는 (대체로 자칭일 때가 많은) 영웅적 인물과 악당의 싸움이다. (…) 정치에서 내러티브는 옳고 그름이라는 이분법적 세계를 만들 때가 많고, 그 결과 우리가 현재 미국 정치에서 볼 수 있는 극심한 양극화가 탄생한다. (인간은 내러티브로 의미를 만들어내는 만큼) 정치에서 내러티브를 없애기란 불가능하고 바람직하지도 않다. 하지만 민주적 거버넌스에는 집단 간 가교 역할을 하는 내러티브가 필요하다.(2017, p.7)

이 장에서 논의한 판타지 작품들이 바로 이런 가교 역할을 한다. 하나의 문화적 체계에 자리한 모티프와 캐릭터를 다른 문화적 체계로 이식한다. 다양한 언어를 바탕으로 공용어를 만들고, 비유럽 전통을 옥스퍼드 학파가 상상한 역사와 대등하게 배치한다. 신중하고도 비판적으로 글을 읽는다면, 이런 움직임은 우리가 이미 형성된 내러티브를 건강한 회의주의의 시각으로 바라볼 수 있도록 독려한다.

  톨킨의 방식에 대해 설명한 시피의 글은 음모를 유포하고 현실을 부정하는 현재의 상황과 그리하여 소셜 미디어가 정치적 무기로 사용되는 현실을 설명하는 데도 적합하다. 설화는 판타지 작가들의 상상력을 자극하고 독자의 흥미를 유발하는 놀라운 이야기로 가득한 만큼 대단히 멋진 내러티브가 될 수 있다. 하지만 민속 문학에는 어두운 면이 있다. 전설은 환상적인 이야기뿐만 아니라 외부인을 모함하는 스토리도 포함한다. 심각한 사례로는 앞서 언급한 피의 비방이 있다. 보통은 유대인을 비방하려는 목적이지만 로마니, 멕시코인 등 다른 민족이 대상이 되기도 한다. 이 전설은 톨킨이 가운데땅을 구상하는 과정에서 발견한 중세 문헌에도 등장한다. 영국 시인 초서^{Cahucer}의 작품에서 수녀원장이 캔터베리의 성지로 향하는 순례자들에게 들려주는 이야기와 〈휴 경^{Sir Hugh}〉이라는 발라드도 피의 비방을 바탕으로 한다.

또한 타자를 향한 폭력을 부추기려 할 때마다 이 이야기가 등장한다. 1970년대와 1980년대에 사탄 숭배 전설을 연구한 민속학자 빌 엘리스Bill Ellis는 이런 내러티브의 좀 더 복잡한 해석을 전했다. 신화를 "행동의 근거로 삼을 수 있는 일련의 아이디어"라고 말한 사회학자 윌리엄 H. 프리들랜드의 정의를 인용한 그는 현대 도시 전설을 같은 범주에 포함시키며 "전설은 본질적으로 정치적인 영향력을 미친다"라고 설명했다.[2018, p. 400]

엘리스는 또한 "근거를 갖춘 타당한 사실에 맞서 믿음이 발휘하는 놀라울 정도로 강력한 힘은 민속학 연구의 핵심"[p. 402]이라고 말했다. 민속학 연구는 오가는 이야기들의 출처를 거슬러 올라가고, 민속 집단의 역학을 관찰하고, 내러티브의 어떤 요소가 권위 있는 근거나 감각한 경험의 근거에 반하는 믿음을 일으키는지 분석한다. 예컨대 가짜 뉴스가 지닌 힘을 이해하려면 맥락화가 필요한데, 판타지는 맥락화를 가능케 하는 다른 방법을 제공한다. 어떤 전설이 정치적이라면 목적에 따라 판타지 형식으로 재구성한 전설 또한 정치적이다. SF가 과학적 지식과 거리를 두는 덕분에 오히려 새롭고 중요한 시각이 가능해진 것처럼 판타지는 과거와, 특히 과거의 소망이나 두려움에 대한 내러티브와, 그리고 대대로 이어져 내려오며 이 내러티브에 힘을 부여하고 '정착'시킨 스토리 세계와 거리를 둬야 한다. 판타지적인 이야기를 들려주는 것으로 현실 세계의 행동을 대신할 수 없다. 하지만 이야기를 통해 투표 제도의 이면을 생각할 수 있고, 바리케이드 너머를 엿볼 수 있으며, 스토리가 어떻게 행동을 촉발하고 정체성을 형성하는지 이해할 수 있다. 이를 이해하고 나면 우리의 스토리와 스토리 공간과 우리 자신을 변화시킬 힘을 얻을 수 있다.

9
두려움 너머의 진실을 보기

판타지와 호러

"인류의 가장 오래되고 강력한 감정은
두려움이고, 가장 오래되고 강력한 두려움은
미지에 대한 두려움이다."

H. P. 러브크래프트, 《공포 문학의 매혹》

지금까지 판타지에 관한 두 가지 근본적인 질문에 대해 탐구했다. 세계를 있는 그대로 재현한다고 할 수 없는 판타지가 어떻게 의미가 있을 수 있는가? 판타지는 무엇을 하는가?(다시 말해 이야기 속 세계에서 우리가 무엇을 얻을 수 있는가?) 이 두 질문에 대한 일차적인 답변은 곧 스토리텔링의 본질이라고 할 수 있다. 스토리텔링이 지닌 고유한 가치와 의미 말이다. 여기서 다음과 같은 답변들이 파생된다. 내러티브는 우리에게 정체성을 알려주고, 세상에 체계를 부여하며, 낯설고 당황스러운 모든 것에 대처할 수 있는 각본을 제공한다. 이번 장에서는 판타지와 미지의 세계에 대해 이야기할 예정이다. 우리는 모르는 것과 미지의 것, 그중에서도 우리와 전혀 다른 것을 가장 두려워한다. 한편 판타지는 이런 두려움을 받아들여 유용하게 전환하는 방법을 보여준다. 당장은 명확하게 드러나지 않는다 해도, 이 모든 차원에는 정치적인 관점이 자리한다.

두려움은 스토리의 원동력이다

그림 형제의 민담집에 실린 〈무서움을 배우러 나선 소년 이야기The Story of a Boy Who Went Forth to Learn Fear〉는 미국 남부에서 좀 더 흥미진진한 제목으로 알려져 있다. 바로 〈두려움을 본 적이 없는 소년The Boy That Never Seen a Fraid〉이다.[로버츠Roberts, 1988, p. 35] 두 버전에는 모두 유령이나 시체, 한밤중에 나타난 괴물을 보고 떨어본 적이 없는 소년이 등장한다. 두려움에 완벽히 무지한 소년은 여러 용기 테스트를 통과한 후 막대한 부를 얻어 왕의 사위가 된다. 결말에서 그는 여전히 두려움이 무엇인지 알고 싶었는데, 현명한 아내가 꿈틀대는 작은 물고기들이 담긴 얼음물을 양동이째 등에 붓자 비로소 오싹함이 어떤 기분인지 배울 수 있었다. 어리석음 혹은 진정한 용기에 대한 이야기로 읽을 수 있지만, 집중해야 할 부분은 소년이 중요한 것을 놓치고 있다는 점이다. 두려움을 느끼지 못하는 것은 색맹이나 음치와 같다고 이야기는 말하고 있다. 소년은 세상의 풍성함을 느끼지 못한다.

두려움이라는 감정의 전문가인 철학자 쇠렌 키르케고르Søren Kierkegaard는 《불안의 개념》(1844)에 이 소년의 이야기를 실었다. 이 소년이 두려움은 아닐지라도 떨림에 대해서는 배우게 된

만큼《두려움과 떨림》(1843)에 실릴 법한 이야기가 아닌가 생각할 수도 있지만《두려움과 떨림》을 대표하는 이야기는 창세기에서 아브라함이 이삭을 제물로 바치려 한 사건이다. 키르케고르는 각기 다른 비유를 들어 한 책에서는 두려움을, 다른 한 책에서는 불안 혹은 공포를 이야기한다. 이런 구분으로 스토리텔링, 특히나 판타지 스토리텔링에 대한 보편적 진리가 드러난다. 키르케고르에 따르면 두려움은 특정한 결과에 초점이 맞춰져 있다. 절벽 끝에 서서 추락을 두려워하듯이 말이다. 반면 불안은 자유, 즉 키르케고르의 표현처럼 "가능성의 가능성"을 동반하는 만큼 어떤 대상에 초점이 맞춰져 있지 않다.[1980, p. 42] 에덴동산에서 욕망도 죽음도 알지 못했던 아담은 단순히 무지라는 불안을 가졌을 뿐이었지만 선악을 알게 하는 금단의 나무를 알고부터는 자유라는 한 차원 높은 불안을 경험한다. 금단은 대상도 없고 한계도 없는 두려움을 향한 가능성의 문을 열고, 그리하여 공포의 문이 열린다. 동물들이 두려움을 느끼지만 공포를 느끼지 않는 것도 이런 연유다.

여기서 흥미로운 점은 키르케고르가 공포라고 하는 비한정적인 형태의 두려움과 상상력을 연계했다는 점이다. 특히나 내러티브의 형태를 취하는 상상력이다. 키르케고르는 주로 스토리를 이용해 자신이 말하고자 하는 바를 설명하는데, 그가 공포를 설명하기 위해 유령과 움직이는 시체, 순수한 젊은이들과 꿈틀대는 작은 물고기들이 한데 존재하는 마법 같은 이야기이자 민간 설화를 선택한 것은 우연이 아닐 것이다. 이야기 속 소년은 결국 두려움을 배우지 못하지만 대신 독자들이 두려움을 배운다. 더욱 중요하게는 두려움을 상대할 방법이 있다는 사실과 두려움으로 무언가를 해낼 수 있다는 사실을 배운다. 두려움은 스토리의 끝이 아니라 원동력이 된다.

판타지와 호러의 차이

유카타스트로피를 추구하는 판타지

판타지와 호러는 매우 가까운 관계다. 모두 우리가 이상한 존재와 불가능한 행동을 상상하게 한다. 또한 대단히 무서운 장면이 등장한다. 《반지의 제왕》 속 쉴로브의 은신처를 그대로 H. P. 러브크래프트의 이야기에 옮겨놔도 전혀 이질감이 없을 정도다. 이 두 장르의 차이점은 일부 그 구조에 있다. 러브크래프트는 캐릭터가 송곳니를 드러낸 괴물을 마주한 데서 이야기를 끝내거나 완전히 미쳐버린 샘와이즈가 어두운 호빗골 술집에서 지난 기억에 몸부림치는 장면으로 전환할 것이다. 반면 톨킨은 영웅들이 더욱 큰 공포에 맞서고 결국 승리하도록 할 것이다. 〈해리 포터〉 시리즈의 디멘터부터 《오즈의 위대한 마법사》 속 사악한 마녀까지, 대부분의 판타지에서 비슷한 공포 요소들을 찾을 수 있다. 다만 오즈의 사례는 뜻밖인 것이, L. 프랭크 바움은 서문에서 그림 형제, 안데르센과 비슷한 분위기의 환상 동화를 쓰겠지만 이들 이야기의 특징인 "끔찍하고 소름 끼치는 사건들"은 피하고자 한다는 의도를 밝혔다. "경이로움과 기쁨은 가득하되 마음의 고통과 악몽은 생략된, 현대화된 환상 동화"가 목표였기 때문이다.[p.2] 물론 이 작품에 아픔과 불안이 가득하고 1939년에 개봉한 영화는 그 정도가 더욱 심하다고 해도, 결국 마녀는 녹아내리고 마법사의 정체가 드러나며 도로시는 집으로 돌아와 가족을 다시 만나 기쁨 가득한 결말을 맞이한다. 영화 내내 경이로움이 가득하다.

하지만 전통적인 환상 동화에 대한 바움의 평은 옳았다. 전통적인 환상 동화에는 살인과 괴물과 거대한 혼란이 몰아치는 섬뜩한 이야기가 많다. 독일 낭만주의 작가들이 쓴 문학적 환상 동화는 이런 섬뜩한 요소들을 차용하지만 상황이 해결되는 결말을 항상 제공하지는 않는다. 한 예로 E. T. A. 호프만의 〈모래 사나이〉는 망상에 빠지고 신체가 분리되는 장면들을 갈수록 불쾌하게 제시한다. 프로이트가 언캐니^{Uncanny}(어떤 대상에게서 기이함과 불쾌함, 두려운 낯섦을 느끼는 심리적 현상-옮긴이)의 사례로 호프만의 이야기를 들 수밖에 없다. 언캐니는 키르케고르가 말하는 공포와도 연관된 정동이다. 에드거 앨런 포와 메리 셸리 등의 작가들은 독일 낭만주의 모델을 채택해 무서운 이야기를 창작했다. 이런 고딕 문학에는 공포가 경이로움으로 전환되는 반전이 없다. 톨킨은 이런 전환을 '유카타스트로피^{eucatastrophe}', 즉 좋은 재앙이자 우리를 절망에서 기쁨으로 이끄는 "갑작스럽고 기적 같은 은총"이라고 했다.[1966, p. 68] 톨킨에게 유카타스트로피적 행복감은 판타지에서 필수적인 요소였다. 그가 "누구도 속이지 못하는"[p. 83] 문학적 구성 장치에 불과하다고 평한 "그 후로 오래오래 행복하게 살았답니다"라는 언어 공식과 달리, 환상 동화의 유카타스트로피에는 그가 "은총"이라고 표현한 신학적 의미가 모두 담겨 있다.

끝이 잘린 판타지

톨킨이 판타지의 선구자이듯 포는 최초의 호러 이론가이

자 선구적인 실천가였다. 에세이 《글쓰기의 철학》에서 그는 글쓰기의 동기를 성공적이라고 할 만큼 잘 감추는 한편, 톨킨의 유카타스트로피 같은 요소를 본질적으로 배제한 단편 소설의 원칙을 소개했다. 스토리를 기획할 때 먼저 하나의 효과부터 선택하는 것이다.

> 우선 새로운지를 따진 뒤 하나의 선명한 효과를 선택한다. 그러고 나면 이것이 사건들에서 잘 발휘될지 아니면 어조에서 잘 발휘될지, 평범한 사건들에 특이한 어조를 더해야 할지 아니면 그 반대일지, 혹은 사건과 어조가 모두 특이해야 할지를 고려한다. 그 후 사건이나 톤을 어떻게 조합할지, 선명한 효과를 구축하는 데 무엇이 가장 도움 될지 찾기 위해 내 자신을 들여다본다. [p. 163]

효과의 최종 결과에서 거꾸로 거슬러 올라가다 보면 효과에 도움이 되지 않는 요소를 모두 제거할 수 있다. 효과에 기여하는 요소는 두 배로, 거기서 또 두 배로 늘어난다. 포가 말하는 '효과'란 정서적 효과다. 그는 자신의 시 〈갈까마귀〉를 예로 들며 소리, 이미지, 사건 등 모든 세세한 요소가 독자를 극도의 음울함으로 안내한다고 설명했다.

전형적인 환상 동화는 포의 법칙을 벗어난다. 환상 동화는 독자를 호기심에서 두려움으로, 절망에서 기쁨으로 안내하며 단 하나의 효과가 아니라 여러 효과를 연달아 전달한다. 흥미롭게도 포의 이야기 같은 유형을 가리켜 '호러'라는 용어를 쓴다. 이런 작품들이 최종적으로 전달하는 감정의 이름인 셈이다. 소설 장르의 명칭에 정서적 상태를 의미하는 용어를 쓰는 경우가 있을까? 서점에 가서 '어리둥절함'이나 '우울함' 장르를 찾는 경우는 없다. 간혹 '유머'를 들 수도 있겠지만 이는 효과라기보다는 원인을 가리키는 용어다. 포의 후계자들은 그의 뒤를 이어 정서적인 타격을 자신들의 양식을 정의하는 특징으로 삼는다. H. P. 러브크래프트는 에세이 《공포 문학의 매혹》에서 초자연적인 호러에 대한 생각을 밝히며 다음처럼 주장한다. "인류의 가장 오래되고 강력한 감정은 두려움이고, 가장 오래되고 강력한 두려움은 미지에 대한 두려움이다." 포와 마찬가지로 러브크래프트는 다른 감정이나 목적에 휩쓸리지 않고 오직 이런 두려움을 일으키는 이야기를 쓰고자 했다.

이상한 스토리지만 교훈을 전하거나 사회적 효과를 발휘하려는 의도를 지녔다면, 결국 호러가 자연적으로 설명된다면, 이는 진정한 코즈믹 호러가 아니다. (…) 진정으로 이상한 스토리인지 확인하는 단순한 방법은 독자에게 심오한 공포를 안기는지, 미지의 영역이나 힘과 접촉하는지, 검은 날개들이 퍼덕거리는 소리나 알려진 우주의 가장 바깥쪽 둘레를 외부의 존재가 긁는 소리처럼 어떤 소리를 감지하고 경외감에 사로잡힌 채 예리하게 귀를 기울이게 하는 요소가 있는지를 살피는 것이다. [2009]

'왜?'라고 물을 수도 있다. 교훈도 사회적 효과도 없다면 제아무리 강렬하다 한들 독자에게 어떤 감정을 전달하려는 목적이 무엇일까? 그 답은 러브크래프트의 격정적인 산문에서 찾을 수 있다. 호러는 스토리가 아니라 우주에 있다는 사실을 보여주는 글이다. 호러는 우주에서 가장 실제적인 것이다. 그는 분명 호러를 깊이 사랑했다.

스티븐 킹Stephen King도 자신이 선택한 양식을 설명하며 정서를 강조했다. 《죽음의 무도》 한 구절에 자신의 욕망을 농담처럼 풀어냈다.

나는 공포를 최상의 감정으로 보는 바 (단편 소설 〈원숭이 손The Monkey's Paw〉처럼 문 뒤에 무엇이 있는지 알 수 없는 로버트 와이즈Robert Wise의 영화 〈더 헌

팅〉도 이를 본질적인 감정으로 활용했다), 독자를 공포에 몰아넣으려고 노력할 것이다. 실패한다면 그다음으로 역겨움을 일으키려고 할 것이다. 이런 내가 자랑스럽다는 뜻은 아니다. [p. 37]

이런 농담 이면에는 공포, 날것의 호러, 우주와 폭력과 우리가 부정하고 숨기려 하는 신체적 표상(줄리아 크리스테바가 말하는 '아브젝트abject')의 측면을 마주했을 때 느끼는 본능적인 혐오감을 받아들이고자 하는 진지한 욕망이 숨어있다. 탐구할 가치가 있는 강력한 주제들이다. 하지만 나는 호러 장르가 이런 정서적인 반응을 넘어서는 내러티브 경로를 제공하지 못한다고 생각한다. 호러는 이런 감정들을 일으킨 후 우리의 대변인이나 마찬가지인 캐릭터들이 충격, 절망, 광기에 사로잡혀 꼼짝하지 못하게 한다.

나는 문학이나 영화에서 호러를 느끼지 않는 사람이다. 잘 이해하지 못하기 때문에 호러의 미묘한 의미나 미학적 성과를 이야기할 자격이 전혀 없다. 하지만 《판타지의 백과사전》에서 판타지와 호러의 차이를 논한 존 클루트의 평가를 보면 내 생각이 틀리지만은 않았음을 알 수 있다.

이렇듯 스토리를 중심으로 한 희극적 완결에 대한 욕구는 전통 판타지를 그 형제 장르인 초자연적 픽션Supernatural Fictions, 호러와 구분하게 하는 차이점이 되는데, 초자연적 픽션과 호러는 해결이 이뤄지기도 전에 충격적으로 플롯이 끝나는 경우가 많다. (…) 자연적인 세계를 벗어나 변형된 치유의 세계로 향하는 초자연적 픽션과 호러를 판타지(혹은 다크 판타지Dark Fantasy)로 간주하는 경향이 있다. 초자연적 픽션과 호러는 판타지가 되고 나서야 비로소 결말을 맺는 스토리가 될 수 있다.

다크 판타지와 호러 모두 오싹하게 하는 효과가 있지만, 클루트는 이 둘을 중요하게 구분한다. 다시 말하지만 이 다름이란 구조적인 차이고, 따라서 기능적인 차이이다. 장르마다 서로 수행하는 역할이 다르다. 호러가 하는 일은 판타지와 다르다.

클루트는 특히나 훌륭하게 구성된 두 편의 호러 소설로 호러 장르의 문화적 역할에 대해 말했다.

호러라고 불리는 판타스티카의 영역에서 우리는 이야기의 시작부터 고도의 불안으로 가득한 세계의 표면을 걷다가 눈 깜짝할 사이에 그 안에 자리한 진실을 마주한다. (…) (훌륭한 호러 스토리들이 말하고자 하는 진실은) 우리의 삶이 거짓이라는 것이다. 이 진실을 잊지 못한다는 것이 지옥이다. [2009, p. 320-321]

클루트가 옳다면, 호러는 끝이 잘린 판타지이자 스토리의 역학이 세상, 캐릭터, 독자의 질서 감각을 구원하기 전에 끝나버린 판타지다. 호러는 더욱 깊고 끔찍한 현실을 드러냄으로써 독자의 세계관을 변화시키는 기능을 한다. 그노시스주의(영지주의. 영적인 깨달음과 지식, 앎을 중요시하는 고대 사상-옮긴이)를 향한 강력한 동조다. 환상이 무너지고 어두운 진실이 드러나며 아름다움, 사랑, 정의가 모두 흩어진다.

공포가 스토리 중반부에 등장한다면

하지만 같은 유형의 공포가 스토리의 끝이 아니라 중간에 찾아오면 대단히 다른 현상이 나타난다. 지금껏 환상 동화와 이를 톨킨이 화려하게 변주한 스토리에 대해 이야기했다. 하지만 지금 소개하고자 하는 스토리는 메르헨Märchen(예로부터 전승된 이야기 혹은 이를 집대성한 것-옮긴이)이 아니라 이와 관련된 구전 형태의 아이슬란드 사가^{saga}(중세 북유럽의 산문체 문학-옮긴이)를 차용하고 중세 로맨스와 재커비언^{Jacobean} 시대(잉글랜드 제임스 1세 시대로 영국 르네상스가 절정을 이룬 시기-옮긴이) 복수 비극의 영향을 받은 작품이다. E. R. 에디슨^{Eddison}의 1922년 소설 《웜 우로보로스$^{The\ Worm\ Ouroboros}$》가 바로 그 주인공이다.

대단히 기이한 이 이야기 초반에서 마녀 왕국의 왕 고리스는 악마 왕국의 군주 골드리와의 일대일 결투를 승낙한다. 혼란스러울 수 있지만 악마 왕국이 선한 쪽이고 마녀 왕국이 악한 쪽이다. 물론 마녀 왕국에도 예외는 있지만 고리스는 그에 해당하지 않는다. 오만하고 포악한 고리스는 레슬링 결투 중 골드리를 이기기 위해 속임수를 쓰려 한다. 불멸의 거인 안타이오스와 헤라클레스가 힘을 겨룬 신화를 인용한 듯한 장면이 작품 곳곳에서 등장하다가 결국 골드리가 고리스를 들어 올린 후 바닥으로 던져 죽인다. 마녀 왕국과 악마 왕국 모두와 동맹을 맺지 않은 작은 왕국의 통치자이자 결투를 진행한 왕이 고리스의 사망을 애도한다. 그는 이렇게 시작한다.

건강과 기쁨에 차있었던 내가
이제는 큰 병에 고통받고

몸이 쇠했구나.

티모르 모르티스 콘투르바트 메^{Timor mortis conturbat me} [P. 42]

이후 열 개의 연이 더 이어지고, 레드폴리오가 등장해 마녀 왕국의 왕뿐만 아니라 모든 인류에게 다가올 죽음이라는 운명을 슬퍼한다. 책 말미의 참고 문헌에 따르면 이 애도의 시는 스코틀랜드의 15세기 시인 윌리엄 던바^{William Dunbar}의 시에서 발췌했다. 〈마카리스를 위한 애도^{Lament for the Makaris}〉 혹은 '창작자나 시인을 위한 애도'라고도 하는 이 시는 초서와 가워^{Gower}, 그리고 당대의 덜 알려진 시인들을 향한 경의로 이어진다. 네 행의 연이 끝날 때마다 가톨릭의 위령성무일도^{Office of the Dead}에서 발췌한 라틴어 문구로 마무리하는데, 대략적으로 '죽음에 대한 두려움이 나를 당혹스럽게 한다'는 뜻이다. 이 시를 택한 에디슨의 판단은 적절했다. 티모르 모르티스^{Timor mortis}, 즉 죽음에 대한 두려움이 바로 이 장면의 주제다. 우리는 마녀 왕국의 왕을 겨우 만나기만 했을 뿐이지만 도저히 멈출 수 없는 인물처럼 보인다. 그리고 죽음이 그를 멈췄다.

다만 이 구절과 장면이 다루는 것은 죽음 그 자체보다는 죽음에 대한 두려움이고 그 두려움이 우리에게 가져오는 것이 소설 전체의 플롯이다. 죽음에 대한 두려움은 무엇을 가져오는가? 앞서 번역문으로 제시한 바와 같다. 우리를 당혹스럽게 한다. 하지만 라틴어의 의미는 좀 다르다. 죽음에 대한 두려움이 우리에게 전하는 것은 'conturb'다. 이 단어는 영어에 편입되기는 했지만 끝까지 살아남지는 못했다. 다만 형제 관계인 단어들이 남아 의미 일부를 이어가고 있다. 죽음에 대한 두려움이 우리에게 안기는 것은 disturb(불안), perturb(동요), 그리고 접두사 'con-'이 내포하는 무언가로, 'con'은 번역문이었던 '당혹스럽게 한다confound'에 들어가 있다. 어원학의 토끼 굴을 더욱 깊게 파고드는 대신, 그저 'conturbed' 상태가 되면 다른 어떤 일도 생각할 수 없을 정도로 대단히 극심하게 정신이 없고 불안한 상태에 빠진다는 정도로 정리하고자 한다. 이것이 바로 티모르 모르티스, 즉 죽음에 대한 두려움이 우리에게 하는 일이다. 만약 에디슨이 이 시를 소설 끝에 넣었다면 우리의 정서 상태는 캐릭터들이 느끼는 정서와 동일해지며 작품은 호러가 될 것이다. 하지만 해당 시와 장면은 도입부에 등장한다. 이 작품은 죽음에 대한 공포에 휩쓸려 혼란에 빠지지 않는 것 혹은 그 혼란을 이겨내고 다음 행동으로 나아가는 것에 대한 이야기라고 할 수 있다.

　　레드폴리오가 애도한 후 이어지는 장에서는 마녀 왕국의

귀족들이 술을 마시고 도박을 하며 다툼을 벌이고 즐기며 노래를 부른다. 휘파람을 부르며 묘지를 지나치는 이들은 죽음을 자신과 무관한 일처럼 여기려고 한다. 머나먼 곳에 자리한 마녀 왕국의 수도에서는 고리스의 후계자가 권좌에 올랐다. 선왕과 달리 고리스 12세는 "간교한 속임수와 계략에 능한 교활한 남자 마법사로, 그의 에그로맨시egromancy 능력과 마녀 왕국의 검이면 지상의 모든 힘을 능가"한다.[p. 51] 에그로맨시는 주술necromancy과 같은 의미로, 죽은 자를 부리는 마법이다. 또한 그는 선왕의 기억을 갖고 있다. 이를 통해 마녀 왕국의 왕들이 사실은 죽음을 부정하고 피하는 악령의 화신이었다는 사실을 짐작할 수 있다.

이와 대조적으로 악마 왕국은 위험을 기꺼이 환영하는 쪽이다. 결말에 이르러 마녀 왕국의 왕을 물리치고 영원한 평화를 얻자 이들은 신들에게 한 가지 부탁을 한다. 적들을 다시 살려달라는 요청이었다.

"우리에게 좋은 선물을 주신다면 그것은 영원한 젊음과 전쟁, 지치지 않는 힘과 기술을 가진 두 팔이 될 것입니다. 좋은 선물은 우리의 위대한 적들을 온전한 모습으로 다시 살려주시는 것입니다. 도살장에 끌려가기를 기다리며 살을 찌우는 소처럼, 한심한 정원

의 식물처럼 살 바에는 완전한 멸망이라는 위험을 감수하고 모험하는 편이 낫습니다."[p. 504]

따라서 에디슨은 죽음에 대한 두려움에 두 가지 대응책을 제시하는 셈이다. 하나는 존속하기 위해, 필사적으로 생을 붙잡는 것이다. 또 하나는 삶의 의미를 더해주는 대단한 위험을 찾아나서는 것이다. 저자는 후자가 옳다는 사실을 내러티브로 보여준다. 특이하게도 소설 제목 '웜 우로보로스'는 이 두 가지 태도를 모두 상징한다. 웜 우로보로스는 자신의 꼬리를 입에 무는 형상으로 영원을 상징하는 뱀이다. 죽음을 향한 두 접근법, 영원을 향한 두 시각에서 하나는 변화를 거부하고 하나는 더욱 큰 순환의 일부로 변화를 환영한다.

에디슨의 소설과 매우 달라 보이지만 티모르 모르티스에 대해 유사한 메시지를 담고 있는 현대 작품이 하나 있다. 은네디 오코라포르의 2010년 판타지 작품의 제목은 의문형으로 《누가 죽음을 두려워하는가》라고 질문을 던진다. 이는 이그보우어로 제시되는 주인공의 이름 '온예손우'의 번역어이기도 하다. 콩고 반군 지도자인 파트리스 루뭄바 Patrice Lumumba의 묘비명은 좀 다른 질문을 한다. "벗들이여, 죽음이 두렵습니까?" 에디슨이 유럽의 과거를 봤다면 오코라포르는 아프리카의 미래를 봤다. 마법이 부활하고 유럽의 식민지 개척자들은 사라졌지만 인종 분쟁은 계속되는 미래다. 강간으로 태어난 온예손우는 밝은 피부색과 부스스한 머리로 무리에서 외면당한다. 오코라포르는 수단에서 강간이 일종의 전쟁 무기로 이용되는 참상을 취재한 기사를 보고 책을 썼다고 밝혔지만 [2010, p. 387], 이 작품은 타자에 대한 두려움으로 증오와 폭력을 휘두른 전 세계의 수많은 사건에 대한 이야기로도 읽을 수 있다. 《누가 죽음을 두려워하는가》에서 온예손우의 아버지 다인은 지배 부족의 강력한 마법사로, 딸에게 죽음에 대한 공포를 심어 그녀의 힘을 약하게 만들려고 한다. 하지만 딸을 죽이려다가 결국 자신의 죽음을 불러온다. 반면 온예손우는 기꺼이 죽고자 했고 그래서 살아남았다. 셰이프 시프터인 그녀가 처음으로 변신한 대상은 독수리였다. 썩어가는 고기를 먹는 존재로 변신했던 경험은 죽음이란 필요한 일이며 심지어 생산적인 일이기도 하다는 깨우침을 준다.

오코라포르는 자신의 판타지에 나이지리아 부모님의 문화에서 비롯된 풍부한 전통과 신념을 더했다. 그녀의 캐릭터와 스토리는 절대적인 도덕적 구분에 따라 죽음과 어둠을 빛과 삶에서 분리된 개념으로 보는 서구의 사고방식에 갇혀있지 않다.

수많은 작가가 선과 악의 싸움이라는 틀에서 벗어나 판타지라는 장르의 자원을 활용해 대안적인 세계관을 제시했다. 어슐러 K. 르 귄의 〈어스시〉 시리즈 같은 경우 이런 경계를 지우기 위해 아시아 철학과 아메리카 토착민의 애니미즘(자연계의 모든 사물에 영이 깃들어 있다는 믿음 또는 원시 신앙-옮긴이)을 채택했다. 말런 제임스의 《검은 표범 붉은 늑대 Black Leopard Red Wolf》(2019)는 은네디 오코라포르와 마찬가지로 아프리카 전통을 기반으로 한 판타지 세계를 구축하지만, 아프리카 전통이라는 범주가 상당히 넓은 탓에 두 스토리의 공통점은 도덕적 모호함이라는 비서구적 관점밖에 없다. 또한 호주 작가 퍼트리샤 라이트슨은 논란의 여지가 있을 정도로 자주 오스트레일리아 토착민 신화에서 캐릭터와 관점을 차용하는데, 이를 통해 현대의 백인 호주인과 그들이 택한(또는 훔친) 땅의 관계성을 설명한다.

죽음이라는 근원 영역

라이트슨은 최근 들어 내리막길을 걷고 있다. 1970년대에는 오스트레일리아 원주민 전통을 활용하는 방식이 진보적으로 여겨지고 서사 자체로도 영리하게 느껴졌지만 이제는 아무리 출처를 존중하고 유럽의 침략이 불러온 비극을 인정해도 식민국의 특권이라는 오명을 벗을 수 없다. 이런 문제는 가장 큰 노력을 쏟아부은 〈위룬의 노래 The Song of Wirrun〉 3부작에서 가장 크게 드러난다. 《작은 두려움 A Little Fear》(1983)은 세계를 가로지르는 영웅 서사가 아닌 한 집안에서 벌어지는 싸움을 다뤄 오스트레일리아 토착민의 전통에 비교적 적게 의존하는 편이다. 요양원에서 퇴소한 후 동생이 남겨준 시골의 작은 집으로 거처를 옮긴 나이 든 터커 부인과 오스트레일리아 토착민 전통의 초자연적인 존재 니짐빈 사이에 갈등이 벌어진다. 니짐빈은 터커 부인의 집을 자신의 것으로 여긴다. 처음 터커 부인은 암탉을 괴롭히고, 집안으로 개미를 불러들이고, 매여있지 않은 배로 자신의 개를 유인해 강의 하류로 떠내려 보내려는 마법의 존재를 알지 못했다. 따라서 제목에 등장하는 두려움 중 하나는 터커 부인이 자신이 미쳐가는 것이 아닌가 하는 두려움을 가리킨다. 니짐빈은 곧 선을 넘고 만다. 터커 부인의 개에게 쫓기다가 나무 위로 올라갔는데, 터커 부인이 직접 보지는 못했지만 니짐빈이 그녀의 발치에 작은 돌도끼를 떨어뜨렸다.

그녀의 머릿속에 가장 처음 든 생각은 도끼가 진짜라는 것이었다. 그것은 그녀의 손에 들려있었다. (…) 정신이 흐릿해지는 한심한 할머니가 결코 할 수 없는 일이 하나 있다. 거친 유칼리나무를 타고 올라가 돌도끼를 떨어뜨리고는 도끼를 집으러 다시 부리나케 나무를 타고 내려오는 일이다. [p. 76]

니짐빈은 몸집이 크고 거친 털북숭이에게 도움을 요청한다. 하지만 니짐빈과 달리 그의 모습은 터커 부인의 눈에 보였다.

그 존재가 그녀를 바라봤다. 그것은 눈이 어둡고 눈썹이 수북했다. 나이가 많아 보이지는 않았지만 두 눈이 도마뱀의 눈처럼 늙어 보였다. 터커 부인의 늙고 파란 두 눈이 그를 마주 봤다. 무언가, 동정심인지 동지애인지 모를 어떤 감정이 두 사람 사이에 흘렀다. 그러자 털북숭이가 한쪽 팔을 뻗어 그녀를 옆으로 밀어냈다. [p. 90]

완강한 할머니와 교활하고 고집스러운 니짐빈의 싸움은 교착 상태에 빠진 듯하다. 하지만 터커 부인은 자신이 자리를 비켜주기로 결심한다.

그녀는 딸에게 편지를 보내 자신의 소재를 밝혔다. "그녀는 오래전부터 알고 있었다." 화자는 이렇게 전한다. "오래된 존재는 이 땅의 일부라는 사실을 말이다. 그녀가 땅과 전쟁을 벌일 수는 없었다."[p. 105] 그녀가 느끼는 두려움의 근원이 정말로 니짐빈이었다면 우리는 그녀가 싸움에서 졌다고 결론지을 수 있다. 하지만 이 싸움으로 그녀는 "자신의 집에서 독립적인 생활을 누리는 존엄, 사다리에서 떨어져 다리가 부러지는 위험을 감수할 권리, 어떤 언더셔츠를 입고 누구와 함께할지를 직접 선택하는 자유"를 되찾았다.[p. 109] "나이 든 장난꾸러기"라고 부르는 존재에게 작은 집을 양보하는지는 중요하지 않게 됐다. 그 존재를 알게 되면서 변화를 경험했고, 더 이상 홀로 숨을 거두는 일을 두려워하지 않게 됐으며, 미지의 것이나 피할 수 없는 운명으로 더는 불안에 떨지 않았다.

이 작품을 두고 여러 생각이 오갔다. 이제는 명백해진 문화적 유용성(다수 집단이 소수 집단의 문화 요소를 착취적이고 무례한 방식으로 채택하고 사용하는 것-옮긴이)의 문제 때문만은 아니다. 나는 터커 부인의 고집스러운 용기가 나름의 보상을 받기를 바라고, 자연의 정령이 오래전부터 자신의 것이었던 땅을 되찾기를 바란다. 제목의 의미를 두고도 여러 생각이 오갔다. 터커 부인이 더욱 크고 두려운 존재를 만났을 수도 있지만 그에 비하면 니짐빈은 작은 두려움이라는 의미였을까? 아니면 작은 두려움이 충만한 삶에 필요한 요소이자 레시피에 특별함을 주는 소량의 재료라는 의미였을까? 작은 두려움은 아마도 더욱 큰 두려움을 예방하는 역할을 했을지도 모른다. 그리하여 터커 부인이 앞으로의 삶을 두려움 없이 살아갈 수 있도록 말이다.

    하지만 터커 부인이 가장 두려워한 대상은 죽음이 아니었다. 바로 상실이었다. 가족, 친구, 능력, 자기 결정권을 잃는 것이었다. 스토리에 죽음이 도사리고 있지만 결국 육신의 죽음은 방대한 정서적, 철학적 위험을 대표할 뿐이다. 티모르를 떼어놓고 모르티스를 바라본다면 죽음은 꽤 흥미로운 무언가가 될 수 있다. 피터팬이 말하는 "한바탕 짜릿한 모험"이 될 수 있다. 이는 사후 세계에 대한 믿음과는 무관하다. 적어도 판타지에서는 그렇다.

    상징은 방향을 바꿀 수 있다는 점에서 흥미롭다. 메타포의 근원 영역이 어느 순간 목표 영역처럼 보일 수 있다. 메타포의 목표물을 통해 메타포의 비유물(근원 영역)을 이해하게 되는 것이다. 프로이트와 《꿈의 해석》 속 가득한 성적 메타포에 대해 생각하던 중 이 사실을 처음 깨달았다. 프로이트는 화분 꿈을 꾸든 버스 꿈을 꾸든 전부 성에 관한 것이라고 말한다. 내가 보기에는 모든 것이 성에 관련한다기보다 성이 모든 것에 관련한다. 성은 우리가 존재를 이해하는 방식이며 우리는 우리의 몸을 세상에 각인시킨다. 은유적 손으로 세상을 파악하거나 이해하고, 은유적 발로 합의에 이른다. 마크 존슨은 개인이 신체적으로 균형을 유지하는 방식이 미학에서 수학까지 다양한 아이디어를 이해하는 개념적 도식에 어떤 영향을 미치는지 탐구했다.[1987, p. 97-98] 가까운 곳과 먼 곳, 내부와 외부에 은유는 어디에나 존재하기에 우리는 몸으로 우주의 구조를 이해하고 있다는 사실조차 깨닫지 못한다. 따라서 우리의 상상력을 강하게 끌어당기는 성은 중력에서 빅뱅에 이르기까지 우리가 모든 것을 이해하는 방식이다.

오르가즘을 의미하는 '작은 죽음little death'처럼 큰 죽음, 즉 죽음 그 자체가 수많은 메타포와 상징의 근원 영역이 될 수 있다. 셰익스피어의 《페리클레스Pericles》를 바탕으로 한 T. S. 엘리엇의 1930년도 시 〈마리나Marina〉에서 이를 확인할 수 있다. 도입부 다음에 엘리엇은 "개의 이빨을 갈아주는 자들"[p. 105]과 같이 초현실적인 이미지와 행동으로 묘사되는, 아마도 사람들로 구성된 집단을 나열하기 시작한다. 시에서 설명하기를 "이들은 죽음을 의미한다". 엘리엇의 시를 보이는 그대로 받아들이자면 거의 모든 것이 죽음으로 귀결된다. 죽음이라는 단어가 하나의 행을 차지하며 반복적으로 등장하기 때문이다. 하지만 핵심은 오히려 이보다 앞 순서로 등장하는 행의 "개의 이빨"과 "벌새의 영광"이다. 따라서 의미를 중심으로 거꾸로 읽어가는 것이 맞을지도 모른다. 우리는 죽음과 그 필연성을 어떻게 인식하는지를 바탕으로 이 모든 것을 해석해 나간다. 그뿐만이 아니다. 〈마리나〉를 쓸 당시 엘리엇은 호러에 빠져들던 시기를 이미 벗어나 난해하고도 초월적인 내러티브의 세계에 진입했고, 이후 1930년대 말에서 1940년대 초에 〈사중주 네 편〉이 탄생했다. 따라서 〈마리나〉에서 죽음의 불길함은 다음과 같이 모두 사라진다.

> 소나무의 숨결과 나무 노래의 안개
> 이에 깃든 은총으로 그렇게 흩어진다.

좋은 판타지 작품이 그렇듯이 셰익스피어의 《페리클레스》와 〈마리나〉의 스토리는 죽음을 넘어 미스터리와 화합에 이른다. 물론 이 결말을 맞이하기까지 노력과 믿음이 필요하지만 말이다.

죽음에 대한 두려움이 판타지나 환상 동화의 결말이 아니라면, 이는 결국 이런 장르가 지닌 목적, 목표, 혹은 스토리의 근거가 죽음에 대한 두려움이 아니라는 의미다. 그렇다면 이 두려움은 어떤 기능을 할까?

캐릭터가 두려움을 마주하는 구간

1장에서 이야기했듯 기능을 파악하는 가장 좋은 방법은 구조를 살피는 것이다. 티모르 모르티스는 내러티브의 다양한 지점에 등장할 수 있다. 라이트슨의 작품에서는 클라이맥스에 등장했고, 에디슨의 작품에서는 초반부에 등장했다. 다른 판타지 작품들에서는 기억에 남을 정도로 두려움을 자극하는 장면들이 작품 전반에 걸쳐 여러 번 등장한다. 예컨대 앨런 가너의 《브리싱가멘의 기이한 돌 The Weirdstone of Brisingamen》(1960) 중반부에서 동굴을 지나가는 여정은 나처럼 약간의 밀실 공포증이 있는 독자에게는 말 그대로 고문이나 다름없다. 〈오즈〉 시리즈에서 사악한 마녀는 처음 오즈에 온 도로시를 괴롭힌다. E. 네스빗의 《마법의 성》(1907)에는 결말에 다다랐을 무렵 마법의 힘으로 움직이는 인형들을 마주하고 공황 상태에 빠져 어쩔 줄 모르는 장면이 등장한다. 또한 르 귄 시리즈의 첫 작품 《어스시의 마법사》(1968)

의 결말에는 어리고 자신만만한 게드가 이름 없는 악령을 소환하는 사건도 등장한다. 톨킨의 작품에는 거미 쉴로브만 등장하지 않고 이보다 훨씬 앞서 샤이어를 방문한 나즈굴을 피해 캐릭터들이 도망 다니는 에피소드가 있다. 모두 엄청난 긴장감을 자아낸다.

    이 모든 사례에서 캐릭터들은 두려움을 느끼지만 사로잡히지는 않는다. 불안을 유발하는 장면들은 해피 엔딩이 필연적이지 않다는 사실을, 쓰이지 않은 스토리에서는 결말이 끔찍할 수도 있다는 사실을 상기시킨다. 이런 부분들은 또 다른 이야기로 가지를 뻗을 수 있는 스토리의 마디인 셈이다. 스토리가 가능성을 향해, 키르케고르의 표현을 빌려 설명하자면 가능성의 가능성을 향해 뻗어나가는 지점이다. 이는 결코 내러티브에서 현실로 펼쳐지지는 않지만 내러티브에 형체와 의미를 더한다. 독자의 역할은 움베르토 에코Umberto Eco가 "추론적 산책inferential walks"이라고 말한[1979, p. 214] 행위를 시도해 보는 것, 즉 아직 탐험되지 않은 다른 길들을 들여다보는 것이다.

    이런 마디들은 스토리의 여러 지점에 있을 수 있다고 해도 아무런 의도 없이 등장하지는 않는다. 민속학자이자 예술 이론가 블라디미르 프로프Vladimir Propp가 설명한 환상 동화의 구조에서는 캐릭터가 특히나 두려운 무언가를 마주할 가능성이 최소 세 구간에 존재한다.

악당과의 조우

첫째로 초반부에 "영웅을 막아서는 규율이나 원칙이 등장"하거나(다만 이런 규율은 항상 위반의 대상이 된다), "악당들이 정찰을 시도"하는 경우다.[1968, p. 26-28] 나즈굴이 샤이어를 방문하는 장면이 후자의 전형적인 사례다. 《어스시의 마법사》에서는 게드가 금지된 주문을 의도적으로 읽는 장면이 전자에 해당한다. 이런 상황에서 독자들은 털이 쭈뼛 서는 감각을 느낄 것이다. 두려움은 경주의 시작을 알리는 신호탄과 같다. 캐릭터들 모두 제자리에 준비, 땅!

조력자가 필요할 정도의 위기

둘째로 "시험을 거치고, 심문을 당하고, 공격을 받는 등 마법의 존재나 조력자의 도움이 등장할 토대가 마련"되는 지점이다.[p. 39] 조지 맥도널드의 판타지 작품에는 이런 순간이 여러 번 등장한다. 그중 하나는 《공주와 커디 *The Princess and Curdie*》(1983)에서 커디가 고조할머니를 믿고 불타는 장미 더미에 손을 넣어야 하는 장면이다.

> 커디는 감히 생각할 수조차 없었다. 너무도 끔찍해 짐작도 할 수가 없었다. 그는 불이 있는 곳으로 달려들어 불타는 장미 더미 한가운데로 양손을 뻗어 팔꿈치까지 집어넣었다. (…) 놔버리면 도리어 자신이 죽게 될 것만 같아 고통을 꽉 붙잡고 견뎌냈다. 죽을 것만 같은 고통이었다. 고통이 자신을 무너뜨릴까 봐 끔찍한 두려움에 떨었다.[p. 80]

하지만 커디는 물러서지 않았고 그 대가로 누군가와 손이 닿으면 상대의 본성을 느낄 수 있는 마법 같은 선물을 받았다. 그는 고통의 시험과 두려움이라는 큰 시련을 통과했다.

모든 것이 물거품이 될 가능성

세 번째 지점은 보상을 받아야 할 영웅이 어딘가에 감금당하거나 부엌에서 노예처럼 일하는 상황에 처한 와중에 가짜 영웅이 등장해 보상을 받는 선택적 코다coda(소설의 마지막 장 또는 에필로그-옮긴이)다. 해피 엔딩 직전에 모든 것이 물거품이 될 수도 있다. 〈신데렐라〉에서는 이복언니가 발가락을 자르고 신데렐라의 신발을 차지할 수도 있고, 〈태양의 동쪽 달의 서쪽〉에서는 괴물 공주가 여자 주인공에게서 마법에 빠진 왕자를 빼앗을 수도 있다. 하지만 더욱 무서운 것은 가짜 영웅인 줄 알았던 캐릭터가 진짜 영웅이고, 주인공이 사기꾼일수도 있다는 가능성이다. 도플갱어들은 언제나 섬뜩함을 자아낸다.

두려움 너머의 진실

환상 동화에 따르면 가장 끔찍한 공포는 죽음이 아니라 자아의 한 부분이 지워지고, 부정당하고, 추방당하는 것이다. 칼 융은 자아의 이런 측면에 '그림자Shadow'라는 이름을 붙였다. 판타지 문학에서 융의 그림자를 그대로 반영한 사례는 르 귄의 《어스시의 마법사》속 게드라고 할 수 있다.

후에 밝히기를 르 귄은 융의 개념을 염두에 두지 않았을 뿐더러 그의 책을 읽지 않았고, 그가 말하는 그림자의 전형을 자신이 그대로 재창조했다는 사실에 놀라워했다.[1976, p.44] 르 귄은 상상력의 원천에 대해 이야기한 초기 에세이에서 융의 개념을 다음과 같이 이야기했다. "의식에 배척당한 그림자는 외부로, 타인에게로 투사된다. 내게는 문제가 없고 그들에게 문제가 있다. 괴물은 내가 아니라 다른 사람이다."[1989, p. 59-60] 후에는 융의 성차별과 인종 차별을 문제 삼아 그를 회의적으로 바라봤지만, 르 귄의 무의식이 만든 몇 가지 패턴을 밝히는 데 융의 도움을 받았던 때도 있었다.

  융과 르 귄의 관점에서, 적이었던 타자는 나의 원천으로, 힘과 자기 인식을 얻는 근원으로 삼을 수 있다. 하지만 이는 오직 그림자를 기꺼이 들여다보고 스스로 변화하고자 할 때만 가능하다. 〈어스시〉 시리즈의 세 번째 작품 《머나먼 바닷가》에 등장하는 콥은 실패한 마법사이자 이런 변화를 허용하지 못하는 인물이다. 죽음을 피해야 하는 대상으로 여겼던 그는 삶과 죽음 사이에 머물고자 우주에 공간을 열어 어스시의 균형을 파괴하려 한다. 티모르 모르티스는 죽음을 회피하는 한심한 콥뿐만 아니라 삶의 일환이자 자아의 일부인 죽음 그 자체를 혼란에 빠뜨렸다.

  게드는 이 상황을 막을 수만 있다면 자신의 목숨을 희생할 생각이었다. 그리고 실제로 능력을 희생하는데, 이는 첫 번째 작품 《어스시의 마법사》에서 예고된 일이었다. 실수로 위험한 그림자 존재를 일깨운 후 그것을 쫓아 전 세계를 다니던 게드는 마침내 그림자를 길들이는 방법을 알아낸다. 그림자 존재를 마주하고 이름을 부르는 것이다. 게드는 그 존재에게 자신의 이름을 붙인다. 어찌 다른 이름을 붙일 수 있겠는가? 그 존재는 자신의 그림자였고 자신의 자존심과 힘의 그림자였다. 화자는 이렇게 전한다. "이기지도 지지도 않았지만 죽음의 그림자를 향해 본인의 이름을 부르며 그는 완전해졌다. 그는 자신의 진정한 모습을 아는 자, 본인 외 그 어떤 힘에도 이용당하거나 지배당할 수 없는 자, 그리하여 파멸이나 고통, 증오, 어둠을 위한 삶이 아니라 삶 그 자체를 위한 삶을 사는 자가 됐다."[p. 203]

그림자를 마주하는 일이 그에게 이름을 붙여주는 일보다 더욱 복잡하다. 우리는 늘 자신의 두려움을 마주하라는 조언을 듣는다. 르 귄도 〈아이와 그림자〉에서 같은 이야기를 했다. 아이인 우리는 환상 동화에서 다음을 배워야 한다는 것이다.

> 우리 자신과 우리에게 드리워진 그림자를 보는 법을 배워야 한다. 자신의 그림자를 마주할 수 있어야 이를 통제하는 법을, 이를 자신의 인도자로 삼는 법을 배울 수 있다. 그렇게 한다면 성인으로서 힘과 책임감이 커진 후 세상에서 행해지는 악을 마주했을 때, 반드시 견뎌야만 하는 불의와 슬픔과 고통을 마주했을 때, 이 모든 것이 끝난 후 최후의 그림자를 마주했을 때 절망에 사로잡혀 포기하

거나 우리가 보고 있는 것을 부정하지 않을 것이다. [1989, p. 66]

하지만 《어스시의 마법사》 속 그림자에는 얼굴이 없다. 책의 거의 모든 부분에서 그림자는 하나의 일관된 존재가 아니라 형체 없는 어둠, 우주의 균열에 가깝다.

예술가 찰스 베스Charles Vess는 〈어스시〉 시리즈의 삽화 작업을 맡았을 당시 르 귄과 나눈 대화를 밝힌 적 있다. "제가 그린 그림에는 그림자 존재에 머리와 팔이 달려있었어요." 그는 이렇게 전했다. "어슐러가 '너무 사람 같은데요'라고 말했죠." 르 귄은 자신이 현미경으로 무언가를 들여다보고 있었을 때 "굉장히 소름 끼치고 어두운 무언가"가 슬라이드를 휙 스쳐 지나갔고 여기서 그림자 존재의 영감을 얻었다고 설명했다. "그 이미지가 그녀의 그림자가 됐죠."[모허Moher, 2018] 아마도 완보동물이었을 것이라고 르 귄이 베스에게 말했다. 현미경과 우리의 상상력을 사로잡았던 작고 흐릿한 곰 같은 존재 말이다. 그 존재는 르 귄의 상상 속에서 변화를 거쳐 곰과도 인간과도 비슷하지 않은 그림자가 됐고, 그후 형체를 갖추지 못한, 존재성이 없음에 섬뜩한 무언가가 됐다. 이 존재에 형체를 부여하는 일이 게드의 역할이었다.

이와 마찬가지로 C. S. 루이스의 가장 복잡한 소설 《우리가 얼굴을 찾을 때까지》에서 주인공 오루알은 자신이 두려워하고 밀어내는 타자를 마주해야 하는데, 여기서 그 대상은 신들이다. 아풀레이우스Apuleius의 큐피드와 프시케 이야기를 기반으로 한 소설인 만큼 사랑의 신이 자신의 모습을 드러내지 않고 아내를 만나는 이야기가 주요 플롯이다. 언니인 오루알의 말대로 남편이 괴물이 아닌지 확인하고자 프시케가 등불을 밝혔고, 남편 또는 그의 모친이 프시케를 내쫓았다. 프시케는 남편의 얼굴을 찾으려고 함으로써 규칙을 어겼고 그를 되찾기 위해 일련의 시련을 거쳐야 했다.

여기서 신의 어머니는 그리스 시에 등장하는 아름다운 아프로디테가 아니라 오루알의 민족이 '웅깃'이라고 부르는 잔혹하고 탐욕스러운 존재다. 웅깃이라는 이름조차 어찌 보면 형체가 없다고 할 수 있는 데, 이름이라기보다는 부를 수 없는 단어를 가리키는 청각적 지표에 가깝기 때문이다. 마찬가지로 형체가 없는 웅깃은 흐릿하게 인간의 형상을 할 뿐이고, 돌로 된 신상에 제물의 피가 뿌려질 때 얼굴이 드러나리라는 암시만 있다. 루이스는(혹은 오루알은) 이렇게 전한다.

그녀는 매우 울퉁불퉁하고 투박했으며 깊은 골이 파여있어 마치

불을 계속 들여다볼 때처럼 어떤 얼굴이나 형체 같은 것이 일렁이는 듯했다. 간밤에 그들이 피를 잔뜩 쏟아부은 덕분에 그녀는 그 어느 때보다도 더욱 강렬해 보였다. 작게 굳은 핏덩이들과 길게 이어진 핏자국에서 나는 얼굴을 떠올렸다. 순간의 상상이었지만 한 번 보고 나면 도저히 피할 수가 없는 얼굴이었다. 투박하고 부어오르고 음울하지만 무한히 여성인 사람에게서 볼 수 있는 얼굴. [p. 270]

여성과 성에 대한 루이스의 전반적인 문제의식은 차치하고, 이 글은 너무도 인간 같은 한편 완전히 인간이라고는 할 수 없는 대상이 빚는 공포에 대해 말한다. 바로 프로이트의 언캐니다. 오루알은 웅깃이 얼굴을 얻고 나서야 웅깃과 화해하는데, 이는 오루알이 혐오하는 여성의 형상이 바로 자신이라는 사실을 깨닫고 나서다.

"우리가 아직 얼굴을 찾지 못했는데 어떻게 그들을(신들을) 대면할 수 있겠는가?"[p. 294] 소설의 제목은 책의 이 글귀에서 나왔다. 하지만 반대로 "그들이 얼굴을 찾지 못했는데"로 질문을 바꿀 수도 있다. 다른 메타포들처럼 이 메타포 또한 방향이 달라지면 또 다른 메타포가 된다. 이 스토리가 일차적으로는 기독교적인 이야기로 읽히기를 바란 루이스는 프시케와 오루알 자매를 영혼의 여러 측면을 보여주는 장치로 삼았고, 사랑의 신은 기독교 신의 상징으로 삼았다. 그러나 이 작품에는 루이스의 신학 체계에 완전히 부합하지 않는 고유한 역동성이 있다. 웅깃 혹은 비너스는 오루알보다 더욱 온전하게 형태가 없는 존재고, 여신의 아들 아모르는 전반적인 플롯에서 서사적으로 부재한다. 모의재판에서 오루알이 신들을 향해 자신과 사람들이 겪는 부당한 대우에 대해 불만을 제기하고 나서야 신들은 모습을 드러낸다. 이는 오루알의 모습을 그녀 자신에게 보여주는 것이었다. 신들을 마주하는 것은 우리의 얼굴을 그들에게 부여하는 것이라고 스토리는 말하고 있다.

　　죽음이 삶의 일부고 타자가 우리 자신이라는 사실을 부정하는 한 우리는 영영 이것들을 위험한 존재라고 느낄 것이다. 이를 깨닫지 못한다면 죽음과 타자를 향한 두려움은 계속해서 우리를 당혹스럽게 하고, 혼란스럽게 하고, 불안하게 할 것이다. 스토리가 해결되기 전에 종료하지 않고 스토리를 마무리 지을 수 있어야 우리는 비로소 호러와 혐오의 순환에서 벗어날 수 있다. 갑자기 종료되는 내러티브가 어떤 효과를 일으키는지는 판타지 밖의 실제 세계에서 확인할 수 있다. 사람들이 두려움에 휩싸여 벽을 쌓고, 무기를 비축하고, 독재자에게 투표하고, 외부인을 악마화하고, 공동체로부터 스스로를 단절시키는 모습을 보라. 아무리 판타지가 완벽하게 실현된다고 해도, 그 어떤 스토리도 이 모든 현실을 바꿀 수 없다. 우리 스스로에게서 우리를 구원할 수도 없을 것이다. 하지만 그럴 수 있다고 말해주는 스토리가 없다면 미로에서 빠져나오는 길을 찾을 희망도 없다. 판타지는 "티모르 모르티스 콘투르바트 메"로 끝나지 않고, 타자를 포용하는 일이 우리를 구원할 수도 있다는 사실을 보여준다. 《어스시의 마법사》에 이런 글이 등장한다. "게드는 손을 뻗어 그의 그림자를, 자신에게 다가오는 검은 자아를 붙잡았다. 빛과 어둠이 만나 합쳐졌고, 하나가 됐다."[p. 201]

민간 설화 속의 소년처럼 우리도 때로는 내면의 진실이 외부로 발현하는 효과를 통해 그 진실을 알아가는 법을 배워야 한다. 몸서리치게 하는 작은 물고기 떼나 스코틀랜드 사람들이 말하는 '그루^{grue}'(호러, 소름, 전율—옮긴이)를 유발하는 이야기를 통해서 말이다. 우리는 환상적인 이야기를 통해 죽음과 그에 대한 공포에 압도되거나 지배당하지 않는 법을, 다만 두려움에 이름과 얼굴을 부여하고 우리 삶의 한 공간을 내어주는 법을 배운다. 티모르 모르티스는 우리가 이를 다루는 법을 배우기만 한다면 우리를 불안감으로 몰아넣지 않을 것이다. 대신 스토리의 결말까지 계속해서 나아가는 법과 타자와 소통하는 법, 공포를 연민으로 바꾸는 법을 가르쳐줄 것이다.

요점

여기서부터는 일화나 사례에 대한 정밀한 분석 없이 책 전반의 내용을 정리했다. 책 뒷부분에 달린 해답지인 셈이다. 번호는 내용이 각 장에 등장하는 순서를 따른다.

1장. 거짓말로 진실을 말하기

1. 판타지는 신화적 근원에서 진실의 한 종류를 차용한다. 다시 말해, 전통 문화의 의식儀式과 내러티브, 세계관의 도움을 받아 현대 장르의 이해 부담을 낮춘다는 뜻이다.

2. 전통적인 수수께끼를 문자 그대로 이해하면 자체모순으로 인해 의미가 제대로 통하지 않는다. 우리는 어쩔 수 없이 은유적인 방식으로 생각을 전환한다. 판타지에서도 이와 비슷한 일이 벌어진다.

3. 판타지에서 진실성을 찾는 세 가지 방법이 있는데, 그중 하나가 구조에서 찾는 방법이다. 상상의 세계와 스토리는 그 자체로 믿을 수 없지만, 이를 구성하는 요소와 표현 방식은 현실 세계에서도

유효한 무언가를 알려준다.

4. 창조된 세계와 스토리는 별개가 아니라 하나의 작동 메커니즘이다. 세계는 스토리가 벌어질 수 있는 공간이고, 해당 세계가 허락한 일련의 사건들이 스토리가 된다. 스토리와 세계의 관계가 미하일 바흐친이 말한 '크로노토프'다.

5. 사회적인 상호 작용과 심리적 특성을 훌륭하게 재현하는 표면적 사실주의는 근본적인 원인과 혼란을 숨길 때가 많지만 판타지는 이를 드러낼 수 있다.

6. 판타지에는 어휘와 어법이 있다. 어휘는 대체로 구전 문학의 모티프로 이뤄져 있지만 글로 옮겨지는 과정에서 마리아 니콜라예바가 말하는 판타지소로 다시 가공되고 전파됐다. 어법 또한 전통적인 내러티브 구조를 차용했고 상당 부분 재구성됐다.

7. 소설이 대단한 수용력과 흡수력으로 문자와 역사와 그 외 수많은 텍스트 유형을 소화하듯이, 판타지 또한 사회적 풍자와 의식의 흐름 등 거의 모든 사실주의적인 담론을 반영할 수 있다. 다만 판타지적인 구성으로 인해 낯설게 제시될 뿐이다. 비판이론의 인지적, 정치적 함의가 더해지며 이런 담론은 생소하게 또는 실제와 조금의 거리를 둔 형태로 제시된다.

2장. 마법이 현실 세계로 뻗어 나간다면

1. 아무리 사실적인 소설이라도 마법적인 사고와 환상 동화의 구성을 가장할 수 있다. 이는 결점이 아니라 실제 같은 환상을 불러일으키는 전제 조건이다.

2. 사실주의와 판타지의 차이는 대체로 인물과 배경에 있다. 우리가 관심 갖고 바라보는 대상인지, 아니면 우리가 무시하거나 당연하게 여기는 대상인지의 차이다. 사실주의 소설에서 사건과 캐릭터 유형의 정형화된 패턴이 후자에 포함된다.

3. 모든 문학이 장르다. 장르는 텍스트를 생성하고 그에 의미를 부여하는 양식이다.

4. 장르의 위계는 사회적, 정치적으로 형성된 구조다. 어떤 장르도 본질적으로 더 낫거나 나쁘지 않다. 다만 활용하는 방식과 호소하는 독자가 다를 뿐이다.

5. 우리는 단순히 익숙한 것을 사실주의로 분류하는 경향이 있다.

6. 불안하고 충격적인 이야기가 위안과 영감을 주는 이야기보다 무조건 더욱 현실적이지는 않다. 내러티브에서 이런 정서적 효과는 선택과 배열의 결과물이다.

7. 사실주의와 판타지는 하나의 척도에서 양극에 존재하는

개념이 아니다. 좀 더 사실적이거나 환상적인 이야기가 있을 뿐이다.

8. 장르의 중요한 기능 중 하나는 성공적인 작가와 기억에 남는 텍스트가 후대 작가들에게 어떤 근거로서의 사례를 제공한다는 것이다. 《허클베리 핀》은 미국 작가들에게 익숙한 경험을 구어체로 쓸 수 있다는 점을 알려줬다. 윌리엄 포크너는 남부를 문학의 배경으로 만들었다. 결과물이 물론 매우 다를 수 있지만, 이는 사실주의 소설과 환상 소설에 동일하게 적용된다.

9. 장르들은 새로운 경험과 관점을 받아들이며 끝없이 새로워져야 한다. 작가들은 선례로 남은 텍스트의 형식과 기법을 모방하면서도 한편으로는 변화를 더한다. 이런 혁신은 이후 다른 작가들에게도 또 하나의 선례로 남는다.

10. 내러티브의 가장 기본적인 형식이 환상 문학이고, 이후 사실주의라는 혁신이 등장했다. 이 둘이 결합돼 이후에는 메타픽션이라는 틀을 깨는 형식이 등장했다. 이 모든 것은 작가와 독자가 기꺼이 참여해 규칙을 배워가며 진행하는 게임과 같다.

11. 소망은 현실의 일부다. 소망을 어떻게 다루는지에 따라 스토리가 어떤 범주에 속하는지 결정된다.

12. 스토리 세계는 그 세계를 만들어내는 텍스트보다 더욱 큰 존재다. 독자는 저마다의 오즈, 가운데땅, 베이커 스트리트를 갖고

있다. 어떤 독자는 이런 스토리 세계를 개인의 휴식처, 사교를 위한 놀이터, 자신만의 새로운 상상의 공간을 구축하는 재료로 삼는다.

3장. 화합을 추구하는 결말

1. 판타지는 전통 신화를 재구성하는 과정에서 신화에 내재된 세계관을 불러온다. 사람들이 이동하고 교류하면서 서로의 신화 체계가 때로는 폭력적으로 대립하기도 하지만, 환상 동화의 내러티브는 화해와 조화를 추구한다.

2. 현대 도시에서는 다양한 집단이 밀접하게 자리하고 경제적으로 교류하며 각 집단에 속한 개인끼리의 사회적인 상호 작용도 활발하다. 상호 작용과 교류는 다르게 말하면 신념 간에, 혹은 행동 양식 간에 이뤄지는 타협이기도 하다.

3. 이질적인 집단에게 다행스러운 사실은 어떤 선거구도 확고한 다수로 구성되지 않는다는 점이다. 여러 경우에 사회적 소수자는 피터 버거의 용어를 빌려 '인지적 소수자'이기도 하므로, 소수자들은 동맹을 형성하고 신념의 차이를 받아들여야만 승리할 수 있다.

4. 타인의 세계관을 수용하려면 지식이 상황적이라는 사실을 인정해야 한다. 우리는 하나의 입장과 관점으로만 세상을 바라보기 때문에 다른 입장과 관점에서는 세상이 다르게 보일 수 있다는 점

을 인정해야 한다. 판타지는 이런 상황성을 보여주는 데 탁월하다.

5. 과거의, 특히나 선과 악의 영웅적 전투를 담은 판타지 시나리오는 이제 새로운 내러티브 패턴에 자리를 내주고 있다. 새로운 패턴에는 '더는 누구도 착한 사람이 아니다'라는 역설적인 메시지와 '함께 살아가야 하니 누구도 이기거나 지지 않는 합의를 마련하자'는 더욱 희망적인 메시지가 포함돼 있다.

6. 현대의 많은 판타지 작품에서 신화 체계와 상호 작용하는 두 가지 인식론적 모델을 찾아볼 수 있다. 하나는 과학이고 다른 하나는 역사다. 이 둘 모두 절대주의와 편협성에 반대하지만 확실성의 매력과 신성한 존재에 대한 확신을 참아내기는 어렵다.

7. 서로 다른 지식이 경쟁하는 세계가 배경인 판타지는 현실 세계의 정의를 닮은 새로운 형식의 내러티브로 해결책을 제시한다. 이런 해결 방식 중 하나는 다양한 사람이 뒤섞여 사는 취약하고 혼란스러운 곳이자 이념적 순수주의자와 인종 청소자의 목표물이 되는 지역을 제시하는 것이다. 현대 판타지에는 이런 지역이 등장하는 사례가 많다.

8. 편협함에 대항하는 가장 강력한 방법으로 일종의 근본적인 환대 문화가 있다. 이를 다수의 전통 문화, 특히나 적대적인 환경에 노출된 문화에서 찾아볼 수 있다. 어슐러 K. 르 귄의 <서부 해안

연대기> 시리즈와 로리 마크스의 <원소의 논리> 시리즈 등의 판타지 작품에서 환대는 내러티브의 원칙이자 변화의 동력, 갈등을 바탕으로 한 내러티브 모델의 대안으로 대단히 중요하게 작용한다.

4장. 갈등보다 건설적인 각본

1. 많은 문학 비평학파가 언급하는 내용이자 작가들을 위한 조언으로 자주 등장하는 말이 있다. 갈등을 내러티브적 흥미의 기반으로 삼아야 한다는 것이다. 이들은 갈등 없는 스토리는 존재하지 않는다고 주장하지만, 사실 내러티브에서 가장 핵심적인 것은 시간의 흐름에 따라 어떤 동기로 인해 발생하는 변화다.

2. 변화에 동기를 부여하고 독자가 이에 관심을 갖게 하는 방법은 다양하다. 역사적 모델에 대한 충실함, 심리적 통찰, 구원의 여정, 비밀의 규명 등이 있다. 이 모든 것을 갈등의 형태로 제시하면 독자는 하나의 캐릭터나 집단을 선택하고 이들이 다른 한쪽을 물리치리라고 기대하게 된다.

3. 논쟁이나 실제 전투를 다룬 스토리를 제외하면, 갈등은 스토리에 등장하는 상호 작용의 메타포일 뿐이며 가장 적절한 메타포라고 할 수도 없다.

4. 독자를 스토리에 몰입시키는 복잡함, 좌절감, 기대감에 갈

등이 아닌 다른 이름을 붙일 때 이는 은유적으로 더욱 잘 표현될 수 있다. 그 대안으로 불협화음, 마찰, 저항, 엄폐 같은 메타포를 들 수 있다.

5. 이 메타포들은 문제를 대하는 각본 또한 다르게 제시한다. 갈등의 메타포는 우리를 대립의 각본에 가둔다. 우리를 타협, 화해, 상호 발견으로 이끄는 데는 다른 각본이 더욱 나을 수 있다.

6. 갈등의 사례로 인용되지만 내러티브의 동력으로 다른 메타포를 더욱 유려하게 활용하는 작품이 많다. 특히나 차이나 미에빌, 다이애나 윈 존스, 프랜시스 하딩, 퍼트리샤 매킬립 등의 혁신적인 판타지 작가들의 스토리가 이에 속한다.

5장. 여성을 억압하는 북 클럽에 저항하기

1. 스토리의 의미와 중대성은 텍스트가 외부와 어떻게 연결되는지에 따라 결정된다. 외부란 독자의 경험이 될 수도 있고, 스토리의 역사적, 지리적 배경에 대한 독자의 지식이 될 수도 있으며 텍스트에 내재된 해석적 코드가 될 수도 있다.

2. 우리는 텍스트를 통해 다른 텍스트를 해석하는 법을 배운다. 텍스트는 우리에게 규칙을 알려주고 필요한 지식을 전해준다.

3. 연결성이 충분하지 않은 독서는 항상 얄팍하고 불만족스

러운 경험을 선사할 것이다. 텍스트의 잘못이 아니라 독자의 경험 때문일 수도 있다.

4. 우리는 성경과 전통 신화, 르네상스의 드라마, 낭만주의 시 등으로 특정한 연결 고리를 형성하는 법을 배웠다. 그러나 대체로 남성 작가들과 연결돼 있는 탓에 우리는 남성 독자로서 글을 읽어야 한다고 배운다.

5. 특권을 지닌 남성들의 서클 외에, 토착민에게서 전해진 텍스트나 환상 동화와 같은 구전 설화, 서신이나 아이들을 위한 스토리처럼 덜 인정받는 장르, 여성들이 작성한 텍스트 등에서는 어떻게 연결성을 찾을 수 있는지 배우지 못했다.

6. 전통적인 비평은 우리에게 텍스트 간의 연결성을 영향력이나 인유의 관점에서 보도록 가르친다. 다만 '영향력'과 '인유'라는 용어는 이런 연결성이 과거의 문학을 수동적으로 따르거나 장식용으로 언급하는 데 그친다는 의미를 내포한다.

7. 문학적 연결성을 가리키는 메타포로는 다이애나 파블락 글라이어가 루이스와 톨킨을 포함한 서클의 구성원들이 서로의 작품에 영향을 미친 방식을 설명하고자 창안한 '공명기'와 들뢰즈와 가타리의 생물학적으로는 부정확하지만 상징성이 풍부한 '리좀', 바흐킨의 대화주의가 더욱 적절하다.

8. 연결성에 대한 메타포에 미토콘드리아라는 생물학적인 메타포를 추가할 수 있겠다. 미토콘드리아는 과거 독립적인 유기체였으나 이제는 숙주를 벗어나 생명을 유지할 수 없는 세포 소기관이 됐다. 이 관계는 미토콘드리아와 숙주라는 두 유기체 모두에게 유익하다.

9. 미토콘드리아가 문학 담론과 관련 있는 이유는 숙주를 위해 에너지를 생산하고, 숙주 세포핵의 DNA와는 다른 유전적 유산을 지니며, 엄격하게 모계를 통해서만 전달된다는 특징 때문이다. 가상의 미토콘드리아 이브까지 인류의 조상을 거슬러 올라갈 수 있듯이, 우리는 역사의 기록에서 누락되거나 의도적으로 삭제된 여성 문학의 계보를 추적할 수 있다.

10. 새로운 텍스트에 통합된 텍스트는 미토콘드리아와 마찬가지로 여전히 살아있고 자신과 새로운 숙주를 위해 여전히 기능한다. 어떤 식으로든 인용이라는 행위는 사실 병합과 절충, 시너지 효과라는 하나의 대단한 역사인 셈이다.

11. 앨리스 셸던의 <보이지 않는 여자들>은 다양한 텍스트의 독서 가이드가 될 수 있다. 한 예로 이 제목은 문학계와 권력 구조에서 배제된 여성과 남성의 기록을 찾고 이들이 거친 삶의 경험과 서사적 경험 사이에서 연관성을 찾도록 우리를 자극한다. 또한 관심을

가져야 한다고 배운 문학 작품이 아닌 다른 문학 작품을 살펴보고 소중하게 여길 수 있는 계기를 마련한다.

6장. 더 나은 세계가 있다는 생각

1. 또 하나 저평가된 문학의 계보로 유토피아와 디스토피아 소설이 있다. 비평계는 남성의 텍스트를 선호하듯 상상의 스토리보다 현실을 대표하는 작품을 더욱 높이 평가한다.

2. 그러나 사실주의는 월리스 스티븐스가 "본 모습"이라고 말한 기존의 틀을 벗어날 방법을 제시하지 못한다는 문제가 있다. "본 모습에서 벗어난" 문학 중에서 가장 노골적으로 정치성을 드러내는 장르는 유토피아로, 여기에는 긍정적인 유토피아와 부정적인 디스토피아가 모두 포함된다.

3. 유토피아는 세계를 마법의 힘이 아니라 온전히 인간의 노력으로 구축해야 한다는 기본 원칙을 제외하고는 판타지와 동일하다. 유토피아 작가들 대부분이 (SF를 포함해) 다른 형태의 판타지를 창작한 바 있는데, 대표적으로는 조너선 스위프트$^{\text{Jonathan Swift}}$, 윌리엄 모리스, 에드워드 벨러미, H. G. 웰스, 메리 셸리, 레이 브래드버리, 새뮤얼 R. 딜레이니, 조애나 러스, 어슐러 K. 르 귄, 킴 스탠리 로빈슨이 있다.

4. 유토피아를 향한 충동은 사회 실험과 개혁 운동은 물론이고 문학을 통해서도 표현될 수 있다. 유토피아 소설 장르는 내러티브 예술의 한 형식이고, 철학적 사변과 정치적 응용의 관점뿐만이 아니라 문학적 가치로도 접근해야 한다.

5. 유토피아 스토리텔링의 주된 방식 중 하나인 디스토피아는 유토피아보다 호평을 듣는데 이에 대한 몇 가지 이유가 있다. 하나는 갈등이라는 내러티브적 흥미 요소가 있다는 비평가들의 믿음 때문이고, 또 다른 이유는 초기 유토피아 작품들이 그다지 훌륭하지 않았기 때문이다.

6. 1970년대 유토피아 부활의 흐름에는 페미니즘과 사변적 생태학을 바탕으로 한 작품들이 주를 이뤘다. 유토피아의 스토리텔링 기법을 새롭게 정비하는 움직임 또한 등장하며 톰 모일런이 말한 비판적 유토피아가 탄생했다. 이 새로운 유토피아 장르에서 가장 중요한 요소는 상상 속의 사회에도 다름과 불완전함이 존재한다는 사실을 인정하고 유토피아를 완성된 상태가 아니라 계속해서 진행 중인 하나의 과정으로 보는 시각이다.

7. 21세기에 들어 영 어덜트를 대상으로 한 디스토피아 작품으로 인해 유토피아 장르에 새로운 관심이 쏠렸다. 영 어덜트가 디스토피아와 잘 맞는 데는 몇 가지 이유가 있다. 반항 심리와 이상주의,

청소년 두뇌의 가소성, 교육 기관의 억압적인 측면, 영웅적인 반역자 캐릭터의 매력 등이다. 여기서 말한 대부분은 유토피아 소설과도 마찬가지로 잘 어울릴 수 있다.

8. 부정적인 유토피아 작품과 긍정적인 유토피아 작품의 관계는 단순히 '좋은 곳의 스토리는 재미없다', '나쁜 곳의 스토리는 재밌다'는 식의 구분보다 훨씬 복잡하다. 모든 디스토피아는 유토피아의 그림자이자 타락한 유토피아다. 따라서 디스토피아의 또 다른 이름은 반유토피아다. 이는 반대로 올바른 디스토피아, 즉 반디스토피아도 가능하다는 말이다. 모일런의 비판적 유토피아는 이런 역학을 보여준다.

9. 유토피아와 디스토피아를 조금씩 변형시켜 여러 작품을 쓴 르 귄은 유토피아적인 사고는 대부분 너무도 절대적이고, 보편적이며, 야망 넘치고, 다시 말해 너무도 양(陽)적이라는 점에서 문제가 발생한다는 이론을 제시했다. 이런 도교적 사고를 바탕으로 그녀는 소박하고, 절제하며, 유연하고, 완성되지 않은 음의 유토피아를 만들고 추구해야 한다고 해결책을 제시했다.

10. 르 귄과 비판적 유토피아의 선구자들은 유토피아 소설을 더욱 흥미롭고 역동적으로 만드는 여러 방법을 보여줬다. 이를 몇 가지 스토리텔링 기법으로 정리할 수 있는데, 바로 '유토피아에서

온 대사', '유토피아의 부적응자', '예비 이민자', '유토피아를 향한 위협', '유토피아 건설', '끝없는 혁명'이다.

  11. 모든 유토피아적 스토리텔링은 디스토피아와는 잠재적으로 다른 문화적 역할을 수행할 수 있다. 디스토피아적 소설은 현대 사회의 문제, 이를테면 제도화된 불평등, 위험한 풍조의 시작, 악을 향한 악의 없는 동조 등을 정확히 짚어내고 그것이 얼마나 끔찍한 악몽으로 번질 수 있는지 여실히 보여준다. 경고 역할을 하는 셈이다. 하지만 유토피아 소설은 이 세상에 그대로 남아야 하는 것이 무엇이고 조금의 손해를 감수하더라도 없애야 할 것은 무엇인지 생각하게 한다. 유토피아를 통해 우리는 학대는 불필요하며, 불평등은 어두운 지난날의 (그리고 현재의) 유물이며, 억압은 부당한 행위라고 생각할 수 있다.

  12. 지금 이곳에서는 도달할 수 없다는 것이 유토피아의 진리다. 불의와 학대의 세상에서 출발한다면 유토피아에 결코 닿을 수 없다. 하지만 최악의 사회에서도 순간의 행복과 틈새의 조화를 찾을 수 있고, 바로 거기서 유토피아의 출발점을 찾을 수 있다. 더욱 급진적으로 접근하자면, 유토피아가 작고, 일시적이며, 부분적일 수 있다면, 즉 음의 유토피아라면, 앞서 말한 순간과 틈새도 유토피아라고 할 수 있다. 그 순간은 더 커질 수도 있고, 오래 지속될 수도 있으며,

완전해질 수도 있지만 어떤 변화에서 가능성을 발견할 수 있을 때만 가능하다.

13. 우리 주변에 이미 존재하는 유토피아를 어떻게 찾을 수 있는지 알려주는 소설이 필요하다. 특히나 젊은 층이 더욱 희망을 품을 수 있도록 격려가 필요하다. 유토피아적인 텍스트가 더욱 많아져야 한다는 의미기도 하지만, 가장 어두운 디스토피아에서 음의 유토피아를, 즉 반디스토피아를 발견할 수 있도록 다른 시각에서 글을 읽는 법을 배워야 한다는 뜻이기도 하다.

7장. 환상 동화 속 소년 찾기

1. 환상 동화가 독자를 성장과 치유로 안내해 준다는 점은 대중 심리학이 인정하는 사실이다. 하지만 이런 도움은 여성들에게 국한돼 있고, 성장과 치유를 불러오는 이야기들에서 주인공은 대부분 여성으로 등장한다.

2. 마찬가지로 이야기를 각색하고 재구성하는 일은 주로 여성들의 분야로 여겨지는데, 반페미니즘적인 남성 권리 운동과 여기서 파생되는 민간 설화의 (잘못된) 해석만이 예외로 존재한다.

3. 실제로 많은 남성 작가가 환상 동화를 통해 지배적이거나 헤게모니적인 남성성의 대안 모델을 모색해 왔다. 이들 대부분은 동

시에 이성애 중심주의에 도전하고, 상당 비율이 비표준적인 성 정체성이나 아웃사이더 젠더 정체성을 포함한 더욱 넓은 의미의 퀴어로 스스로를 규정한다.

4. 전통적인 이야기는 거인, 괴물, 살인을 행하는 남편이라는 잔인하고 폭력적인 권력자의 형태로 헤게모니 남성성을 표현하고, 이를 통해 의문을 제기한다. 다양한 남성 폭군에 대항하는 인물로는 작지만 영리한 재단사, 무시당하는 막내아들, 여자 주인공에게 도움을 주는 남자 형제들이 있다. 여자 주인공을 돕는 남자 형제들은 환상 동화를 기반으로 한 여러 현대 판타지 작품에서 찾아볼 수 있다.

5. 뻣뻣하고 건조한 것이 특징인 전형적인 디즈니 왕자는 우아함이나 연약함처럼 여성적이라고 여겨지는 모든 특징을 부정하며 탄생한 남성성의 형태를 대표한다. 남성의 매력에 대한 대안적 이미지로서 야수 남편과 마법에 걸린 백조 등 환상 동화 속의 인물이 탄생했다.

6. 남성의 매력을 상징하는 백조는 낭만적인 전통 이야기에서 포스트모던 메타픽션까지 이어져 내려온 연결 고리를 (혹은 미토콘드리아의 계승을) 보여준다. 이 계보에 속한 예술가는 대부분 퀴어 남성이었다. 이들은 청중에게 남성을 우아하고 위험할 정도로 매혹적인 존재로 제시하며 영화 이론에서 말하는 남성의 시선 male gaze 을 방

해한다.

7. 헤게모니 남성성에 대한 판타지의 전복은 여성의 자율성이 재발견된 데에 따른 자연스러운 결과물이다. 남성성의 전복과 여성의 자율성 회복은 모두 민간 설화를 학문적, 문학적으로 처리하는 과정에서 편집된 인물을 복원하면서 얻은 성과다.

8. 문학적 환상 동화와 여기에서 파생한 판타지는 개인의 치유를 넘어서 문화적 역할을 할 수 있다. 환상 동화와 판타지는 젠더를 하나의 개념 체계이자 행동 양식으로 새롭게 구성해 모두를 이롭게 한다.

8장. 익숙한 과거를 재구성하는 공간

1. 정치적인 역할을 수행하는 한, 판타지는 정치에 영향을 받고 정치적 변화에 휩쓸릴 수밖에 없다. 판타지가 현실의 문제를 초월한 듯 보일 때도 말이다. 정치 상황이 달라지면 판타지와 정치의 관계도 달라진다.

2. SF 소설, 유토피아 소설과 함께 판타지는 현존하는 시스템 바깥의 시스템을 상상하는 하나의 방식이다. 사실주의가 개혁의 원동력을 제공할 때가 많은 반면 판타지는 그보다 모호해 보일 수 있다. 그럼에도 더욱 급진적인 방식으로 해방감을 줄 수 있는데, 이런

힘은 내러티브 전략에서 나온다.

3. 현실 세계 속 권력의 역학과 정치적인 거래를 대표하는 일은 판타지의 어포던스에 속하지 않는다. 다시 말해 판타지는 해당 목적을 수행하는 데 적절하지 않다.

4. 판타지는 오히려 권력을 단편적인 수준에서 상징적으로 표현하는 데 탁월하다. 예언이나 주문 등 마법의 언어를 포함한 표현의 억압, 강력한 힘을 발휘할 잠재력이 있지만 이데올로기를 내면화해 자신을 제한하는 캐릭터, 문화적인 거대 서사의 표현이나 이에 대한 저항과 대체 등의 플롯 요소를 활용하는 식으로 말이다.

5. 판타지가 민속 문화에 의지하는 현상은 실제로는 존재하지 않았던 황금기로의 회귀라는 명목으로 정치적인 향수나 억압을 타당하게 하려는 의도로 보일 수 있다. 그리고 실제로도 그렇게 받아들여진다.

6. 판타지 장르를 파시즘 운동과 연관 짓기도 하는 한편, 유토피아와 연결돼 있는 SF는 진보적 선택지로 인식된다.

7. 이런 인식이 생기는 이유 중 하나는 마리아 사치코 세시르가 '옥스퍼드 학파'라고 부르는 판타지의 서브 장르가 특정 집단과 행동이 배제된 배경에서 전설적인 과거를 재구성하기 때문이다.

8. 상상 속의 이런 과거는 아동 문학에서 흔히 보이는 순수하

게 보전된 유년기를 닮았는데, 이는 실제 아이들의 경험이 아니라 타락한 자신의 본성에 대한 성인의 보상 욕구를 바탕으로 한다.

9. 유년기와 과거의 순수함은 순수하지 않은 외부인, 특히나 피부색이 어두운 타자와의 대비로 유지된다. 이런 타자는 빛과 어둠을 선과 악으로 보는 이분법적 사고에서 탄생했다.

10. 어두운 타자로 잠식된 문학이 비유럽계 조상을 둔 독자에게는 '멀리하라'는 일종의 신호가 될 수 있지만, 작가에게는 범주화된 문학을 뒤흔들 기회가 될 수도 있다. 이미 확고하게 자리 잡은 기호 체계는 다른 목적에 따라 수정이 가능하다.

11. 판타지의 역사는 판타지의 집단적인 스토리 세계가 새로운 캐릭터와 사건, 이를 언어로 새롭게 표현하는 방식에 의해 확장될 수 있다는 점을 보여준다.

12. 판타지에서는 한 시대에 침묵해야 했던 캐릭터들이 다음 세대에서 강력한 목소리를 내는 화자가 될 수 있다.

13. '순수한 과거'라는 배타적인 힘에 맞서기 위해 작가들은 의도적으로 파괴적인 요소와 장르의 혼합, 언어, 배경을 채택해 판타지의 스토리 공간을 '존'으로 전환한다. 존은 불가능하고, 불순하며, 이질적인, 그리하여 무엇이든 가능한 스토리 공간이다.

14. 최근 판타지 작품에는 마법을 행할 수 있어야 하지만 사

회가 주입한 정체성을 그대로 받아들인 탓에 마법을 행하지 못하는 캐릭터가 자주 등장한다. 이런 설정이 존에서 펼쳐진다면 존의 파괴적인 에너지는 강압적인 사회적 통념들을 완전히 무너뜨릴 수 있다.

15. 문화적 규범을 전복하는 최고의 방법은 그것을 역으로 이용하는 것이다. 오래도록 이어져 내려온 강렬한 스토리들을 새로운 관점과 예상치 못한 결말로 재구성하는 방법이 있다.

16. 역사는 과거가 아니라 과거에 대해 우리가 스스로에게 들려주는 스토리다. 판타지도 마찬가지다. 그러나 판타지일 때는 이것이 스토리라는 점을 우리가 결코 잊지 않는다. 따라서 판타지는 재구성되기가 더욱 쉽고, 메타 내러티브로 사용될 수도 있다.

9장. 두려움 너머의 진실을 보기

1. 미지의 대상, 위협적인 외부인, 죽음이라는 세 가지 공포를 어떻게 처리할 것인가는 판타지의 주요한 관심사 중 하나다.

2. 철학자들은 키르케고르가 공포 또는 불안이라고 한 두려움이 자유에 근거한다고 본다. 선택권이 없다면 죽음과 다름을 마주하는 일은 피할 수 없기에 두려울지라도 공포스럽지는 않을 수 있다.

3. 단순한 두려움이 불안으로 발전하려면 내러티브가 필요하다. 어떤 일이 일어날지에 대한 스토리를 스스로에게 말해줄 수 있

는 능력이 필요하다.

4. 민담에는 미지의 대상과 마주하는 내용의 이야기가 많다. 현대 판타지도 호러 소설과 마찬가지로 이런 역학을 다룬다. 판타지와 호러의 차이는 구조에서 발생하는데, 호러는 환상 동화와 여기서 파생한 스토리가 보여주는 통합과 화해에 이르지 못하고 그 전에 중단된다. 화해를 향한 움직임을 두고 톨킨은 '유카타스트로피'라고 칭했는데, 이는 긍정적인 결과를 향해 급작스럽고도 예상치 못하게 전환한다는 의미다.

5. 호러와 판타지에 구조적인 차이가 있다는 것은 두 장르가 문화적으로 상당히 다른 역할을 수행한다는 의미다. 적어도 판타지의 내러티브라는 거대한 흐름은 청중이 개인의 이야기와 역사를 포함한 다른 내러티브에서도 통합을 지지하도록 독려한다.

6. 판타지는 작품 속 영웅들에게 1번에서 말한 세 가지 두려움에 맞서기를, 즉 미지의 신비를 관통하기를, 타자를 적이 아닌 잠재적 협력자로 인식하기를, 죽음의 필연성을 절망이 아니라 연민과 용기의 원동력으로 삼기를 요구한다.

7. 갈등을 내러티브의 흥미를 유발하는 개념으로 여기지 않아야 하는 또 다른 이유는 우리에게 두려움과의 대립은 이길 수 없는 싸움이기 때문이다. 또한 우리가 두려워하는 대상은 그 자체로 악하

지 않다. 물론 두려움이 어떤 이들을 악한 행동으로 이끌기도 하지만 말이다.

8. 두려움의 신체적인 근거를 통해, 즉 두렵다는 사실을 알리는 전율과 소름을 통해 두려움을 다양한 메타포의 원천으로 삼을 수 있다. 메타포를 통해 우리는 우리의 몸을 우주에 투영한다. 하나의 추상적 개념은 하나의 메타포가 감춰져 있다는 의미다.

9. 환상 동화와 판타지는 죽음과 위험에 압도당하지 않으려면 두려움을 마주하고 이름을 붙여줘야 한다고 우리에게 조언한다.

10. '두려움을 마주한다'와 '두려움에 이름을 붙인다'라는 병렬 구조의 문장은 오해를 불러일으키는 한편 흥미로운 사실을 담고 있다. 두 가지 개념이 상당히 다른 행동을 요한다는 점 때문이다. 후자는 주문과 비슷한 수행적 언어를 필요로 한다. 전자는 마음을 굳게 먹고 고개를 돌리지만 않으면 되는 것처럼 보이지만, 르 귄의 《어스시의 마법사》와 C. S. 루이스의 《우리가 얼굴을 찾을 때까지》같은 현명한 판타지 작품들은 다른 해석을 제공한다. 무언가를 마주하기 위해서는 상대에게 먼저 얼굴을 줘야 한다는 점이다.

11. 앞의 두 문장에서 더욱 흥미로운 사실이 있다. 마주 보고 이름을 붙이는 행위는 그전까지는 이름도 얼굴도 없었던 (그리하여 대단히 두려운) 대상에 무언가를 제공한다는 점이다.

12. 미지의 존재에게 붙일 수 있는 유일한 이름은 자기 자신의 이름뿐이라고 판타지는 알려준다. 악은 자신에게서 비롯된 존재임을 인정해야만 길들일 수 있다. 마찬가지로 죽음에게 줄 수 있는 유일한 얼굴 또한 자기 자신의 얼굴이다.

13. 이름과 얼굴을 얻은 두려움은 더는 우리의 행동을 통제하지 못한다. 판타지가 우리에게 약속하는 마지막 결과물은 승리가 아니라 자유다.

14. 판타지가 문화적 역할을 완수할 수 있다면 두려움은 정치적 영향력을 잃게 될 것이다. 선전과 피해망상은 권력을 유지하는 데 더는 효과적인 도구가 될 수 없을 것이다. 하지만 판타지의 문화적 역할은 결코 완수되지 못할 것이고, 두려움도 완전히 사라지지 않을 것이다. 따라서 우리에게는 자기 직시와 변화에 대한 이야기가 계속해서 필요하다.

참고 문헌

서문

Ciardi, John. *How Does a Poem Mean?* Houghton Mifflin. 1959.

Tompkins, Jane. *Sensational Designs: The Cultural Work of American Fiction, 1790–1850*. Oxford University Press. 1986.

1장

Arnason, Eleanor. "Knapsack Poems." 2002. In Karen Joy Fowler, Pat Murphy, Debbie Notkin, Jeffrey D. Smith (Eds.), *The James Tiptree Award Anthology 3* (pp. 239–258). Tachyon. 2007.

Attebery, Brian. *Stories about Stories: Fantasy and the Remaking of Myth*. Oxford University Press. 2014.

Bujold, Lois McMaster. *Penric's Demon*. Kindle Edition. Spectrum Literary Agency. 2015.

Butler, Robert. "The Art of Darkness: An Interview with Philip Pullman." *Intelligent Life Magazine*. 3 December, 2007. (web.archive.org/web/20080305011900/http://www.moreintelligentlife.com/node/697.)

Crowley, John. *Ka: Dar Oakley in the Ruin of Ymr*. Saga Press. 2017.

Crowley, John. *Little, Big*. Bantam Books. 1981.

Dickinson, Emily. Letter 459A to T.W. Higginson. In Thomas H. Johnson (Ed.),

Emily Dickinson Selected Letters. Harvard University Press. 1971.

Dunsany, Lord. *The King of Elfland's Daughter*. Del Rey, 1969.

Egan, Greg. "Reasons to Be Cheerful." *Luminous* (pp. 191-227). Gollancz. 1998.

Ekman, Stefan. *Here Be Dragons: Exploring Fantasy Maps and Settings*. Wesleyan University Press. 2013.

Fenton, Edward. *The Nine Questions*. Doubleday. 1959.

Hoban, Russell. *Riddley Walker*. Expanded edition. Indiana University Press. 1998.

Jones, Diana Wynne. *Fire and Hemlock*. Greenwillow. 1985.

Kushner, Ellen. *Thomas the Rhymer*. William Morrow. 1990.

Lakoff, George, Mark Johnson. *Metaphors We Live By*. With a new afterword. University of Chicago Press, 2003.

Le Guin, Ursula K. *The Beginning Place*. Harper & Row, 1980.

Le Guin, Ursula K. "Science Fiction and Mrs. Brown." In Susan Wood (Ed.) *The Language of the Night: Essays on Fantasy and Science Fiction* (pp. 97-117). (Revised edition edited by Ursula K. Le Guin.) HarperCollins. 1989.

Le Guin, Ursula K. "Why Are Americans Afraid of Dragons?" *The Language of the Night* (pp. 34-40).

Lewis, C. S. *An Experiment in Criticism*. Cambridge University Press. 1961.

Lewis, C. S. *Till We Have Faces: A Myth Retold*. Harcourt. 1956. –MacDonald, George. "The Fantastic Imagination." *A Dish of Orts*. Sampson Low Marston & Company. 1893. (www.gutenberg.org/files/9393/9393-h/9393-h.htm.)

MacDonald, George. "The Light Princess." *The Light Princess and Other Fairy Stories*. G. P. Putnam's sons. 1893.

MacDonald, George. *The Princess and the Goblin*. Strahan and Company. 1872.

Nikolajeva, Maria. *The Magic Code: The Use of Magical Patterns in Fantasy for*

Children. Almqvist & Wiksell International. 1988.

Poe, Edgar Allan. "The Fall of the House of Usher." *Tales of the Grotesque and Arabesque*. The Edgar Allan Poe Society of Baltimore. 1840.

Pullman, Philip. *The Golden Compass: His Dark Materials*. Knopf. 1995.

Saler, Michael. *As If: Modern Enchantment and the Literary Prehistory of Virtual Reality*. Oxford University Press. 2012.

Saunders, George. *Lincoln in the Bardo*. Random House. 2017.

Stewart, Sean. *Cloud's End*. Ace. 1996.

Stewart, Sean. *Mockingbird*. Ace Books. 1998.

Tepper, Sheri S. *The End of the Game (Jinian Footseer, Dervish Daughter, and Jinian Star-eye.)* Doubleday. 1987.

Thompson, Stith. *Motif-Index of Folk-Literature: A Classification of Narrative Elements in Folktales, Ballads, Myths, Fables, Mediaeval Romances, Exempla, Fabliaux, Jest-books, and Local Legends*. Indiana University Press. 1955-58.

Toelken, Barre. *Morning Dew and Roses*. University of Illinois Press. 1995.

Williams, Raymond. *Marxism and Literature*. Oxford University Press. 1977.

Wrightson, Patricia. *The Ice Is Coming*. Atheneum. 1977.

2장

Alexander, Lloyd. "The Flat-Heeled Muse." *The Horn Book Magazine*. 1 April, 1965. (www.hbook.com/?detailStory=flat-heeled-muse.)

Attebery, Brian. "Elizabeth Enright and the Family Story as Genre." *Children's Literature*, vol. 37, no. 1 (pp. 114-36). 2009.

Barrish, Phillip. *American Literary Realism, Critical Theory, and Intellectual Prestige, 1880-1995*. Cambridge University Press. 2001.

Delany, Samuel R. "About 5,750 Words." *The Jewel-Hinged Jaw: Notes on the*

Language of Science Fiction (pp. 1-15). Wesleyan University Press. 2009.

Eager, Edward. "Daily Magic." *The Horn Book Magazine*. 1958. (www.hbook.com/?detailStory=daily-magic.)

Eager, Edward. "A Father's Minority Report." *The Horn Book Magazine* (pp. 74/104-09). March 1948. (*A Horn Book Sampler on Children's Books and Reading: Selected from Twenty-Five Years of the Horn Book Magazine*. In Norma R. Fryat (Ed.) The Horn Book. 1959.)

Eager, Edward. *Half Magic*. Harcourt Brace. 1954.

Eager, Edward. *Knight's Castle*. Harcourt Brace. 1956.

Eager, Edward. *Seven-Day Magic*. Harcourt Brace. 1954.

Eager, Edward. *The Time Garden*. Harcourt Brace. 1958.

Ellis, Anne W. *The Family Story in the 1960's*. Archon. 1970.

Enright, Elizabeth. "The Caterpillar Summer." *Doublefields: Memories and Stories* (pp. 67-75). Harcourt, Brace & World. 1966.

Enright, Elizabeth. Introduction. *The Melendy Family* (pp. 7-10). (*The Saturdays / The Four-Story Mistake / Then There Were Five*.) Holt, Rinehart and Winston. 1944.

Enright, Elizabeth. "The Hero's Changing Face." In Frances Lander Spain (Ed.), *The Contents of the Basket: And Other Papers on Children's Books and Reading* (pp. 27-34). The New York Public Library. 1960.

Enright, Elizabeth. "Realism in Children's Literature." *The Horn Book Magazine*. April 1967. pp. 165-70.

Enright, Elizabeth. *The Saturdays*. E. M. Hale. 1941.

Enright, Elizabeth. "The Shush Rush." *Doublefields: Memories and Stories*. Harcourt, Brace & World. 1966. pp. 19-28.

Enright, Elizabeth. *Tatsinda*. Harcourt, Brace & World. 1963.

Enright, Elizabeth. *Then There Were Five*. Holt, Rinehart and Winston. 1944.

Hirsch, Corinne. "Perspectives on Literary Realism: A Review." *Children's Literature Association Quarterly* vol. 5, no. 3. 1980. pp. 9-15.

Jameson, Fredric. *The Antinomies of Realism*. Verso. 2013.

Kelso, Sylvia. "Re: Quoting You." (Email: Brian Attebery. 22 February, 2020.)

Lewis, C. S. *An Experiment in Criticism*. Cambridge University Press. 1961.

Lynch-Brown, Carol. Carl M. Tomlinson. *Essentials of Children's Literature*. Allyn. 1993.

Mastern, A. S. "Ordinary magic: Resilience process in development." *American Psychologist*, vol. 56, no. 3. 2001. pp. 227-38.

Pincus, Sarah. "Ordinary Magic: D. W. Winnicott and the E. Nesbit Tradition in Children's Literature." *English Honors Papers*. Connecticut College. 2014.

Rieder, John. "On defining SF, or Not: Genre Theory, SF, and History." *Science Fiction Studies*, vol. 37, no. 2. 2010. pp. 191-209.

Saler, Michael. *As If: Modern Enchantment and the Literary Prehistory of Virtual Reality*. Oxford University Press. 2012.

Tolkien, J. R. R. "On Fairy-stories." *Tree and Leaf*. Allen. 1964. (The Tolkien Reader. Ballantine. 1966. pp. 3-84.)

White, Hayden. "The Historical Text as Literary Artifact." *Tropics of Discourse: Essays in Cultural Criticism*. Johns Hopkins. 1978. pp. 81-100.

3장

Berger, Peter L. *A Rumor of Angels: Modern Society and the Rediscovery of the Supernatural*. Doubleday. 1970.

Crowley, John. *Aegypt*. Bantam. 1987.

de Bodard, Aliette. *The House of Binding Thorns*. Ace. 2017.

de Bodard, Aliette. *The House of Shattered Wings*. New American Library. 2015.

de Bodard, Aliette. *The House of Sundering Flames*. Gollancz. 2019.

Dilthey, Wilhelm. *Wilhelm Dilthey: Selected Works, Volume VI: Ethical and World-View Philosophy*. Rudolf A. Makkreel, Frithjof Rodi (Ed.). Princeton University Press. 2019.

Greenblatt, Stephen. *Shakespearean Negotiations: The Circulation of Social Energy in Renaissance England*. University of California Press. 1988.

Haraway, Donna. "Situated Knowledges: The Science Question in Feminism and the Privilege of Partial Perspective." *Simians, Cyborgs, and Women: The Reinvention of Nature*. Routledge. 1991. pp. 183–201.

Hume, Kathryn. *Fantasy and Mimesis: Responses to Reality in Western Literature*. Methuen. 1984.

Le Guin, Ursula K. "Freedom." *Words Are My Matter: Writings about Life and Books, 2000-2016*. Small Beer Press. 2016. pp. 113–14.

Mandelo, Lee. "Living in Hope is a Discipline: *Fire Logic* by Laurie J. Marks." Tor.com. 23 May 2019. (www.tor.com/2019/05/23/living-in-hope-is-a-discipline-fire-logic-by-laurie-j-marks/.)

Marks, Laurie J. *Air Logic*. Small Beer. 2019.

Marks, Laurie J. *Earth Logic*. Tor. 2004.

Marks, Laurie J. "Elemental Magics." 2020. (lauriejmarks.com/shaftal/elemental-magics.html.)

Marks, Laurie J. *Fire Logic*. Tor. 2002.

Marks, Laurie J. *Water Logic*. Small Beer. 2007.

Miéville, China. *The City and the City*. Ballantine. 2009.

Moriarty, Chris. *The Inquisitor's Apprentice*. Harcourt Children's Books. 2011.

Stephens, John, Robyn McCallum. *Retelling Stories, Framing Culture: Traditional Story and Metanarratives in Children's Literature*. 1998.

Toelken, Barre. "Native American Myths Reconsidered." In Marin Heusser and Gudrun Grabher (Eds.) *American Foundational Myths(Swiss Papers in English Language and Literature* Vol. 14). Gunter Narr Verlag. 2002. pp. 83-102.

von Sydow, Carl Wilhelm. *Selected Papers on Folklore*. Rosenkilde and Bagger. 1948.

Wecker, Helene. *The Golem and the Jinni*. HarperCollins. 2013.

Wecker, Helene. "Q and A with Helene." 2020. (http://www.helenewecker.com/about-helene-wecker/q-a-with-helene/.)

4장

Aiken, Joan. *The Way to Write for Children: An Introduction to the Craft of Writing Children's Literature*. Macmillan. 1999.

Atkin, Albert. "Peirce's Theory of Signs." *Stanford Encyclopedia of Philosophy*. 13 October, 2006. (plato.stanford.edu/entrie-s/peirce-semiotics/#Inter.)

Carroll, Lewis. *Through the Looking-Glass*. The Millennium Fulcrum Edition 1.7. 1871.

Chatman, Seymour. *Reading Narrative Fiction*. Macmillan. 1993.

Chatman, Seymour. *Story and Discourse: Narrative Structure in Fiction and Film*. Cornell University Press. 1978.

Eager, Edward. *Half Magic*. Harcourt Brace. 1954.

Forster, E. M. *Aspects of the Novel*. Harcourt. 1927.

Hardinge, Frances. *Gullstruck Island*. Macmillan. 2009.

Hogan, Patrick Colm. *How Authors' Minds Make Stories*. Cambridge University Press. 2013.

Jones, Diana Wynne. *Witch Week*. Random House. 1988.

Lacan, Jacques. "Seminar on The Purloined Letter." *Yale French Studies* 48. 1972.

pp. 39-72.

Lakoff, George, Mark Johnson. *Metaphors We Live By*. University of Chicago Press. 2008.

Le Guin, Ursula K. "Conflict." *In Dancing at the Edge of the World: Thoughts on Words, Women, Places*. Grove Press. 1989. pp. 190-191.

McKillip, Patricia. *The Bards of Bone Plain*. Ace. 2010.

McKillip, Patricia. *The Riddle-Master of Hed*. Del Rey. 1976.

McNulty, Bridget, Brendan McNulty, et al. "6 story conflicts possible in your book." *Now Novel*. 2012-19. (www.nownovel.com/blog/kind-conflicts-possible-story/.)

Melnick, Daniel. "Fullness of Dissonance: Music and the Reader's Experience of Modern Fiction." *Modern Fiction Studies*, vol. 25, no. 2. 1979. pp. 209-222.

Merriam Webster Dictionary. (https://www.merriam-webster.com/dictionary/occultation.)

Miéville, China. "Editorial Introduction." *Historical Materialism*, vol. 10, no. 4. 2002. pp. 39-49.

Oziewicz, Marek. *Justice in Young Adult Speculative Fiction: A Cognitive Reading. Children's Literature and Culture Book 33*. Routledge. 2015.

Suede, Damon. "Fictional Friction." 2010. (www.damonsuede.com/articles/FictionalFriction.html)

Tolkien, J. R. R. "On Fairy-stories." *Tree and Leaf*. Allen. 1964. (*The Tolkien Reader*. Ballantine. 1966. pp. 3-84.)

Wilson, G. Willow. *Alif the Unseen*. Grove Press. 2012.

5장

Atwood, Margaret. *The Penelopiad*. Canongate. 2005.

Bradley, Marion Zimmer. *The Firebrand*. Simon and Schuster. 1987.

Bradley, Mary Hastings. *On the Gorilla Trail*. Appleton. 1923.

Fowler, Karen Joy. The Jane Austen Book Club. Putnam. 2004.

Fowler, Karen Joy. *We Are All Completely Beside Ourselves*. Putnam. 2013.

Fowler, Karen Joy. "What I Didn't See." *Sci-Fiction*. 2002. (*What I Didn't See and Other Stories*. Small Beer Press. 2010. pp. 169-89.)

Glyer, Diana Pavlac. *The Company They Keep: C.S.Lewis and J.R.R.Tolkien as Writers in Community*. The Kent State University Press. 2007.

Kessel, John. "Pride and Prometheus." *The Baum Plan for Financial Independence and Other Stories*. Small Beer Press. 2008. pp. 279-315.

Kessel, John. "Stories for Men." *The Baum Plan for Financial Independence and Other Stories*. Consortium. 2008. pp. 85-163.

Lakoff, George, Mark Johnson. *Metaphors We Live By*. Revised edition. The University of Chicago Press. 2003.

Lawrence, Clinton. "Interview: Karen Joy Fowler." *Strange Horizons*. 22 March, 2004. (http://strangehorizons.com/non-fiction/articles/interview-karen-joy-fowler/.)

Le Guin, Ursula K. *Always Coming Home*. Harper & Row. 1985.

Le Guin, Ursula K. "The Carrier-Bag Theory of Fiction." *Dancing at the End of the World: Thoughts on Words, Women, Places*. Grove. 1989. pp. 149-54.

Le Guin, Ursula K. "Disappearing Grandmothers." Words Are My Matter: *Writings About Life and Books, 2000-2016*. Small Beer Press. 2016. pp. 88-94.

Le Guin, Ursula K. *Lavinia*. Harcourt. 2008.

L'Engle, Madeleine. *A Wind in the Door*. Farrar, Straus and Giroux. 1973.

Miller, T. S. "Myth-Remaking in the Shadow of Vergil: The Captive(ated) Voice of Ursula K. Le Guin's Lavinia." *Mythlore* 29: 1/2 (Fall/Winter 2010). pp. 29-51.

Moore, Alan. "By the Book." *The New York Times Book Review*. 8 September, 2016. p. 4.

Oyeyemi, Helen. *Boy,Snow,Bird*. Picador. 2014.

Phillips, Julie. *James Tiptree,Jr.The Double Life of Alice B.Sheldon*. St. Martin's Press. 2006.

Russ, Joanna. *How to Suppress Women's Writing*. University of Texas Press. 1983.

Sheldon, Alice(James Tiptree, Jr.). "The Psychologist Who Wouldn't Do Awful Things to Rats." In *Star Songs of an Old Primate*. Ballantine. 1979. pp. 227-54.

Sheldon, Alice(James Tiptree, Jr.). "The Women Men Don't See." 1973. In Ursula K. Le Guin, Brian Attebery, Karen Joy Fowler (Eds.) *The Norton Book of Science Fiction*. Norton. 1999. pp. 255-79.

Sulway, Nike. "The Karen Joy Fowler Book Club." *Lightspeed Magazine*. October 2015.

Sulway, Nike. *Rupetta*. Tartarus Press. 2013.

Wood, Gaby. "The Invention of Angela Carter is an exemplary biography of a weird and wonderful writer—review." *The Telegraph*. 16 October, 2016. (www.telegraph.co.uk/books/what-to-read/the-invention-of-angela-carter-is-an-exemplary-biography-of-a-we/)

6장

Anderson, M. T. *Feed*. Candlewick Press. 2002.

Araújo, Carolina. "Philosopher-kings: A Communitarian Political Project." In Heather L. Reid, Davide Tanasi (Eds.) *Philosopher Kings and Tragic Heroes:*

Essays on Images and Ideas from Western Greece. Parnassos Press. 2016. pp. 143-58. (https://doi.org/10.2307/j.ctvbj7gjn)

Attebery, Brian. *Decoding Gender in Science Fiction*. Routledge. 2002.

Atwood, Margaret. *The Handmaid's Tale*. McClelland and Stewart. 1985.

Bacon, Francis. New Atlantis. 1627. (*Three Early Modern Utopias*. Oxford University Press. 1999. pp. 149-86.

Baum, L. Frank. *The Emerald City of Oz*. Reilly & Britton. 1910.

Bellamy, Edward. *Looking Backward 2000-1887*. Ticknor. 1888.

Bradbury, Ray. "Coda." *Fahrenheit 451*. Ballantine/Del Rey. 1979.

Burdekin, Katharine. *Swastika Night*. 1937. (*Swastika Night*. The Feminist Press. 1985.)

Collins, Suzanne. *The Hunger Games*. Scholastic. 2008.

Delany, Samuel R. *Triton*. Bantam. 1976.

Du Bois, William Pène. *The Twenty-One Balloons*. Viking. 1948.

Duncan, Andy. "An Agent of Utopia." *An Agent of Utopia: New and Selected Stories*. Small Beer. 2018. pp. 1-32.

Gilman, Charlotte Perkins. *Herland* (1915). First book publication The Women's Press and Pantheon. 1979.

Huxley, Aldous. *Brave New World*. Chatto & Windus. 1932.

Huxley, Aldous. *Island*. Chatto & Windus. 1962.

Jameson, Fredric. *Valences of the Dialectic*. Verso. 2009.

Jeffers, Robinson. "Shine, Perishing Republic." In Tim Hunt (Ed.) *The Selected Poetry of Robinson Jeffers*. Stanford University Press. 2001, p. 23.

Johnson, Alaya Dawn. *The Summer Prince*. Scholastic. 2013.

Kotin, Joshua. *Utopias of One*. Princeton University Press. 2017.

Le Guin, Ursula K. "All Happy Families." *The Wave in the Mind: Talks and Essays on the Writer, the Reader, and the Imagination.* Shambhala. 2004. pp. 33-7.

Le Guin, Ursula K. *Always Coming Home*. Author's Expanded Edition. Brian Attebery (Ed.). Library of America. 2019.

Le Guin, Ursula K. "The Day Before the Revolution." *Galaxy*. 1974. (*The Wind's Twelve Quarters: Short Stories*. Harper & Row. 1975. pp. 285-303.)

Le Guin, Ursula K. *The Dispossessed: An Ambiguous Utopia*. Harper & Row. 1974.

Le Guin, Ursula K. "A Non-Euclidean View of California as a Cold Place to Be." *The Yale Review*. 1983. (*Always Coming Home*, pp. 703-24.)

Le Guin, Ursula K. "The Ones Who Walk Away from Omelas." *New Dimensions 3*. 1973. (*The Wind's Twelve Quarters*, pp. 275-284.)

Lensing, George S. *Making the Poem: Stevens' Approaches*. Louisiana State University Press. 2018.

Mannheim, Karl. *Ideology and Utopia: An Introduction to the Sociology of Knowledge*. Routledge. 1936.

Manuel, Frank. Fritzie P. Manuel. *Utopian Thought in the Western World*. Harvard University Press. 1979.

Mechling, Jay. "Solo Folklore." *Western Folklore*, vol. 65, no. 4. 2006. pp. 435-453.

Michel, Dee. *Friends of Dorothy: Why Gay Boys and Gay Men Love The Wizard of Oz*. Dark Ink Press. 2018.

Miéville, China. "Editorial Introduction." *Historical Materialism*, vol. 10, no. 4. 2002. pp. 39-49.

Moylan, Tom. *Demand the Impossible: Science Fiction and the Utopian Imagination*. Methuen. 1986.

Nesbit, E. The Story of the Amulet. Unwin. 1906.

Oring, Elliott. "Dyadic Traditions." *Journal of Folklore Research*, vol. 21, no. 1. 1984. pp. 19-28. (www.jstor.org/stable/3814341.)

Robinson, Kim Stanley. *Pacific Edge*. Tor. 1990.

Russ, Joanna. *The Female Man*. Bantam. 1975.

Sargent, Lyman Tower. *Utopian Literature in English: An Annotated Bibliography From 1516 to the Present*. 2016. (https://doi.org/10.18113/P8WC77.)

Shawl, Nisi. "Building Love, and the Future We Deserve: *The Summer Prince* by Alaya Dawn Johnson" Tor.com. 5 Feb 2019. (www.tor.com/2019/02/05/building-love-and-the-future-we-deserve-the-summer-prince-by-alaya-dawn-johnson/)

Sheldon, Raccoona (Alice Sheldon). In Vonda N. McIntyre, Susan Janice Anderson (Eds.) "Your Faces, O My Sisters! Your Faces Filled of Light." In *Aurora: Beyond Equality*. Fawcett. 1976. pp. 16–35.

Stevens, Wallace. "The Man with the Blue Guitar." In Holly Stevens (Ed.) *The Palm at the End of the Mind: Selected Poems and a Play*. Vintage. 1972. pp. 133–50.

Tiptree, James, Jr. (Alice Sheldon). "Houston, Houston, Do You Read?" In Vonda N. McIntyre, Susan Janice Anderson (Eds.) *Aurora: Beyond Equality*. Fawcett. 1976. pp. 36–98.

Walton, Jo. *The Just City*. Tor. 2015.

Walton, Jo. *Necessity*. Tor. 2016.

Walton, Jo. *The Philosopher Kings*. Tor. 2015.

Wells, H. G. *A Modern Utopia*. Unwin. 1905.

Wright, Austin Tappan. *Islandia*. Farrar & Rinehart. 1942.

Zamyatin, Yevgeny. *We* (1924). Avon. 1972.

7장

Andersen, Hans Christian. "The Ugly Duckling." *Andersen's Fairy Tales*. Grossett. 1945. pp. 70–82.

Attebery, Brian. "Reinventing Masculinity in Fairy Tales by Men." *Marvels & Tales: Journal of Fairy-Tale Studies*, vol. 32, no. 2. 2018. pp. 314–37.

Bacchilega, Cristina. *Postmodern Fairy Tales: Gender and Narrative Strategies*. University of Pennsylvania Press. 1997.

Barzak, Christopher. "The Boy Who Went Forth." In Kate Bernheimer (Ed.) *Brothers and Beasts: An Anthology of Men on Fairy Tales*. Wayne State University Press. 2007. pp. 27–33.

Berman, Steve. *Red Caps: New Fairy Tales for Out of the Ordinary Readers*. Lethe. 2014.

Bernheimer, Kate (Ed.) *Brothers and Beasts An Anthology of Men on Fairy Tales*. Wayne State University Press. 2007.

Bernheimer, Kate (Ed.) Mirror, *Mirror on the Wall: Women Writers Explore Their Favorite Fairy Tales*. Anchor Books. 1998.

Bettelheim, Bruno. *The Uses of Enchantment: The Meaning and Importance of Fairy Tales*. Vintage. 1977.

Bly, Robert. *Iron John: A Book about Men*. Addison. 1990.

Brockmeier, Kevin. "A Day in the Life of Half of Rumpelstiltskin." In Kate Bernheimer, Carmen Giménez Smith (Eds.) *My Mother She Killed Me, My Father He Ate Me: Forty New Fairy Tales*. Penguin. 2010. pp. 59–73.

Carter, Angela. *The Bloody Chamber*. Harper. 1979.

Cashorali, Peter. *Fairy Tales: Traditional Stories Retold for Gay Men*. HarperCollins. 1998.

Cunningham, Michael. *A Wild Swan and Other Tales*. Farrar, Straus & Giroux. 2015.

Cunningham, Michael. "Adult Fairy Tales: An Interview with Michael Cunningham." *Los Angeles Review of Books*. 26 November, 2015.

(lareviewofbooks.org/article/adult-fairy-tales/)

Datlow, Ellen. "Re: Fairy Tales Series." (Email: Brian Attebery. 20 Mar, 2016.)

Datlow, Ellen. Terri Windling (Eds.) *Snow White, Blood Red*. AvoNova. 1993.

Dégh, Linda. *Folktales and Society: Story-telling in a Hungarian Peasant Community*. Indiana University Press. 1969.

Frost, Gregory. *Fitcher's Brides*. Tor. 2002.

Gaiman, Neil. "Troll Bridge." *Smoke and Mirrors: Short Fictions and Illusions*. HarperCollins. 2001. pp. 57–68.

Grahame, Kenneth. "The Reluctant Dragon." *Dream Days*. John Lane, The Bodley Head. 1898.

Jacobs, Joseph. "A Dozen at One Blow." In Joseph Jacobs (Ed.) *European Folk and Fairy Tales*. G. P Putnam's Sons. 1916. (www.surlalunefairytales.com/a-g/brave-little-tailor/stories/dozenblow.html)

Jarrell, Randall. "The Black Swan." *The Complete Poems*. Farrar, Strauss & Giroux. 1969.

Jorgensen, Jeana Sommer. *Gender and the Body in Classical European Fairy Tales*. Dissertation, Indiana University. 2012.

Lee, Tanith. *Red as Blood, or Tales from the Sisters Grimmer*. DAW. 1983.

Link, Kelly. "Travels with the Snow Queen." *Lady Churchill's Rosebud Wristlet*. 1996–1997. (*Stranger Things Happen*. Small Beer Press. 2001. pp. 99–120.)

Lundell, Torberg. "Gender-Related Biases in the Type and Motif Indexes of Aarne and Thompson." In Ruth B. Bottigheimer (Ed.) *Fairy Tales and Society: Illusion, Allusion, and Paradigm*. University of Pennsylvania Press. 1986. pp. 149–63.

McCarthy, William Bernard. Cheryl Oxford. Joseph Daniel Sobol (Eds.) *Jack in Two Worlds: Contemporary North American Tales and their Tellers*. UNC

Press Books. 1994.

McKinley, Robin. *Beauty: A Retelling of the Story of Beauty and the Beast*. Harper & Row. 1978.

Mejia, Michael. "Nobeard." In Kate Bernheimer (Ed.) *Brothers and Beasts: An Anthology of Men on Fairy Tales*. Wayne State University Press. 2007. pp. 123–33.

Munsch, Robert. *The Paper Bag Princess*. Annick Press. 1980.

Palwick, Susan. "Ever After." *The Fate of Mice*. Tachyon. 2007. pp. 141–66.

Phelps, Ethel Johnston. (Ed.) *Tatterhood and Other Tales: Stories of Magic and Adventure*. Feminist Press at CUNY. 1978.

Rowe, Karen. "Feminism and Fairy Tales." *Women's Studies: An Interdisciplinary Journal*, vol. 6, no.3. 1979. pp. 237–57.

Runberg, Marianne. Birgitte Brun. Ernst W. Pedersen (Eds.) *Symbols of the Soul: Therapy and Guidance through Fairy Tales*. Jessica Kingsley Publishers. 1993.

Schimel, Lawrence. *The Drag Queen of Elfland and Other Stories*. Circlet. 1997.

Seifert, Lewis C. *Fairy Tales, Sexuality, and Gender in France, 1690–1715: Nostalgic Utopias*. Cambridge University Press. 1996.

Sherman, Delia. "Snow White to the Prince." In Terri Windling (Ed.) *The Armless Maiden and Other Tales for Childhood's Survivors*. Tor. 1995. pp. 40–41.

Silverman, Yehudit. "The Story Within—Myth and Fairy Tale in Therapy." *The Arts in Psychotherapy*, vol. 31, no. 3. 2004. pp. 127–135.

Stone, Kay F. "Things Walt Disney Never Told Us." *The Journal of American Folklore*, vol. 88, no. 347. 1975. pp. 42–50. (www.jstor.org/stable/539184.)

Taggart, James M. *The Bear and His Sons: Masculinity in Spanish and Mexican Folktales*. University of Texas Press. 1997.

Tatar, Maria. *The Hard Facts of the Grimms' Fairy Tales*. Princeton University Press. 1987.

Thomas, Frank. Ollie Johnston. *Disney Animation: The Illusion of Life*. Abbeville. 1981.

Warner, Marina. *From the Beast to the Blonde: On Fairy Tales and Their Tellers*. Chatto & Windus. 1994.

Windling, Terri (Ed.) *The Armless Maiden And Other Tales for Childhood's Survivors*. Tor. 1995.

Wullschlager, Jackie. *Hans Christian Andersen: The Life of a Storyteller*. Knopf. 2000.

Yolen, Jane. *Sleeping Ugly*. Coward, McCann & Geoghegan. 1981.

Yolen, Jane. *Touch Magic: Fantasy, Faerie & Folklore in the Literature of Childhood*. Expanded edition. August House. 2000.

Zipes, Jack (Ed.) *Don't Bet on the Prince*. Routledge. 1987.

Zipes, Jack. *Fairy Tales and the Art of Subversion*. Heinemann. 1983.

Zipes, Jack. "Spreading Myths about Fairy Tales: A Critical Commentary on Robert Bly's Iron John." *New German Critique* no. 55. 1992. pp. 3–19. (https://doi-org.libpublic3.library.isu.edu/10.2307/488286)

8장

Andersen, Hans Christian. "The Little Mermaid." ("Den lille havfrue," 1837) In J. H. Stickney (Ed.) *Hans Andersen's Fairy Tales Second Series*. Ginn & Company. 1915.

Anderson, M. T. *The Astonishing Life of Octavian Nothing Traitor to the Nation. Volume 1: The Pox Party*. Walker. 2007.

Attebery, Brian. *Decoding Gender in Science Fiction*. Routledge. 2002.

Attebery, Brian. "The Politics (If Any) of Fantasy." *Journal of the Fantastic in the Arts*, vol. 4, no.1. 1991. pp. 7−28.

Cecire, Maria Sachiko. *Re-Enchanted: The Rise of Children's Fantasy Literature in the Twentieth Century*. University of Minnesota Press. 2019.

Cho, Zen. *Sorcerer to the Crown*. Penguin. 2015.

Clute, John. "Taproot Texts." In John Clute, John Grant (Eds.) *Encyclopedia of Fantasy*. St. Martin's. 1997.

Delany, Samuel R. *Trouble on Triton*. Bantam. 1976.

Delany, Samuel R. *Tales of Nevèrÿon*. Bantam. 1979.

Ellis, Bill. "'Fake News' in the Contemporary Legend Dynamic." *Journal of American Folklore*, vol 131, no. 522. 2018. pp. 398−404.

Faucheux, Amandine H. "Race and Sexuality in Nalo Hopkinson's Oeuvre; or, Queer Afrofuturism." *Science Fiction Studies*, vol. 44, no. 3. 2017, pp. 563−80. (www.jstor.org/stable/10.5621/sciefictstud.44.3.0563)

Haraway, Donna. "A Cyborg Manifesto: Science, Technology and SocialistFeminism in the 1980s." *Socialist Review, 1985. (Simians, Cyborgs and Women: The Reinvention of Nature*. Routledge. 1991. pp. 203−30.)

Hoffmann, E.T.A. "The Sandman." (1817) In *Weird Tales by E. T. A. Hoffmann, A new Translation from the German*. 2 vols. Charles Scribner's. 1885. Electronic text, Project Gutenberg. 2010.

Hopkinson, Nalo. *The Chaos*. Margaret K. McElderry. 2012.

Hopkinson, Nalo. *"Code-sliding."* (http://blacknetart.com/Hopkinson.html)

Jackson, Rosemary. *Fantasy: The Literature of Subversion*. Methuen. 1981.

Le Guin, Ursula K. "From Elfland to Poughkeepsie." *The Language of the Night: Essays on Fantasy and Science Fiction*. HarperCollins. 1989. pp. 78−92.

Le Guin, Ursula K. *Gifts*. Harcourt. 2004.

Le Guin, Ursula K. *Tehanu*. Atheneum. 1990.

Le Guin, Ursula K. *Powers*. Harcourt. 2007.

Le Guin, Ursula K. *Voices*. Harcourt. 2006.

Luckhurst, Roger. "In the Zone: Topologies of Genre Weirdness." In Sara Wasson, Emily Alder (Eds.) *Gothic Science Fiction 1980-2010*. Liverpool University Press. 2011. pp. 21-35.

McBeth, Mark K. "Introduction: Political Science, Public Policy, and Narrative." In Brian Attebery, John Gribas, Mark K. McBeth, Paul Sivitz, Kandi Turley-Ames (Eds.) *Narrative, Identity, and Academic Commmunity in Higher Education*. Routledge Research in Higher Education. Routledge. 2017. pp. 5-8.

McHale, Brian. *Postmodernist Fiction*. Methuen. 1987.

Monleón, José B. *A Specter is Haunting Europe: A Sociohistorical Approach to the Fantastic*. Princeton University Press. 1990.

Nodelman, Perry. "The Other: Orientalism, Colonialism, and Children's Literature," *Children's Literature Association Quarterly*, vol. 17, no. 1. 1992. pp. 29-35.

Proietti, Salvator. re: James Tiptree Book Club. (Email: Brian Attebery, 30 May, 2017.)

Rose, Jacqueline. *The Case of Peter Pan, or, the Impossibility of Children's Literature*. Macmillan. 1989.

Shaw, Kristen. "'Sticky' Identities: Race, Gender, and Sexuality in Nalo Hopkinson's The Chaos." *Journal of the Fantastic in the Arts*, vol. 28, no. 3. 2017. pp. 425-50.

Shippey, T. A. *The Road to Middle-Earth*. Houghton Mifflin. 1983.

Strugatsky, Arkady. Boris Strugatsky. *Roadside Picnic*. Macmillan. 1977.

Stuart, Alasdair. "Interview: Kai Ashante Wilson, author of The Sorcerer of the

Wildeeps." The Man of Words. 6 November, 2015. (https://alasdairstuart.com/2015/11/06/interview-kai-ashante-wilson-author-of-the-sorcerer-of-the-wildeeps/)

Thomas, Ebony Elizabeth. *The Dark Fantastic: Race and the Imagination from Harry Potter to the Hunger Games*. New York University Press. 2019.

Thurber, James. *The 13 Clocks*. Simon and Schuster. 1950.

VanderMeer, Jeff. *Annihilation*. Fourth Estate. 2015.

Wilson, Kai Ashante. *The Sorcerer of the Wildeeps*. Tom Doherty Associates. 2015.

Wilson, Kai Ashante. *A Taste of Honey*. Tom Doherty Associates. 2016.

Wrede, Patricia C. Caroline Stevermer. *Sorcery and Cecelia*. Ace. 1988.

Young, Helen. Race and PopularFantasyLiterature: Habitsof Whiteness. Routledge. 2016.

9장

Baum, L. Frank. *The Wonderful Wizard of Oz*(1900). In Michael Patrick Hearn (Ed.) *The Wizard of Oz*. Schocken. 1983.

Clute, John. "Fantasy." In John Clute, John Grant. St. (Eds.) *The Encyclopedia of Fantasy*. Martin's Press. 1997.

Clute, John. "Lose the Amnesia." *Review of The Butcher Bird by Richard Kadrey and Sides by Peter Straub. Canary Fever: Reviews*. Beccon. 2009. pp. 320-323. (Interzone 212, 2007.)

Eco, Umberto. *The Role of the Reader: Explorations in the Semiotics of Texts*. Indiana University Press. 1979.

Eddison, E. R. *The Worm Ouroboros*(1922). Ballantine. 1967.

Eliot, T. S. "Marina." *The Complete Poems and Plays: 1909-1950*. Harcourt. 1971. p. 72.

Garner, Alan. *The Weirdstone of Brisingamen*. William Collins. 1960.

James, Marlon. *Black Leopard Red Wolf*. Riverhead Books. 2019.

Johnson, Mark. *The Body in the Mind: The Bodily Basis of Meaning, Imagination, and Reason*. The University of Chicago Press. 1987.

Kierkegaard, Søren. *The Concept of Anxiety: A Simple Psychologically Orienting Deliberation on the Dogmatic Issue of Hereditary Sin*. Reidar Thomte (Ed.) Anderson. Princeton University Press. 1980.

Kierkegaard, Søren. *Fear and Trembling: A Dialectical Lyric. Published 1843 as Frygtog baeven: dialektisk lyrik*. Oxford University Press. 1939.

King, Stephen. Danse Macabre. Berkley. 1983.

Le Guin, Ursula K. "The Child and the Shadow." In Susan Wood (Ed.) *The Language of the Night: Essays on Fantasy and Science Fiction*. HarperCollins. 1989. pp. 54-67.

Le Guin, Ursula K. *The Farthest Shore*. Atheneum. 1973.

Le Guin, Ursula K. "A Response to the Le Guin Issue." *Science-Fiction Studies* vol. 3, no. 1. 1976. pp. 43-46.

Le Guin, Ursula K. *A Wizard of Earthsea*. Parnassus. 1968.

Lewis, C. S. *Till We Have Faces: A Myth Retold*. Harcourt. 1956.

Lovecraft, H. P. "Supernatural Horror in Literature." *The H. P. Lovecraft Archive*. Donovan K. Loucks. 2009. (www.hplovecraft.com/writings/texts/essays/shil.aspx)

MacDonald, George. *The Princess and Curdie*(1883). David McKay. 1920.

Moher, Aidan. "Art of SFF: Charles Vess on Working with Ursula K. Le Guin on The Books of Earthsea." Tor.com. 9 November, 2018. (www.tor.com/2018/11/09/art-of-sff-charles-vess-on-working-with-ursula-le-guin-on-the-books-of-earthsea/)

Nesbit, E. *The Enchanted Castle*(1907). Ernest Benn. 1956.

Okorafor, Nnedi. *Who Fears Death*. Daw Books. 2010.

Poe, Edgar Allan. "The Philosophy of Composition." *Graham's Magazine*, vol. XXVIII, no.4. 1846, 28: 163-167. *The Writings of Edgar Allan Poe*. The Edgar Allan Poe Society of Baltimore. 2011. (https://www.eapoe.org/works/essays/philcomp.htm.)

Propp, V[ladimir]. *Morphology of the Folktale*. Louis A Wagner (Ed.) University of Texas Press. 1968.

Roberts, Leonard W. *South from Hell-fer-Sartin: Kentucky Mountain Folk Tales*. The University Press of Kentucky. 1988.

Tolkien, J. R. R. "On Fairy-stories." *The Tolkien Reader*. Ballantine. 1966. pp. 3-84.

Wrightson, Patricia. *A Little Fear*. Atheneum. 1983.

옮긴이 신솔잎

프랑스에서 공부한 후 프랑스, 중국, 한국에서 일했다. 다양한 외국어를 접하면서 느꼈던 언어의 섬세함을 글로 옮기기 위해 늘 노력한다. 《살인 재능》, 《밤은 눈을 감지 않는다》, 《레퓨테이션》, 《아쿠아리움이 문을 닫으면》, 《사라진 여자들》 등 마흔 권 이상의 책을 우리말로 옮겼다.

판타지는 어떻게 현실을 바꾸는가

첫판 1쇄 펴낸날 2025년 5월 13일
    2쇄 펴낸날 2025년 6월 17일

지은이 브라이언 애터버리
옮긴이 신솔잎
발행인 조한나
책임편집 함초원
편집기획 김교석 문해림 김유진 김하영 박혜인 조정현
디자인 한승연 성윤정
마케팅 문창운 백윤진 김민영
회계 양여진 김주연

펴낸곳 (주)도서출판 푸른숲
출판등록 2003년 12월 17일 제2003-000032호
주소 서울특별시 마포구 토정로 35-1 2층, 우편번호 04083
전화 02)6392-7871, 2(마케팅부), 02)6392-7873(편집부)
팩스 02)6392-7875
홈페이지 www.prunsoop.co.kr
페이스북 www.facebook.com/prunsoop   **인스타그램** @prunsoop

ⓒ푸른숲, 2025
ISBN 979-11-7254-056-2(03800)

* 이 책은 저작권법에 의해 한국 내에서 보호를 받는 저작물이므로 무단전재와 복제를 금합니다. 이 책 내용의 전부 또는 일부를 사용하려면 반드시 저작권자와 (주)도서출판 푸른숲의 동의를 받아야 합니다.
* 잘못된 책은 구입하신 서점에서 바꾸어 드립니다.
* 본서의 반품 기한은 2030년 6월 30일까지입니다.